GILVANIZE BALBINO

Romance do espírito Ferdinando

NOVA EDIÇÃO

Coordenadora editorial: Tânia Lins
Coordenador de comunicação: Marcio Lipari
Capa e projeto gráfico: Jaqueline Kir
Preparação e revisão: Equipe Vida & Consciência

1ª edição — 1ª impressão
5.000 exemplares — março 2018
Tiragem total: 5.000 exemplares

CIP-BRASIL — CATALOGAÇÃO NA PUBLICAÇÃO
(SINDICATO NACIONAL DOS EDITORES DE LIVROS, RJ)

F389s
2. ed.

Ferdinando (Espírito)
Salmos de redenção / ditado pelo espírito Ferdinando; [psicografado por] Gilvanize Balbino. - 2. ed., reimpr. - São Paulo : Redentor, 2018.
336 p. ; 23 cm.

ISBN 978-85-93777-05-9

1. Romance brasileiro. I. Balbino, Gilvanize. II. Título.

18-47823 CDD: 869.93
CDD: 821.134.3(81)-3

Este livro adota as regras do novo acordo ortográfico (2009).

Vida & Consciência Editora e Distribuidora Ltda.
Rua Agostinho Gomes, 2.312 — São Paulo — SP — Brasil
CEP 04206-001
editora@vidaeconsciencia.com.br
www.vidaeconsciencia.com.br

Sumário

Apresentação

Amigos queridos,

É com muita alegria que apresento a reedição e ampliação de um livro edificante do espírito Ferdinando.

O romance histórico *Salmos de Redenção* passou por cinco rigorosas revisões com o objetivo de fundamentar, de modo real e fidedigno, a palavra de Jesus. Este material retorna para iluminar, cada vez mais, o coração dos leitores amados. Nesta versão, resgatamos o Cristianismo primitivo já relatado por Ferdinando na edição passada, mas com uma linguagem simples, objetiva e acessível a todos. Os textos apócrifos farão vocês reviverem os momentos que antecederam e sucederam a vinda do mestre Jesus ao nosso mundo. Pesquisas bem fundamentadas foram acrescentadas ao conteúdo.

Salmos de Redenção traz a vocês os detalhes da vida de Jesus e de outros espíritos, que encarnaram na época e marcaram a história. E, para enriquecer o conteúdo já edificante, encontrei não por acaso um texto inédito psicografado por Ferdinando, metade em latim e metade em língua portuguesa. Os originais psicografados já existiam há anos e nunca foram publicados por questões editoriais. As passagens, que incluo nesta edição no capítulo 14, resgatam em sua essência a história apócrifa de um mártir do Cristianismo. Nada mais, nada menos do que Estevão, irmão de Abigail, e responsável pela conversão de Paulo de Tarso.

O livro *Salmos de Redenção*, nesta versão, cumpre mais uma etapa designada pelo plano espiritual[1]. Agradeço a Jesus pela confiança e oportunidade. Aos mentores, pelo amor incondicional. Minha gratidão ao apoio, ao carinho e à compreensão da Editora Vida & Consciência, que, acreditando no trabalho, criou o selo Redentor com o objetivo de promover e divulgar romances, mensagens e ideias que seguem à risca a Doutrina Espírita, codificada por Allan Kardec, na França, entre 1857 e 1868. Não posso esquecer a valorosa contribuição e dedicação de amigos queridos como Sergio Manzini, Marcelo José, Cida Voltolini e Luiz Voltolini, que tanto colaboraram para que esses ensinamentos pudessem chegar até vocês.

Foi uma grande emoção atender ao pedido do próprio espírito Ferdinando. Quero ressaltar que as obras inéditas continuam sendo produzidas, mas a prioridade no momento é a modernização dos romances históricos devido ao valor do conteúdo que resgata o Cristianismo primitivo.

Espero que o livro *Salmos de Redenção* possa entrar no seu coração como uma luz irradiante, esclarecendo e transformando sua vida e seus sentimentos em benefício do amor ao próximo.

Com carinho,

Gilvanize Balbino

---

1 Nota da médium: acompanhando a linha do tempo desta obra histórica, que trabalhamos para a reedição, estão os seguintes livros psicografados: *Horizonte das Cotovias* (Ferdinando) — já reeditado; *Lanternas do Tempo* (Ferdinando e Bernard); *Lágrimas do Sol* (Ferdinando e Tiago); *Cetros Partidos* (Ferdinando e Tiago) e *Verdades que o Tempo não Apaga* (Ferdinando, Tiago e Bernard).

Breve relato

No terreno das emoções que nossos espíritos percorreram um dia, fomos e seremos sempre aprendizes dos nossos sentimentos. Deliberadamente, deixamos de compreender o dom divino da vida e, na maioria das vezes, recolhemos nos arquivos de nossas existências as contradições da fé, do amor e da razão.

Alicerçados em leis transitórias, construímos castelos, destruímos corações e julgamos homens nos tribunais humanos, onde refletimos a desarmonia e o desequilíbrio do nosso próprio coração, encaminhando-nos pelas estradas da vida, que nos afastam da revelação de Deus, do mestre Jesus e de seu código de amor fraterno e universal.

Adentramos, muitas vezes, o santuário da vida esquecendo-nos de acender a candeia íntima, impedindo a luz de brilhar. Em muitas ocasiões, consumimos as energias de nossas usinas interiores em batalhas que refletem o apego insano às paixões temporárias, que não elevam e que somente nos fazem sofrer e, outras vezes, esquecemos que somos fruto da imortalidade, que objetiva a evolução de cada criatura rumo a Deus.

O Senhor não pede o exercício de um poder despótico ou impiedoso, mas a simplicidade para servirmos como colaboradores fiéis, repletos de inspiração superior, com o coração alicerçado na fé, razão e esperança, reconhecendo os valores sagrados do Evangelho como os degraus seguros a serem trilhados na grandiosa tarefa de construir a própria história íntima e de um mundo melhor.

Não podemos ficar indiferentes às lutas passadas, que nos marcaram eternamente a alma, ou às obrigações dos servos do Senhor. Servos que buscam, por meio das experiências transitórias, a companhia do Mestre para que possam exercer nos celeiros das existências o trabalho santificador por Ele planificado.

Retornar ao passado, olhar erros e deficiências — consequências de diversas lutas egoístas — é o que nos autocorrige, sempre à luz da sabedoria celeste para, enfim, podermos compreender o real sentido do amor desapegado, da fé racional, da luta verdadeira e pura em nome de Jesus.

Voltar, por meio destas páginas verídicas, às areias da Galileia ou às cinzas de Roma é lembrar o meigo Mestre, os mártires, os apóstolos e os diversos amigos do Cristianismo reformador — colaboradores da obra do bem e da propagação da boa-nova —, que contribuíram para a libertação de nossas mentes para um mundo renovado em nome de Deus. Foram eles que fizeram e ainda nos fazem fortes para suportarmos olhar os erros egoístas de ontem sem que nos perturbemos no presente.

Relato as rotas dos corações amados que despertaram para o verdadeiro amor apostólico, afirmando, sobre bases solidificadas, que os elos de amor dos filhos de Deus jamais serão rompidos nas diversas existências, mas fortificados se estiverem unidos ao Mestre. Esses amigos, verdadeiros amores, nos ensinam que há sempre oportunidade para abrirmos a consciência e domarmos o instinto egoísta, para que o impulso de querermos transformar os outros possa ser revertido sobre nós mesmos, sem vaidades e falsas pretensões do saber.

Muitos amigos, citados na história real do livro *Horizonte das Cotovias,* encontram-se nestas páginas em outras roupagens, como personagens marcantes, dando sequência à vida de apostolado e regeneração. Unidos pelo vínculo mais puro de amor, retornam à vida corpórea. Mirtes, mais tarde, retorna como a serena e iluminada Helena; Jeremias, abnegado e mestre amado, como Apolonius Copernicus; Horacio, na roupagem futura de Tarquinius Lidius Varro; Pompilius, nobre amigo e, sobretudo irmão em Cristo, mergulhado no futuro como Marcellus; Sofia, forte companheira pela causa de Deus, como Raquel; Titus Octavius Gracus regressa como Versus Antipas; Calcurnia, como Sara; Tacitus, ilustre mestre de nossos corações, como o discípulo do Senhor, Natanael, conhecido como o apóstolo Bartolomeu; Aurea, força e luz, atendendo ao chamamento de uma nova vida, como a adorada e respeitada Ruth. Em respeito aos pedidos humildes de nossa amada e adorada Miriam e de nosso amigo Demetrius, guardaremos silenciosamente suas identidades.

Sem querer confundir o nobre leitor, tampouco confrontar fatos históricos tão bem redigidos pelo esforço de nobres e sérios historiadores, mas atendendo ao pedido de alguns amigos que compõem as páginas desta história real sempre com o intuito de respeitarmos as individualidades daqueles que a mim confiaram sua intimidade, sonhos e esperança, optei por preservar suas verdadeiras identidades.

Por compreender a vida como uma sublime oração, cabe esclarecer que o nome deste livro foi inspirado nos antigos hebreus, que utilizavam o salmo para estruturar poeticamente suas preces, desde numa simples melodia de súplica até num hino de gratidão, luta e coragem.

Por quê redenção? Porque acredito que ninguém passa pela vida eternamente mergulhado nas sombras do caminho. Creio em um Deus justo, que sempre estará disposto a conceder nova oportunidade à nossa redenção pelos erros por nós cometidos. E, assim, retornaremos às estradas de luz, de sabedoria, de fé inabalável em Jesus, sobretudo, para que tenhamos coragem de abrir nossas almas à verdade chamada Cristianismo — racional e libertador.

Devolvo às mãos dos leitores uma obra já publicada no passado, só que agora revisada e com história ampliada, em atendimento ao pedido de nobres amigos de meu mundo, que compõem as páginas deste livro. Por que a revisão e ampliação? Porque julgaram que este é o momento para trazer novas informações e revelações que foram omitidas na versão anterior, porque acreditavam não ser aquele o momento oportuno para trazê-las a público.

Informamos também que os nomes de alguns personagens sofreram necessários ajustes em razão de terem sido perdidos e/ou omitidos nos textos originais da primeira versão. Assim, retiramos títulos e clarificamos suas identificações, sem suprimir deles a personalidade.

Rogo a Jesus que você, leitor, possa usufruir dos patrimônios das experiências alheias para permanecer no caminho da iluminação espiritual, sem desanimar e estagnar no culto excessivo das mágoas, fruto do sofrimento passageiro e renovador. Que o Senhor seja conosco, amparando-nos em um clima elevado de amor e compreensão, pois estou convicto de que a luz da esperança trazida pelo Cristianismo não é uma colheita prematura, mas produto do esforço e da coragem de cada filho de Deus.

Confiando no Mestre e nos muitos amigos da causa cristã, convido, em nome deles, cada leitor a percorrer estas páginas simples e despretensiosas para juntos entoarmos os Salmos de Redenção.

Ferdinando

São Paulo, maio de 2017.

Salmo 19[2]

Senhor, sol de justiça

"Os céus contam a glória de Deus, e o firmamento proclama a obra de suas mãos.

O dia entrega a mensagem a outro dia, e a noite a faz conhecer a outra noite.

Não há termos, não há palavras, nenhuma voz que deles se ouça; e por toda a Terra sua linha aparece, e até os confins do mundo a sua linguagem.

Ali pôs uma tenda para o sol, e ele sai, qual esposo da alcova, como alegre herói, percorrendo o caminho.

Ele sai de um extremo dos Céus e até o outro extremo vai seu percurso; e nada escapa ao seu calor.

A lei do Senhor é perfeita, faz a vida voltar; o testemunho do Senhor é firme, torna sábio o simples.

Os preceitos do Senhor são retos, alegram o coração; o mandamento do Senhor é claro, ilumina os olhos.

O temor do Senhor é puro, estável para sempre; as decisões do Senhor são verdadeiras, e justas igualmente; são mais desejáveis do que o ouro, muito ouro refinado; suas palavras são mais doces que o mel escorrendo dos favos.

Com elas também teu servo se esclarece, e observá--las traz grande proveito.

Quem pode discernir os próprios erros?

Purifica-me das faltas escondidas!

Preserva também o teu servo do orgulho, para que ele nunca me domine; então eu serei íntegro e inocente de uma grande transgressão.

Que te agradem as palavras de minha boca e o meditar do meu coração, sem treva em tua presença,

Senhor, meu rochedo, redentor meu!"

---

2 Nota da médium: todos os textos bíblicos foram extraídos da versão de *A Bíblia de Jerusalém,* nova edição revista e ampliada. São Paulo: Paulus, 2002.

“No mundo tereis tribulações, mas tende coragem: eu venci o mundo!”

João: 16:33

“recomeçar, muitas vezes, significa voltar a enfrentar os degraus sombrios da vida. Corajoso é aquele que se reconhece com o poder de mudar a própria existência, seguindo seu caminho, consciente que é um filho de Deus.”

Marcos

Capítulo 1

Brisas de esperança e reencontro

Iluminada pelo sol alto, a Palestina era banhada pelas luzes radiantes provenientes dos céus, ofertando paz àqueles corações sofridos que ali habitavam. Os judeus haviam experimentado o convívio de uma dominação estrangeira de quase quinhentos anos. Primeiro pelos gregos, sírios e, por fim, subjugados pelos romanos, sendo obrigados a pagar pesados tributos aos conquistadores.

Apesar desse grande período de conflitos internos, conquistas, rivalidades religiosas e egoísmo de seus governantes, o conselho judaico — o Sinédrio — buscando sempre manter a sua posição, convivia de maneira pacífica com os romanos. Por outro lado, os cobradores de impostos movidos pela ganância aproveitavam a presença romana para enriquecerem facilmente à custa de um povo sofrido, que nutria por eles uma fúria ardente, diante de um cenário alimentado por negócios obscuros e corruptos, movidos pelo aquecido comércio de escravos.

Esse povo massacrado vivia sob o manto negro do medo e da impiedade dos seus conquistadores, apoiando-se na esperança de que um dia seria libertado pelo Messias prometido nas escrituras sagradas. Com esse espírito de liberdade, hostilidades gratuitas eram cultivadas e visivelmente percebia-se que Roma trazia consigo seus conceitos de deuses mitológicos, que se propagavam com sutileza entre os povos daquela região que, mesmo assim, continuavam acreditando no Deus proferido por Abraão, nas leis de Moisés e nos misticismos — reflexo das diversas crenças milenares que foram traduzidas nas expressões dos profetas no passado.

Apoiados na promessa e na esperança da chegada do Messias, vamos encontrar em Cafarnaum, uma cidade localizada junto ao lago de Genesaré, nas proximidades da desembocadura do Jordão, entre os luxos das liteiras romanas que desfilavam pelas ruas estreitas, um comércio de óleo que se destacava dos demais, de propriedade de Marcus Galenus[3], um homem envelhecido, mas que ainda trazia força em seus braços e a lucidez em sua mente, que eram compartilhadas com a figura cândida de um grego chamado Apolonius Copernicus, um homem maduro, marcado por uma vida sofrida e limitada, contudo, amado por todos por ter na alma a força de um emissário de Deus, vivendo a esperança de um dia conhecer Aquele que seria o libertador das almas sofredoras.

Com esse conceito da vinda do Messias tinham uma vida serena junto aos amigos Natanael, um pescador humilde que compartilhava a profissão com os companheiros Simão, André e Filipe[4] e ao lado de sua esposa adorada, Ruth, com a qual vivia feliz, apesar da vida privá-los da presença de filhos.

Naquele final de tarde, como de hábito, ao lado dos amigos, Ruth estava auxiliando no comércio de óleo enquanto Natanael encontrava-se em viagem, consequência da pescaria, que dele exigia constante separação da família. Após

---

3 Nota da médium: foi relatada nas páginas do livro *Horizonte das Cotovias* a história dos personagens citados neste capítulo e no próximo: Marcus Galenus, Anmina, Octavius, Lia, Apolonius Copernicus, Servio Tulio, Ruth e Natanael "Bar-Tolmai filho (Bar) de Tolomeu (Tholmai ou Talmai)" que nasceu em Canaá, mais tarde foi conhecido pelo nome de Bartolomeu, apóstolo do nosso Senhor Jesus Cristo, citado em João, 1: 45-51.

4 Nota da médium: Simão — conhecido mais tarde como Simão Pedro — André e Filipe foram discípulos do nosso Senhor Jesus Cristo e mais tarde apóstolos dedicados a levar a boa-nova a toda a extensão do Império. "Jesus resolveu partir para a Galileia e encontrou Filipe. Jesus lhe disse: 'Segue-me'. Filipe era de Betsaida, a cidade de André e de Pedro." João, 1:43-51

todas as obrigações cumpridas, antes de fechar o estabelecimento, Apolonius organizava algumas ânforas de óleo com um semblante pensativo e um olhar contemplativo, quando Galenus se aproximou:

— O tempo correu impiedoso! Estou envelhecendo e, por vezes, não entendo por que ainda estou vivo — esboçando discreto sorriso, continuou — sempre desejei partir primeiro que Anmina, minha esposa amada, mas Deus ordenou que eu permanecesse encarnado. Talvez seja porque minha luta interior ainda não tenha chegado ao fim.

— Faz pouco tempo que ela morreu e ainda a sinto presente entre nós — disse Apolonius com um semblante triste. — Ela nos foi muito amada, o que me faz acreditar que o verdadeiro amor, de fato, jamais morre; ele perdura além dos limites de nossa compreensão e de nosso coração.

— Perdoe-me a indiscrição. Parece que a tristeza fez morada em seu peito — finalizou Galenus.

— Meu amigo, não estou triste, todavia confesso que forte saudade aportou em meu coração. Sei que não sou um menino para ter esse tipo de sentimento, porém recordava-me de meus pais, em especial de minha mãe, da qual a vida privou-me do convívio.

— A saudade bem sentida não tem tempo marcado para tocar nosso coração. Sua mãe Lia foi uma bênção de Deus em nossas vidas. Era uma alma bendita e trazia uma bondade que a fazia estar sempre disposta a dividir o que fosse com todos. Movida por uma coragem incontestável, demonstrava em todos os momentos uma fé admirável. Em toda a sua existência respirava lembranças e vivia sobre o alicerce da esperança de um dia poder reencontrá-lo. Prosseguia iluminada pelo amor silencioso que carregava na alma por seu pai, Octavius.

— Desde a morte de meu pai, há dois anos, hoje, sem explicação, o sinto muito próximo — disse Apolonius secando a lágrima que insistia em marcar sua face. — Ele foi o mestre que jamais esquecerei. Ensinou-me a ter paciência.

Deus, em Sua infinita misericórdia, me concedeu a oportunidade de compartilhar a existência ao lado de alguém tão sábio.

— Não posso tirar de minhas recordações esses grandiosos e verdadeiros amigos. Agradeço a Deus os dias de paz que vivemos.

— Também sinto falta de Octavius — disse Ruth, aproximando-se com candura. — Jamais havia presenciado um amor tão puro. Seu pai viveu resignado e encontrou em você a força para continuar sem a presença de sua mãe — segurando a mão de Apolonius prosseguiu — confesso que jamais encontrei alguém como você. É um enviado do Senhor, sofreu sem emitir uma palavra de descontentamento. Recebeu a escravidão com resignação. Serviu a seu pai sem que ele soubesse que você era seu filho. Mas, no fundo da alma, sabia quem você era e foi incapaz de julgar os fatos de sua vida. Para mim e para meu Natanael vocês são a nossa família, e é nesse amor que nos sustentamos.

— Não me exaltem, pois não mereço. Sou um homem simples, que traz no peito a esperança de um dia conhecer o Messias Salvador. A vida foi minha grande conselheira, por isso não julgo meu cativeiro; sempre agradeço minha liberdade.

— Vamos! — disse Galenus. — Mudemos o rumo desta conversa. É chegado o momento de fecharmos o comércio e seguirmos para o descanso necessário.

Assim, esses filhos de Deus saíram em animada conversação, seguindo suas estradas com esperança em suas almas.

***

O firmamento desenhado pelas estrelas não escondia o encanto da lua.

Ao chegarem à residência de Galenus, os homens pararam a carroça e deixaram Ruth na varanda, enquanto seguiram para tratar do animal.

A esposa de Natanael escutou um estranho barulho, e quando os homens se aproximaram, disse:

— Tenhamos cuidado! Há alguém no interior da casa.

Galenus abriu a porta e, uma menina com aproximadamente quinze anos, assustada, chorava copiosamente:

— Pelos deuses! Não me façam mal.

— Pobre criança — disse Apolonius. — Não tenha medo. Não lhe faremos mal. Quem é você?

— Sou Raquel. Filha de um senador romano chamado Lisias.

— O que faz aqui sozinha? Onde estão seus pais? Conte sua história — disse Galenus.

— Quando eu tinha cinco anos, minha mãezinha morreu, em Roma. Meu pai, entristecido, aceitou a missão de vir para esta região atendendo ordens do Império — lágrimas caíam em sua face. — Por vários dias escutei meu pai conversando com um jovem senador chamado Vinicius. Diziam que enfrentariam a corrupção no meio romano, e que uma grande batalha se iniciava. Muitos se rebelaram contra eles, em especial um homem chamado Tiberianus Sextus. Há aproximadamente um ano saímos de Cesareia e viemos para Nazaré, de acordo com um estranho pedido do Senado.

Então, em uma noite, quando estávamos hospedados na residência de Vinicius, que também estabeleceu morada aqui, alguns homens invadiram a casa. Não sabíamos que a viagem, que acreditávamos ser além de trabalho um passeio para nós, era, na verdade, um sombrio plano para tirar a vida de meu pai e de seu amigo. Temendo pela minha vida, antes que os homens o matassem, meu pai suplicou que eu fugisse, porém presenciei sua morte. Vinicius foi preso, e soube que ele também foi morto.

— E quanto a você? — perguntou Apolonius com compaixão.

— Quanto a mim, fui submetida aos desvarios de Tiberianus e obrigada a me entregar aos seus caprichos e a uma vida pervertida. Ofereceu-me riqueza e luxo, mas aprendi com meu pai conceitos sobre moral que jamais esquecerei. Temendo que este homem utilizasse de violência comigo, suportei por oito meses diversas situações, mas peço que não me façam recordá-las. Mesmo não tolerando viver daquela maneira, esperei o momento certo para fugir sem deixar rastros. Então, em uma noite, quando Tiberianus havia saído em viagem, me organizei para resistir às difíceis provações que enfrentaria em busca de minha liberdade.

A moça fez uma breve pausa e continuou:

— Assim sendo, com a ajuda de uma bondosa serva, parti. Estou viajando e me escondendo há noventa dias. Uma virtuosa senhora, idosa e solitária, me acolheu. Para ela trabalhava e vivia em paz, mas a enfermidade tomou seu corpo e, antes de morrer, me disse para procurar um homem chamado Apolonius Copernicus. Disse que aqui residiam corações caridosos que compreenderiam minha situação. Por isso, estou aqui, não tenho para onde ir.

— Por Deus! Admiro como fala com tanta maturidade — disse Galenus. — Tem alguém em Roma? Algum familiar?

— Não tenho ninguém. Éramos apenas eu e meu pai. Por misericórdia, me deixem ficar aqui. Serei útil. Apesar de ter sido privilegiada com uma educação refinada, meu pai sempre exigiu que conhecesse a vida sem facilidades, e me ensinou a viver sem ilusões. Dizia que não deveríamos acreditar que teríamos tudo para sempre, pois o que possuímos é somente um empréstimo temporário e não nos pertence.

— Acho que devemos levá-la aos romanos. Eles, ao certo, saberão o que fazer com ela. Perdão, mas apesar da demonstração de maturidade, como crer na história de uma criança? — indagou Galenus, visivelmente preocupado.

— Meu amigo — disse Apolonius — Deus nos enviou uma filha necessitada. Já foram impiedosos com o pai e, ao certo, se entregarmos esta criança aos lobos, ela terá a mesma sorte. Não sei dizer, mas acredito em suas palavras. Além do mais, para quem a entregaremos? Ela ficará conosco.

— Concordo com nosso amigo — disse Ruth. — Podemos cuidar dela. Eu sou forte e juntos vamos tratá-la como a uma filha.

— Por Deus! Conhecendo estes dois corações bondosos, posso dizer-me vencido — disse Galenus. — Ficará conosco.

— Que os deuses sejam louvados — disse a ingênua menina, secando as lágrimas e abraçando carinhosamente Apolonius.

— Seu nome não me parece romano — disse o grego.

— Minha mãe foi criada por uma ama desta região, que possuía esse nome. Ela foi alguém muito especial para nossa família, então, quando nasci, meus pais me deram o nome de Raquel.

— Minha criança, Deus nos presenteou com a sua presença. Seremos seus pais e, com o tempo aprenderá a não amar tantos deuses, mas sim, o único e verdadeiro Senhor de bondade. — Acariciando-lhe os cabelos negros, continuou em oração. — Senhor! Agradecemos a oportunidade que repousa sobre nossos corações. Não somos merecedores de recebermos uma filha em nossas estradas tão experimentadas pelas dificuldades, mas nos comprometeremos com a missão que designou para nós. Abençoe com a Sua luz a vida que desabrocha na expressão meiga desta jovem e a nossa que, em breve, para este mundo se encerrará.

Emocionada com as palavras sinceras de Apolonius, Ruth tirou o manto de suas costas e acolheu Raquel em um abraço afetuoso:

— Minha querida, vamos, deve estar faminta e exausta. Cuidaremos de você.

Enquanto a noite avançava, esses filhos de Deus continuaram em conversação trivial, aguardando os novos desafios do amanhã, mantendo vivas em suas almas a fé e a coragem para simplesmente viver.

Capítulo 2

Definindo a rota do destino

No ano 16 da nossa era, em Roma, o perfume harmonioso das flores anunciava mais uma primavera e os ventos serenos sopravam sobre o Tibre, fazendo suas águas acariciarem suas margens.

No coração da cidade imperial, uma residência acolhia em paz a felicidade de Tarquinius Lidius Varro, um homem jovem, de rosto fino e queixo bem definido tal qual o da estátua de Apolo. Seus olhos grandes, vivos e firmes, misturavam-se ao tom negro de seus cabelos lisos. Sua estatura alta delineava o perfil clássico e a seriedade de alguém que exercia a vida pública.

Dividia sua existência com a jovem e formosa esposa, Helena Maxima Varro, mulher de rara beleza, com o rosto enobrecido pelo olhar que refletia uma imagem cândida, pacífica, ressaltada por seus cabelos negros caídos sobre os ombros, que se misturavam aos véus bordados com pedrarias que reluziam ao brilho do sol ou da lua. Eram eles o exemplo de uma família estruturada sob os alicerces do amor e do respeito, cuja felicidade se traduzia na filha Cassia Flavia Helena Varro que, naquela ocasião, ainda não havia completado seis meses de vida.

A pequenina assemelhava-se a um anjo bendito, iluminado pela luz serena da inocência que lhe atribuía realeza, trazendo na face rosada o brilho de um amor incontestável. O pai não escondia a adoração pela pequenina, como se ela fosse a representação de uma deusa viva, eleita pelo alto clã do Olimpo. Por ela, cultivava um amor sublime, que somente a grandiosidade celestial poderia compreender.

No frescor daquele entardecer, sob as sombras perfumadas do jardim cuidadosamente projetado pelas mãos de um grande artista, escutando o som tranquilo das águas abundantes que jorravam da fonte com afrescos em mármore, a nobre Helena, como mãe prestimosa e dedicada, acompanhava carinhosamente a alegria de sua filhinha, acomodada em um confortável divã junto ao amigo fiel Cineius Otavius Lucinius, um homem maduro que apresentava uma vasta barba. Sorriam felizes a cada gracejo que a pequenina manifestava.

Nesse ínterim, uma liteira parou em frente à residência. Tarquinius apressadamente subiu a escadaria, atravessou o pátio, caminhou em direção à esposa, abraçando-a com ternura e contentamento. Após as saudações costumeiras ao amigo, beijou a filha e imediatamente relatou:

— Ave! Estou feliz por encontrá-los aqui. Anseio por dar-lhes as boas-novas. Fui nomeado diretamente pelo imperador um dos representantes oficiais do Império com missão especial na Palestina.

— Diga-nos! De que se trata essa missão? — perguntou Lucinius.

— O imperador julga aquela região importante para a extensão do Império. É uma grande rota comercial e portuária que nos facilita avançar para o Oriente. Ele suspeita de que muitos patrícios designados para exercer seus ofícios públicos naquelas paragens estejam envolvidos em corrupções, comércios ilícitos, desvios dos impostos cobrados, o que afetará a manutenção de nossos exércitos. Em virtude dessas ocorrências, cresce a hostilidade do povo contra os romanos, o que tem nos dificultado a ação. O Império espera que minha presença abrande essa situação e coloque ordem em nosso meio. A única exigência é que terei que fixar residência em Jerusalém.

— Pelo que me recordo, muitos romanos já foram para lá com tarefas semelhantes e falharam. Um dos únicos que se manteve fiel e honrado foi nosso amigo Claudius Marcellus. Ele não foi como general, mas na posição de homem de confiança do imperador para acompanhar os passos dos militares, relatando-lhe supostas falhas dos exércitos. Tem exercido com êxito tão difícil trabalho.

— Não irei como senador, mas como homem de confiança do imperador. Serei o reflexo de sua imagem naquelas paragens. Ele me concederá poderes suficientes para estar acima do Senado, fazendo cumprir nossas leis junto aos patrícios que se desviaram do caminho da justiça.

— Meu jovem, felicito-o! — disse Lucinius com orgulho salutar. — Sempre soube que seria reconhecido por sua dedicação e, sobretudo, por sua inteligência. Que os deuses olhem por você.

— Sabe bem que devo a você essa vitória. Sempre esteve ao meu lado, assim como de Marcellus. Agradeço por ter apoiado minha decisão.

Entre os cumprimentos, Helena olhava silenciosa e entristecida para a filha. Notando seu semblante angustiado, Tarquinius perguntou:

— Parece que não gostou da notícia?

— Meu querido! Enquanto dava as boas-novas, senti um aperto inexplicável em meu coração, como se algo muito mau fosse acontecer.

— Paremos com o pessimismo — disse Lucinius, na tentativa de afastar a tristeza — agora é hora de festejarmos. Se bem conheço o imperador, a família Varro partirá em breve. Vamos tomar um bom vinho.

— Não compreendendo a reação de sua esposa, Tarquinius segurou carinhosamente a filha no colo e, após acariciá-la, entregou-a para Helena, que se retirou levando a pequenina.

Após os dois homens se acomodarem, enquanto o vinho era servido, Lucinius perguntou:

— Você é conhecedor de muitas culturas e muitos povos. O que sabe sobre a Palestina?

Tarquinius, com paciência, descrevia o local que seria o palco de sua nova vida:

— Conflitos e abusos religiosos marcam aquele povo. Desde que César fez da Judeia uma província romana, o povo traz em seu coração uma fúria, que até agora tem sido controlada devido ao reforço dos legionários enviados para lá — umedecendo os lábios com vinho continuou — Reacendeu-se uma hostilidade contra Roma, adormecida há anos, o que preocupa o imperador. O número de atentados contra nossos homens tem aumentado a cada dia. Muitas mortes têm acontecido desde que o Império adentrou aquela região, e muita corrupção tem sido manifestada por parte dos nossos patrícios, que almejam posições como a que ocuparei.

— Não teme essas discórdias?

— Não. Como é de nosso costume, habitualmente vou ao Capitólio e entrego as oferendas aos deuses Lares e Cibele, para que eles nos protejam. Além do mais, trago a força da tradição dos senadores e cônsules de nossas famílias.

— Tarquinius, você é jovem para compreender as vontades alheias, porém, jamais subestime o poder da vingança. Acalmar os corações inflamados de fanáticos religiosos, dos patrícios gananciosos, e coibir negócios obscuros não são tarefas fáceis. A sede do governo foi fixada em Cesareia, de onde a administração da província é feita por procuradores. Você é muito conceituado no Senado. Todavia, tem um coração puro, diferente dos homens que foram para lá. Alguns se diziam dignos e incorruptíveis, mas, ao se depararem com as facilidades da vida, sucumbiram às trevas do egoísmo. Outros, não sendo detentores de uma conduta ilibada em nosso meio, foram banidos para lá e hoje fazem parte dessa escória que terá de enfrentar.

— Ouso dizer que sua voz traz medo e apreensão.

— Há algum tempo estou atento a todos os acontecimentos referentes à Palestina — segurando os braços do amigo com ternura, continuou — as palavras de Helena tocaram minha alma. Sabe que é como um filho para mim, assim como Marcellus. Fui amigo de seu pai e agora, com relação a você, estou na mesma posição. Portanto, peço que permaneça em Roma. Essa missão poderá expor sua esposa e sua filha amada aos lobos famintos.

— Não compreendo o que me pede. Sabe que essa oportunidade é o sonho de qualquer um de nós.

— Perdoe-me, mas temo por você. Tenho consciência de que não abandonará a tarefa, mas é meu dever alertá-lo sobre os fatos que acercam aquelas paragens. Muitos homens íntegros, que o Império encaminhou para lá, sofreram algum tipo de represália. Alguns morreram envenenados, outros tiveram seus familiares desaparecidos sem explicações.

— Respeito todas suas preocupações, mas não desertarei agora; irei até o fim.

— Recordo que após a morte do pai, Servio Tulio, e de sua esposa, Marcellus também recebeu semelhante missão e foi designado para a Palestina. Confesso que fiquei muito preocupado com essa decisão. Cheguei a suplicar para que não partisse, mas o ímpeto juvenil, muitas vezes, ignora a experiência dos mais velhos. À distância acompanho seus passos e sei que sua adaptação foi muito boa, do mesmo modo que a do pequenino Marcus Aurelius, seu filho — suspirando, continuou — dessa forma, não pude impedi-lo. Tenho consciência de que não conseguirei convencê-lo também.

— Ficaremos estabelecidos na residência de Marcellus, homem de minha inteira confiança e, sobretudo, meu amigo desde a infância. Posso afirmar que, mais que amigos, somos irmãos, apesar de não possuirmos o mesmo sangue. Você o conhece tão bem quanto eu e, ao lado dele nada de mal poderá nos acontecer.

— Tarquinius, já pensou em sua segurança?

— Meu amigo é um excelente estrategista. Visando não se expor, quando foi para lá resolveu que não residiria no grande centro. Hoje está fixado nas redondezas de Jerusalém, em uma luxuosa residência. Creio que ali estaremos seguros. Além do mais, meus ofícios serão acompanhados diretamente por ele, conforme designação do imperador — respirando profundamente, prosseguiu: — já está tudo providenciado. Partiremos em poucos dias.

— Conheço a união que existe entre ambos. Jamais presenciei uma amizade tão forte entre duas criaturas. De fato, estou mais tranquilo por saber que Marcellus estará ao seu lado. Sei que ele não permitirá que nada de mal lhe aconteça. Vejo que é duro como rocha e que já está decidido. Cuide-se, meu amigo! Mesmo que sua vida seja modificada totalmente, jamais renuncie à dignidade, ética, moral e honra. Aconteça o que acontecer, mantenha a firmeza e a segurança.

— Sempre vivi para as leis, acreditando no valor da honestidade, portanto, poder algum modificará minha essência.

— O poder é igual a um belíssimo presente embrulhado em linho e pedras preciosas. Porém, ao abri-lo encontramos um punhal pronto a nos tirar a vida. Não permita que o seu coração endureça, assim como jamais perca a esperança, característica sua tão peculiar. Ao certo, os deuses confiaram essa missão às suas mãos porque acreditam em você, então, aproveite essa oportunidade bendita e faça dela uma grande escola — repousando a mão no ombro do amigo, prosseguiu: — Acredito que não está sendo convocado ao acaso para essa difícil tarefa. Não esqueça que caberá a você manter a integridade de um homem honrado.

— Compreendo os conceitos nobres e profundos que possui a respeito da vida, mas necessito cumprir com minhas obrigações, Lucinius. Uma grandiosa e inexplicável força impulsiona-me para aquela região. Garanto que não é somente o poder a mim confiado ou a evidência social.

— Já estudei a cultura e os credos de diversos povos. Muitas filosofias falam de outras vidas que vivemos — com um semblante meditativo, Lucinius continuou — alguém sabe quem fomos ou quem seremos? Onde estarão as verdades das nossas origens?

— Não sei ao certo como explicar, mas algo em mim, muito mais forte que meu querer, ordena-me a seguir para a Palestina e cumprir essa tarefa especial que definirá o rumo de minha vida. Sinto que lá estará o fim de um ciclo e o começo de minha verdadeira existência. Tenho meditado sobre isso e agora chegou o momento de enfrentar esse desafio. Só me resta cultivar a coragem.

Emocionado, Lucinius finalizou:

— Então, que os deuses o acompanhem. Ouça esse chamamento e siga seu caminho.

As primeiras estrelas despontavam no firmamento trazendo um novo anoitecer. Tarquinius mantinha um olhar destemido que revelava energia e coragem, e sentia-se pronto para enfrentar e vencer todos os desafios da vida. Eles continuaram a conversa por mais alguns instantes e, após as despedidas, firmaram os votos de esperança no futuro.

***

Os dias seguiram harmoniosos.

Na noite anterior à viagem, Helena, após ter orientado as servas, como quem se despede de um lugar querido sentou-se no terraço, que permitia vislumbrar a beleza das flores do jardim e de uma das fontes que derramava água cristalina por uma ânfora sustentada pelos braços de uma nobre escultura feminina de fino mármore, que refletia a luminosidade das estrelas. Ao seu lado, sua filha adormecida em um divã parecia estar protegida por seres celestiais.

Observando aquele cenário, Tarquinius aproximou-se serenamente:

— Ainda está preocupada com o novo rumo de nossas vidas?

— Confesso que sim. São tantos os comentários sobre aquela região, que sinto medo. Temo por nossa família.

A nobre mulher abaixou a cabeça entre as mãos, não conseguindo conter as lágrimas que molhavam timidamente sua face.

— Por que chora? O elo infinito e eterno do amor que nos une não poderá ser rompido. Guardemos em nosso íntimo a felicidade de compartilhar nossos sonhos e as bênçãos derramadas pelos deuses sobre nossa família, e que hoje estão realizados por meio de nossa filha.

— Meu querido, o acompanharei onde quer que vá. Estaremos sempre unidos em quaisquer condições em que nos encontremos. Seja entre dor ou sofrimento, agonia ou felicidade, conforme a vontade dos deuses. Peço a eles força, e aceito as provas com bom ânimo.

Olhando para a esposa, arrebatado por intensa ternura, abriu uma caixa dourada que trazia nas mãos. Dela retirou um cordão que continha um medalhão com as iniciais de sua família. Com carinho, colocou-o no pescoço de Helena e, em seguida, cuidadosamente, repetiu o gesto com uma segunda joia, mas agora para a filha e disse:

— Nada poderia expressar o valor de nosso amor. Como não tenho o poder de imprimir em nosso coração algo que traduza nossa união, mandei confeccionar estas joias raras especialmente para vocês. Peço que por motivo algum a retire de seu pescoço e do pescoço de nossa pequenina. Amanhã seguiremos para o nosso destino, não convém facilitarmos, pois desconhecemos nosso futuro.

— Agradeço aos deuses poder compartilhar com você minha existência e, sobretudo, o admirável e soberano amor que sente por nossa filha. Quando olho para você vejo a inocente brilhar em cada gesto seu. Se minha missão foi aproximá-los, sinto-me realizada.

— Nada será capaz de descrever o amor que sinto por nossa menina. Por vezes, acredito que, de alguma maneira e de um modo muito diferente, já vivemos esse inexplicável sentimento. — Alterando o rumo da conversa, prosseguiu. — Deixemos as preocupações e olhemos o futuro com a chama da esperança viva que pulsa em nosso coração.

Demonstrando grande emoção, abraçou Helena com imensa ternura. O casal cheio de esperança compartilhou aqueles instantes de paz sem saber se sentimentos iguais aconteceriam nos anos que se seguiriam.

Capítulo 3

A chegada à Palestina

As pequenas e estreitas ruas da cidade de Jerusalém estavam movimentadas naquele fim de tarde. Mercadores de óleo, de tecidos e de escravos as cruzavam em todos os sentidos. Liteiras riquíssimas subiam e desciam, desfilando a exuberante ostentação de Roma na província humilde.

Os agrupamentos populares eram desfeitos pelos gritos dos carregadores e guardas que exclamavam:

— Deixem passar a caravana de Tarquinius Lidius Varro! Livrem o caminho! Livrem!

Enquanto isso, na residência de Claudius Marcellus, um homem jovem que possuía uma força hercúlea e ostentava um peito largo e braços musculosos, a movimentação era maior do que nos dias rotineiros. Servos corriam pelas grandiosas salas, organizando os últimos detalhes para recepcioná-los.

Jardins enfeitavam a fachada, tomavam parte dos fundos e dividiam um pátio em estilo romano, criando um local para o treino de corredores e de gladiadores, o que para Marcellus servia de diversão.

Quando a liteira parou diante da escadaria, a serva Judith atravessou rapidamente o salão principal, encontrou Marcellus na biblioteca e o notificou:

— Senhor, a caravana esperada chegou.

— Não percamos mais tempo, vamos recebê-los!

Com ansiedade seguiu em direção à porta principal deparando-se com Tarquinius. Os amigos abraçaram-se alegres e saudosos:

— Ave, meu amigo! Que felicidade tê-los conosco. Onde estão sua esposa e sua filhinha?

Helena com a pequenina nos braços o cumprimentou:

— Estamos aqui — respondeu com largo e afetuoso sorriso.

Espontaneamente ele foi ao seu encontro, e com intensa felicidade a abraçou respeitosamente:

— Como está linda! A pequenina é a imagem de uma deusa viva. Vamos, ao certo estão cansados e aguardam uma oportunidade para refrescarem-se.

Após as tradicionais saudações, Helena e a filha foram repousar, enquanto Tarquinius e Marcellus, sentados em uma das salas internas do palácio, conversavam animadamente, relembrando o passado e trocando impressões a respeito do presente:

— Depois da morte de sua esposa, não pensou em se casar novamente? — perguntou Tarquinius saboreando o vinho.

— Não. Dedico-me ao exército e me divirto com as corridas e com os gladiadores. Um homem tem que aprender a ser só, para servir melhor. Meu filho Marcus Aurelius está com sete anos; para ele vivo e sou feliz. Confesso que a chegada de sua esposa a este solar será de grande valia na educação de meu menino.

— Ao certo ela será uma mãe prestimosa para o pequenino, — alterando o rumo da conversa, prosseguiu — Sabe por que estou aqui?

— Veio representar o imperador e, se bem o conheço, a ascensão que teve foi merecida. Sua reputação digna e honesta já é conhecida por muitos. Estivemos separados em virtude das exigências de nossas carreiras, eu com o exército, e você com a filosofia e as leis. Mas sabia que em algum momento trabalharíamos juntos.

— Ouvimos diversos rumores a respeito desta região — revelou Tarquinius com uma feição preocupada. — Confesso que estou um tanto alerta quanto ao que encontrarei aqui.

— Encontrará muito trabalho, corrupção, conspirações, ambição dos nossos patrícios, um comércio obscuro e poderoso de escravos, o corrupto e egoísta Versus Lucius Antipas e um povo místico e enfurecido — com um olhar sério, continuou. — Além de muitos malfeitores vivendo à sombra do Estado e que odeiam os homens escolhidos pelo Império para estabelecer a lei. Por isso, meu amigo, muitos morreram e outros fugiram apavorados. Assim como a minha, a sua presença aqui perturbará a muitos.

— Versus Lucius Antipas! Já ouvi falar dele e confesso que pouco conheço sobre seus feitos.

— Ele é romano de nascença, mas sempre viveu por aqui. O atual governador, sabendo de suas ambições, determinou que ele exercesse um cargo público restrito a este povoado, somente na substituição temporária de algum membro da nossa sociedade. Hoje não possui força de ação, porém tem grande influência junto ao povo, que o teme em razão de seu rentável comércio de escravos. Acredito que é isso que o mantém aqui.

Tarquinius mantinha-se pensativo quando Marcellus, levantando-se no intuito de tranquilizar o amigo, incentivou um descanso:

— Deixemos esses assuntos para outro momento. Creio ser melhor descansar; mais tarde voltaremos a falar sobre eles.

Assim os dois amigos permaneceram por mais alguns instantes em simples conversação e, em seguida, despediram-se para o descanso necessário, aguardando as surpresas que o dia seguinte ofereceria.

***

Desde a chegada da família de Tarquinius à Palestina, três meses tranquilos se passaram. O jovem patrício reservava parte de seu tempo para estudar os costumes do povo, visando ganhar o seu respeito. Preparava-se, sobretudo, para enfrentar o fanatismo dos líderes religiosos.

Trabalhou arduamente e consolidou, em pouco tempo, os fóruns administrativos nas diversas atividades jurídico-sociais. Substituiu lideranças e delegou a outros nomes a organização das instâncias que estavam diretamente sob sua responsabilidade.

Conseguiu com seu trabalho e dedicação ganhar a simpatia e o reconhecimento do imperador. Esse lhe delegou autoridade suficiente para punir severamente líderes e cúmplices que se manifestassem contra as leis do Império. Dessa forma, conquistou poucos amigos e muitos inimigos.

Nesse período, contava com o apoio integral de seu amigo, que organizava a guarda e se preocupava em manter a serenidade e a proteção de sua família. Marcellus vigiava e conduzia os atos do exército com firmeza. Enquanto a vida seguia serena, também se divertia treinando no pátio de sua residência os corredores que considerava possuírem o dom para aquele esporte.

Diante daquele cenário social conturbado entre os hábitos de um povo simples e os excessos de vaidade e ilusão trazidos de Roma, a nobre Helena lentamente adaptava-se à nova realidade. Mantendo-se reservada às suas obrigações familiares, dedicava-se ao amor do esposo e, sobretudo ao da filha, que ainda não havia se firmado para iniciar seus primeiros passos livres, bem como acolhendo Marcus Aurelius como filho, em vista da viuvez do amigo.

Com sua humildade e simpatia conquistou o coração dos servos, que a apoiavam incondicionalmente na adaptação à nova vida. Apenas uma serva israelita chamada Sara, mulher detentora de uma beleza juvenil, excetuava-se dos demais, uma vez que não demonstrava ser confiável.

Naquela tarde, na biblioteca da residência, Tarquinius e Marcellus conversavam a respeito das mudanças que se aproximavam, quando Sara comunicou:

— Versus Lucius Antipas os aguarda no salão principal.

Antes mesmo que a serva finalizasse a frase, Versus surpreendeu a todos ao entrar na biblioteca, demonstrando falsa e prepotente simpatia. Sara encantada com a presença do nobre, rapidamente trocou olhares com ele, que exprimiam a volúpia e a cumplicidade de um envolvimento de muito tempo.

A serva tentou disfarçar aquele momento para que não fossem notados os sentimentos que nutria por ele e, antes que ordenassem, retirou-se. Versus, com a astúcia inerente à sua personalidade, poupou as saudações:

— Ora, ora, não necessito ser anunciado! Mal pude esperar para cumprimentar o enviado de Roma, e o faço em meu nome e de meu filho Corvino. Para demonstrar todo o nosso respeito, apreço e nossa generosidade, trouxe para sua esposa o mais puro linho de Antioquia; para sua filhinha, as sedas de Alexandria e, para você, esta saca contendo alguns mil sestércios. Prosseguindo com a encenação, falou. — Agora gostaria de conversar a sós com você.

Nesse momento, Marcellus inquietou-se e olhou para Tarquinius, que interveio de pronto:

— Não tenho segredos com ele. Compartilhamos todas as questões públicas.

Versus deixou que seus olhos refletissem uma insatisfação e tentou dissimular:

— Por que haveria de me incomodar com a presença do amigo?

Marcellus, conhecendo a astúcia do patrício, não conteve seu instinto explosivo:

— Vamos direto ao assunto. O que quer em troca deste dinheiro?

— Vejo que são homens objetivos, assim também o serei. Tenho muitos interesses financeiros nesta província. Quero uma amizade silenciosa entre nós, afinal, como representante do imperador, o poder está nas mãos do nobre patrício. Todos os processos pertencentes a esta região passarão por sua avaliação. Hoje, tenho acesso às informações do governo, sem dificuldades. É sempre proveitoso saber como andam os interesses de nosso Império, não é mesmo?

— Você é muito audacioso — disse Marcellus com desprezo.

— Já conheço a fama da integridade moral de ambos. Por que não desistir de controlar nossos atos e dessas ideias antigas de moral sem valor? Tantos já tentaram e não tiveram êxito. Saibam que possuo amigos muito influentes nestas paragens, alguns são membros do Sinédrio e também compartilham comigo o rentável comércio de escravos. — Acomodando-se em um confortável assento, prosseguiu. — Eles também se sentem apreensivos com sua presença. Seu pensamento revolucionário é muito ousado e não passa de sonhos tolos de juventude. Além do mais, não acredito que exista um homem que não seja corruptível.

— Efêmeros são os tesouros conquistados por atos sombrios e inconsequentes, praticados por corações vis, envolvidos na sombria ignorância que acerca a vida — advertiu Tarquinius. Somente o trabalho, o esforço, o estudo e a dedicação são capazes de produzir riquezas eternas em nossas existências e, sobretudo, auxiliar na manutenção da consciência do dever bem cumprido.

Apesar da perturbação com aquelas palavras, Versus prosseguiu intocável:

— Os romanos de linhagem clássica deveriam ser como alguns soldados do exército. Têm força, coragem e ação, e não permanecem algemados às linhas filosóficas de pensamentos moralistas — continuou, sorrindo ironicamente. — Se desistir desses propósitos de justiça todos sairão beneficiados. Sou um homem generoso e não me esqueço daqueles que compartilham meus ideais. Ninguém é tão honesto ou cego por justiça que, diante de boa quantia, não altere o rumo da própria existência.

— Não seja insolente! — disse Marcellus avançando em sua direção, com visível ira. — Retire-se deste solar! Acredita que Tarquinius receberá de suas mãos imundas este suborno em troca de um silêncio covarde?

— Acalme-se! — exclamou Tarquinius segurando o braço do amigo. — A violência não será útil neste momento. Ela não é capaz de educar alguém que traz impressa na alma a marca delituosa da própria insensatez.

— Como pode manter a serenidade diante deste cão miserável?

Tarquinius, com desenvoltura, dominando a situação olhou friamente para Versus:

— Mais vale um homem perder toda a riqueza do que perder a integridade de sua consciência e da moral, coisa que jamais conheceu ou conhecerá. Sua atitude de suborno, sem ao menos conhecer-me, é, sem dúvida, um ato de coragem que não posso ignorar.

Versus, sem esconder sua ira, retrucou:

— São inofensivas e ingênuas criaturas. Não tardarão a sentir a força dos lobos sobre as próprias vidas.

— O que temer se os negócios são íntegros e honrosos? — perguntou Tarquinius. — No mais, possuo o suficiente para manter-me junto à minha família com tranquilidade. Leve seus pertences; acredito que não temos mais nada a dizer.

Numa fúria contida, Versus, vertendo ódio pelos olhos, recolheu seus presentes e toda a ira que pôde carregar. Antes de retirar-se, parou junto à soleira da porta e, olhando-os profundamente, exclamou com frieza:

— Como fui tolo! Acreditei que estava diante de homens de verdade e não de meninos sonhadores. Irão se lembrar de mim. Ainda nos veremos novamente! Hei de voltar! A vida fará com que nossas estradas se encontrem. Juro que se arrependerão de não terem me apoiado.

Sem mais nada dizer, retirou-se. Consolidou-se naquele instante uma infinita rivalidade. Firmaram-se juras de vingança que transformariam a brisa suave da paz em tormenta avassaladora na vida desses filhos de Deus.

***

Naquela noite, após a visita sem êxito, Versus manteve-se envolvido em um véu de ansiedade e dúvidas, tentando assegurar-se quanto ao próprio futuro. As ideias da organização administrativa das cidades romanas o incomodavam.

Completamente atormentado, ordenou a presença de seu filho Corvino, um jovem entregue aos prazeres da vida e alheio aos problemas sociais ou religiosos da ocasião. Ordenou também que chamassem um soldado de nome Omar, guarda liderado por Marcellus. Ao chegarem à sua residência, após rápidas saudações, Corvino perguntou:

— Meu pai, por que nos chamou aqui com tanta urgência?

Com astuciosa experiência, Versus dirigiu a conversa para seus interesses imediatos:

— Mandei chamá-los aqui porque temos assuntos em comum a tratar — disse isso voltando-se para Omar. — Meu caro, você é um jovem inteligente e não deve viver eternamente submetido às ordens de alguém. Soube que está subordinado a Marcellus e dizem que, por sua dedicação, até conseguiu conquistar sua confiança.

— Senhor — disse Omar ingenuamente — tanto eu como os demais soldados nos sentimos honrados em servir sob a liderança dele. Nosso trabalho é árduo e muito aprendemos com ele, que sempre nos exige retidão e disciplina. Aspiro à carreira militar e, um dia, quero ser como Marcellus e ocupar um lugar de destaque na defesa de nosso Império.

— A carreira no exército pode ser lenta e alguns não sairão do posto de simples legionários, aliás, o posto que ocupa hoje — disse Versus, dissimulando. — Com a ajuda de pessoas certas, a ascensão poderá ser imediata e, consequentemente, será agraciado com riqueza e facilidades. Olhando para você percebo que nasceu para comandar e não para ser comandado. Acredite: se me ajudar a calar alguns cidadãos para manter os meus negócios na posição atual, facilitarei a sua rápida chegada ao poder.

Nesse instante, o olhar do jovem brilhou vislumbrando a possibilidade de atingir o apogeu rapidamente. Versus sentiu que havia conseguido envolvê-lo com as ideias de poder fácil. Assim, entusiasmou os dois jovens com sua má influência. Corvino, com ingenuidade, perguntou:

— O quer de mim?

— Quanto a você, meu filho, tem de cuidar de seus interesses futuros. Quero manter a segurança dos negócios sob meu domínio, em especial, o comércio de escravos. — prosseguiu, enquanto caminhava inquieto pelo salão. — Com os novos rumos do governo como estaremos garantidos? Quero ocupar o lugar que mereço. Não me importo com o tempo que levarei para atingir meus objetivos. Sei que terei a liderança desta região em minhas mãos. Não permitirei que ninguém atrapalhe meus planos.

— Como poderemos alcançar esses objetivos? — perguntou Omar.

— Meu jovem, não se preocupe, já pensei em tudo. Apenas necessito da ajuda de ambos para um trabalho sigiloso que não posso confiar a mais ninguém — declarou olhando para Omar. — Você tem acesso à casa de Marcellus onde Tarquinius reside com a família. Descobri que ele possui verdadeira adoração pela filha. Desse modo, o que o afastaria daqui, senão a morte da menina? Ele, ao certo, em completo abatimento entenderia que nada mais tem valor. Abandonaria suas atividades e retornaria, destruído, a Roma. Quanto a mim, estaria livre desse obstáculo em meu caminho.

— Como sugere que façamos para que não desconfiem de nós? — perguntou Corvino, aturdido.

— Agiremos de maneira que a culpa da morte da menina recaia sobre a esposa dele. Para isso, conto com a ajuda da serva Sara, comprometida comigo pelos presentes e pelas falsas promessas que lhe faço. Ela é os meus olhos naquela residência — revelou o segredo, levando a mão ao queixo, enquanto respirava profundamente. — Destruirei aquela virtuosa família e quem estiver em meu caminho, custe o que custar. Vou me livrar daqueles homens e, após isso, brindaremos nossa vitória.

— E Marcellus, o que faremos com ele? — perguntou o legionário.

— Primeiro cuidaremos de Tarquinius, porque agora não me preocupo com seu amigo. Esperarei o tempo que for necessário para livrar-me dele. Todos sabem de seu interesse e incentivo às corridas. Farei com que um dia seu divertimento o leve à morte. No momento oportuno, prepararemos um acidente para tirar sua vida — disse em tom de deboche. — Façam tudo o que digo, e sem falhas.

Entre sucessivos cálices de vinho aqueles homens permaneciam unidos, ajustando os detalhes do plano sombrio que sentenciaria inocentes ao pesado jugo.

Capítulo 4

Lágrimas e separação

Cinco dias seguiram após o encontro de Versus com seu filho e o soldado.

Omar e Corvino carregavam vivos em suas mentes os sonhos das promessas feitas por Versus.

Naquele triste e inesquecível início de tarde, o legionário cumpriria com a sua parte no acordo. Preparando-se para o sequestro e a execução da inocente criança, dirigiu-se para a residência de Marcellus, que acompanhado de Tarquinius, passaria o dia todo fora em trabalhos de inspeção, e só retornaria ao anoitecer.

Na ilustre residência, em uma sala reservada que permitia acesso ao belo jardim, Helena dedicava-se aos cuidados com a filha.

Sem que ninguém percebesse, Corvino adentrou as dependências daquele lar e entregou a Sara um sonífero poderoso. A serva, seguindo fielmente as ordens de Versus, depositou-o no refresco que Helena habitualmente tomava à tarde. Em seguida, levou a bandeja decorada com um arranjo de flores e serviu à jovem senhora, mantendo naturalidade diante da ocorrência hedionda. Após alguns instantes, a nobre mulher caiu adormecida sobre o divã, enquanto a menina brincava ingenuamente, sem perceber o que acontecia. No momento esperado, Corvino, à espreita, ordenou que Omar entrasse:

— Venha! Tudo está pronto. Leve a menina daqui. Deixei um cavalo preparado na estrada, logo abaixo.

O soldado, sem piedade, pegou a criança em seus braços, selou seus lábios pequeninos e, fixando um olhar frio em Corvino, disse:

— Farei o resto. Estou acostumado a executar homens. Esta morte será mais uma em minha história.

— Espero que não cometa nenhum erro. Se falharmos, meu pai acabará conosco.

— Não se preocupe, tudo sairá como Versus planejou. Executarei a menina. Lembre-se de que precisamos fazer tudo parecer um roubo. — E avaliando o recinto prosseguiu. — O que poderíamos levar de valor?

Nesse instante, Corvino olhou para o pescoço de Helena e arrancou violentamente o cordão com o medalhão, cuja superfície exibia as iniciais da família Varro. Não percebeu que Cassia, entre as vestes, também carregava uma joia igual. Então, o entregou ao soldado:

— Quem sabe isto nos servirá? Leve com você.

Enquanto Omar rudemente saía da sala levando nos braços a pequena, Corvino fazia parecer que Helena havia se embriagado, derramando vinho em seus cabelos.

Após terminar sua parte no plano de Versus, com o auxílio de Sara, saiu rapidamente daquela residência apagando as marcas de sua passagem naquele recinto, deixando para trás a impiedosa e sombria névoa de mentiras, egoísmo e vaidade.

***

Já noite alta, encerradas as atividades, os dois patrícios retornaram ao palácio. Ao chegar, encontraram a serva Judith, que chorava aflita e desesperadamente:

— Senhor, senhor, uma tragédia! A sua filhinha desapareceu. Logo que percebemos o ocorrido, mandamos vários servos à sua procura, mas não foi possível encontrá-lo.

— O que diz? Minha filha desapareceu? Onde está minha esposa?

Completamente arrebatado pelos sentimentos de desespero que invadiam sua alma, correu em busca de notícias.

Encontrou Helena, atordoada, sentada no divã, alheia a todos os acontecimentos. Imediatamente, colocou-se frente a ela e segurando-a pelos braços, disse quase alucinado:

— O que aconteceu? Onde está minha filha?

— Pelos deuses! O que diz?

Ao se aproximar da esposa, sentiu o cheiro do vinho e, completamente enraivecido e angustiado, acusou-a severamente sem nem sequer inteirar-se das ocorrências:

— Está embriagada. Então é isso que faz na minha ausência? Esqueceu-se dos seus deveres de mãe? Como pude estar enganado por tanto tempo? É uma farsante. Fui traído por quem jamais pensei em desconfiar.

— Acalme-se! — disse Marcellus com o intuito de apaziguar a situação. — Este cenário parece-me estranho. Algo aconteceu por aqui que me faz crer que estamos sendo vítimas de impiedosos carrascos.

Apreensivo, Tarquinius segurou os braços do amigo e disse:

— Você é um homem influente na região e possui grande poder no exército. Busque auxílio dos centuriões em atividade nestas paragens. Peça que procurem por todas as cidades, vilarejos, aldeias, casas, templos, tudo. Que percorram toda a Palestina, se necessário. Ofereça uma boa recompensa para quem fornecer alguma notícia sobre minha filha.

— Não devemos ser pessimistas, mas será muito difícil essa tarefa. Para me assegurar de que nada fugirá ao nosso controle, eu mesmo acompanharei as buscas.

— Estaremos juntos. Quero acompanhar todos os passos desse sofrido trabalho.

— Não gostaria que se expusesse aos lobos.

— Não me importo comigo, tampouco com minha posição. Afinal, qual o pai que ao ver um filho em sofrimento não moveria o universo para salvá-lo? — eram visíveis sua angústia e seu desespero. — Peço aos deuses encontrá-la, pois, parte de mim, de tudo que sou, partiu com ela. Não posso perdê-la. Portanto, suplico-lhe, por nossa amizade: traga minha Cassia de volta.

— Creia, farei tudo para encontrá-la. Orientarei os homens para que não tenham piedade do executor desse sórdido feito, tampouco de seus cúmplices.

Helena chorava copiosamente após ser informada dos fatos pela serva Judith, presente no recinto. Então, ajoelhou-se humildemente diante do esposo:

— Acusa-me sem ao menos saber o que se passou. Creia que meu sofrimento é tanto quanto o seu. Não me declaro inocente, mas acredite, fomos vítimas de algum plano cruel. A sua honrada consciência despertará para essa verdade.

Tarquinius lançou um olhar frio e enfurecido à esposa, sentenciando-a sem misericórdia:

— Quanto a você, mulher, reze aos deuses para que eu encontre minha filha. A sua punição decretarei em um momento oportuno, quando Cassia estiver de volta.

A noite avançava impiedosa. Helena, guardando dor em seu coração, entre lágrimas recebia as duras palavras do esposo tal qual mãe amorosa e paciente, que a tudo perdoa de um filho amado que age impensadamente.

As estrelas eram as companheiras desses homens que partiam em busca da pequenina. Enquanto isso, o triste aroma da intemperança invadia o coração desses filhos de Deus.

***

Ao sair da residência com a criança, Omar seguiu a estrada rumo ao norte. Sem razão aparente, caminhou muito mais que o planejado. Enfim, parou o cavalo em um local de pouco movimento, desceu do animal sustentando Cassia em seus braços e, quando ia ferir a pequenina na garganta com um punhal, hesitou.

Olhou profundamente para os olhos meigos e angelicais da menina e começou a ser envolvido por um sentimento inexplicável de covardia, que jamais havia sentido. Demonstrando grande nervosismo e inquietação disse:

— Não posso. Matei homens de todos os tipos, mas uma força estranha impossibilita-me esta execução. Não posso. O que farei?

Pensativo, buscando uma solução e articulando palavras soltas no ar, iniciou a organização de um novo plano:

— Vou deixá-la exposta aqui. Abandonarei a menina nesta estrada, e que o destino se encarregue de dar um fim à vida dela. Se Versus descobrir, ficará enfurecido. Ele não precisará saber, direi que a executei e que sepultei o corpo. Ele não tem escolha, terá de acreditar em mim. Este cordão será a prova. Criarei uma história que ninguém desconfiará.

E assim foi feito. Antes que o soldado a abandonasse na estrada, avistou uma luz que se aproximava. Apressado, sem ser notado, partiu deixando Cassia sob o frio da noite, iluminada pela deslumbrante luz do luar. A menina, sem perceber os acontecimentos, brincava silenciosa com os galhos secos do chão.

Lentamente, a luz de uma lamparina vinda de uma carroça humilde aproximou-se da pequenina. A mesma luminosidade também clareava as feições de Apolonius Copernicus, que naquela ocasião apresentava os cabelos brancos. Ele estava acompanhado da bela e jovem Raquel.

— Minha filha, veja! Logo mais à frente! — disse Apolonius, levantando a lamparina e tentando entender o que ocorria. — Aquele homem, que saiu correndo desenfreadamente, deixou na estrada alguma coisa que ainda não consigo identificar. Apressemo-nos!

Então, aumentaram o ritmo e, ao se aproximarem, Raquel gritou:

— Por Deus! É uma criança, e foi abandonada nestas paragens perigosas! Quem poderia ter agido com tamanha crueldade?

Com firmeza, Apolonius parou a carroça e desceu acompanhado da jovem. E com a costumeira e extrema generosidade, tirou a criança do chão e a abraçou com ternura:

— Venha menininha, não tenha medo de nós — disse tais palavras encantado com o olhar de Cassia. — É tão pequenina que não saberá sequer pronunciar seu nome ou o nome de seus pais. Não devemos julgar as atitudes alheias, pois as leis do Senhor dão conta disso. Cada um deve viver conforme sua consciência.

— Perdoe-me as palavras impensadas. Temo pela inocente. O que faremos? Não conhecemos ninguém por aqui. Não sabemos o que aconteceu, tampouco por onde começar a busca por informações sobre o paradeiro de sua família.

— Tem razão! Estamos em um momento difícil. Creio ser melhor seguirmos nosso caminho. Assim que chegarmos a Cafarnaum, junto a Galenus, Natanael e Ruth saberemos o que fazer.

Raquel, acariciando a cabeça da criança como quem segura entre as mãos um pássaro frágil e delicado, prometeu:

— Cuidaremos de você. Não importa quem seja. Um dia fui agraciada pela bondade deste coração que a sustenta agora. Sei que Apolonius jamais a abandonaria, assim como não me abandonou no momento de minha maior agonia. — Ao mesmo tempo, secava uma lágrima tímida que tentava escorrer em sua face. — Devemos buscar uma estalagem para pernoitarmos. Caminhemos, a noite está fria, do contrário todos adoeceremos e, ao certo, ela deve estar faminta.

— Minha filha! Agora vejo que a viagem a Jerusalém para abastecermos o comércio não foi ao acaso, ainda que Galenus, temendo por nós, tenha sido contrário a ela. Sinto que nosso Deus, de maneira muito especial, propiciou este encontro. Desconheço o que o Senhor nos reserva. Enquanto isso, cuidaremos dela com amor e dedicação.

Acomodaram-se na carroça e, com candura Raquel recebia em seus braços a pequenina, demonstrando amor maternal. E assim, ao som do trote do cavalo e sob os mistérios da noite, perderam-se na névoa noturna, deixando para trás uma estrada trilhada pela impiedade e pelo egoísmo.

Capítulo 5

Ajustes na rota, novo caminho

Os dias avançaram obedecendo a marcha natural do tempo. Na manhã seguinte à chegada de Apolonius, em Cafarnaum, na residência de Galenus a presença de Cassia, de uma maneira muito especial, iluminava seus corações. Aos primeiros raios do sol preparavam-se para iniciar os trabalhos do dia, quando Natanael e sua esposa chegaram e, após as rápidas saudações, Ruth considerou:

— Esta menina chegou até aqui de uma forma muito diferente. Pelos traços, parece romana. Já pensaram o que farão com ela?

— Por mim ela ficaria conosco — disse Raquel demonstrando intenso carinho. — Recordo-me de quando aqui cheguei e, repetirei as mesmas palavras desta minha mãezinha de coração: sou forte e juntos poderemos cuidar da pequenina com amor. Com o mesmo amor incondicional que recebi de vocês.

— No passado, diante de Raquel, hesitei — lembrou Galenus. — Temendo o futuro, queria entregá-la às mãos dos tiranos. O tempo fez com que a amasse como a uma filha adorada. Se tivesse ouvido o medo, hoje nossa amada não estaria entre nós. Não consigo explicar o porquê, mas esta inocente criança também tocou minha alma. Amá-la, de pronto, foi algo muito fácil. Além do que, acredito que Deus não age por acaso. — Esboçou um breve sorriso e prosseguiu. — A velhice nos permite pensar com o coração. Por que não ficamos com ela? Sei que morrerei em breve, mas seus corações são fortes e, de onde eu estiver, ajudarei nesta empreitada.

Todos se surpreenderam com essa frase, pois ele sempre se manteve reservado, atento a tudo, visando preservar sua família. Então, Apolonius, num gesto respeitoso, disse ao ancião:

— Tem razão! Amá-la não requer esforço. Muitas crianças são relegadas ao abandono e, neste caso específico, afirmo que será muito difícil descobrirmos o paradeiro de sua família. E, pensativo prosseguiu. — Esta situação é diferente da de nossa Raquel, que foi vítima da ganância dos homens e que, para a nossa sorte, não havia ninguém que pudesse ficar com ela. Se a tivéssemos entregado aos romanos, por certo teria sido vendida como escrava. Estamos diante de uma criança perdida e, sem conseguir explicar, confesso que sinto dentro de minha alma a agonia de outros corações que estão em desespero por ela. Rogo ao Senhor que nos guie os passos com Sua luz celestial. Não podemos abandoná-la; ficará conosco e cuidaremos dela com dedicação e carinho.

— Ora, ora — disse Ruth com bondade. — Não se preocupe, ela terá duas mães e será, por nós, muito amada.

Neste ínterim, Raquel entregou a pequena a Ruth e foi em direção a Apolonius:

— Ontem, quando retirei da pequena as vestes úmidas, encontrei este cordão — entregando-o ao grego, que examinando a joia cuidadosamente, argumentou:

— Seja o que for, é melhor guardarmos. Quando a pequenina estiver mais crescida, eu o devolverei. Quem sabe um dia isso possa ser útil a ela — emocionado, esboçou um sorriso e concluiu. — Agora sigam para o comércio e, por enquanto, não digam nada a ninguém a respeito. Entregarei uma encomenda de óleo e, mais tarde, os encontrarei lá.

Então, unidos pelos vínculos sinceros de amor e esperança, encaminharam-se para o trabalho, levando a fé viva em suas almas.

***

O vilarejo estava agitado. Conforme as ordens de Tarquinius, os soldados procuravam por toda a Palestina e chegaram a Cafarnaum. Em seus cavalos seguiam apressados. O povo questionava sobre o objetivo dos legionários ali, mas acreditava que aquilo nada mais era do que um ato em benefício do ilícito comércio de escravos. Em virtude das buscas à filha de Tarquinius, falatórios e boatos corriam às ruas, propagando que os romanos perseguiam as crianças.

A procura era incessante. Desde o desaparecimento da filha, Tarquinius demonstrava profunda consternação, permanecendo incansável e destemido na tentativa de encontrá-la.

Marcellus mobilizou todos os soldados e destacou líderes para essa busca. Entretanto, eles a interpretavam como mais um caso trivial de criança desaparecida no comércio de escravos.

Soldados mal orientados por suas lideranças agiam impiedosamente, invadindo as residências, distribuindo medo e agonia:

— Em nome de Tarquinius Lidius Varro, apresentem todas as meninas menores de um ano! Caso omitam as informações ou não colaborem, seus filhos serão levados para a escravidão.

Sem entender o porquê, o pânico foi tomando conta dos corações maternos. Muitas crianças já haviam sido tiradas das famílias da mesma forma, em nome de outros procuradores, para serem vendidas como escravas.

Com medo, muitas mães escondiam seus filhos, temendo que a lei pudesse separá-los. Consequentemente, calavam-se e omitiam toda e qualquer informação que facilitasse o trabalho do exército.

Em meio a tanto falatório, Apolonius, aturdido pela preocupação com os rumores da escravidão, que também um dia havia experimentado, e mergulhado em profundas lembranças de seu passado, tentava obter informações dos reais motivos daquela situação.

De súbito, um dos cavalos da guarda, assustando-se sem motivo aparente, quase derrubou o soldado no chão. Este, enfurecido devido à exaustiva tarefa que cumpria sem descanso ou pausa, alucinadamente, sem querer saber o que havia acontecido, atribuiu a culpa do incidente a Apolonius, que naquele instante encontrava-se próximo.

Enfurecido, gratuitamente, cravou a base da lança que estava empunhando em sua testa que, não suportando o golpe, caiu ajoelhado, tentando conter o sangue do ferimento. Com isso, a ânfora de óleo que trazia nas mãos foi quebrada. Indiferente à dor do homem, o soldado domou com destreza o animal, novamente equilibrou-se sobre ele e seguiu em desabalada carreira.

Apolonius, logo depois, ainda atordoado, tentou refazer-se do acidente e seguiu ao encontro dos amigos, de acordo com o combinado. Adentrando lentamente o pequeno comércio, deparou-se com Galenus que, ao vê-lo, foi imediatamente perguntando:

— Por Deus, o que aconteceu? Até quando viveremos sob o jugo dos romanos?

Neste ínterim, Natanael, Ruth e Raquel aproximaram-se. Ele, com dificuldade, relatou as últimas ocorrências, concluindo:

— Grande agitação acerca o povoado. São muitos os comentários no vilarejo. Dizem que, em nome do Imperador, um homem chamado Tarquinius ordenou que crianças menores de um ano de vida sejam levadas ao cativeiro. O cavalo de um legionário assustou-se e quase o levou ao chão. Então, o soldado julgando-me culpado, desferiu um golpe em minha face. Que o Senhor tenha piedade de todos nós; que os nossos corações saibam perdoar a insanidade que ainda habita a alma humana, para que não alimentemos rancor ou julguemos o próximo.

— Diante dos fatos, creio que não devemos expor essa criança — disse Natanael. — Talvez agora consiga compreender a atitude de seus pais. Quem sabe, em desespero, preferiram abandoná-la sozinha na estrada do que reservar a ela o martírio do cativeiro.

— O cativeiro — disse Apolonius — é um grande mestre, que nos ensina coragem e resignação. Aprendi que somente é cativo aquele que permite a escravidão de seus pensamentos e de sua fé, pois a alma sempre será livre.

De repente, escutaram fortes batidas na porta, acompanhadas de gritos:

— Abram em nome de Roma!

— Por segurança, é melhor escondermos a pequenina — disse Raquel imediatamente, retirando-se do recinto e levando-a junto.

Após sua saída, Galenus abriu a porta e três guardas entraram. Analisando o recinto, o líder do grupo, aos gritos e com sarcasmo, disse duramente:

— Pelo que percebo aqui só há homens feitos, mas cumprirei as ordens. Há crianças com menos de um ano de idade neste lugar? — perguntou com austeridade.

Apolonius acreditando nas histórias que corriam pelas ruas do povoado, de que aqueles homens procuravam mais um inocente para enriquecer o comércio de escravos, pensou por instantes e respondeu:

— Não há crianças neste local. Aqui é um comércio de óleo.

Os soldados, entre gargalhadas, saíram, deixando ali a esperança de Tarquinius. Imediatamente, Natanael fechou a porta e pediu a Ruth para trazer Raquel e a pequena.

Ao chegar, atendendo ao pedido de Apolonius, Raquel colocou carinhosamente a criança em seus braços. Emocionado, o grego deixou que as lágrimas caíssem sobre a face. Após alguns instantes iniciou uma prece:

— Deus! Senhor de todos os corações sofredores e angustiados, perdoe-nos por omitir a verdade. Não nos julgamos mais soberanos do que as Suas leis e não almejamos alterar a rota do destino de nenhum filho Seu. É que não suportaríamos ver esta inocente sendo levada para as mãos de homens impiedosos. Um dia, encaminhou-nos nossa amada Raquel, esta jovem que Roma havia entregado ao prazer fácil e doloso, num ato inconsequente de decadência moral. Encontramos nela mais do que uma filha Sua que necessitava de amparo, mas sim, um amor para nossos corações sofridos.

Durante nossa jornada, percebemos que o amor e a compreensão recuperam e educam quem deseja continuar vivendo dignamente. Desconhecendo, porém aceitando as linhas de nossas vidas escritas por Suas mãos, hoje vemos repetir a história na imagem desta menina, e confesso que somos gratos pela confiança que deposita, mais uma vez, em nós — em seguida, ajoelhou-se e, segurando Cassia nos braços, prosseguiu. — Senhor! Aqui estamos! Se, modificamos o destino de alguém, prometemos que de agora em diante, seremos seus pais e, com amor e dedicação cuidaremos desta Sua filha para que, um dia, retorne aos Seus braços, transformada em uma mulher livre das lágrimas sofridas pela separação — erguendo-a em direção aos demais, concluiu. — Senhor, em Seu nome, a chamaremos de Ester. Rogamos que abençoe esta vida que se inicia.

O ambiente era perfumado pela emoção. Todos, em completo silêncio, uniam-se, mais uma vez, para cumprirem os novos desafios com fé, aguardando o desconhecido amanhã, que serviria de preciosa lição.

***

O tempo correu impiedosamente, trazendo grande agitação e sofrimento desde o desaparecimento de Cassia. Apesar da dor, tinham esperança nas exaustivas buscas em todos os vilarejos da região.

Ao entardecer, na biblioteca da residência de Marcellus, Tarquinius recebia informações do amigo sobre o fracasso das buscas, quando, então, Sara adentrou o recinto:

— Senhores — disse ela com extrema ironia — Versus e um soldado chamado Omar estão aguardando no salão principal. Dizem trazer notícias da menina.

— O que será que esse miserável faz aqui? — disse Marcellus, visivelmente incomodado com a notícia sobre os visitantes.

— Apressemo-nos! — disse Tarquinius. — Até agora, esta é primeira vez que teremos notícias de minha filha e delas não poderei prescindir.

Sem perder tempo, dirigiram-se para o salão onde estava Helena. Bastante consternada, ela apresentava severo abatimento. Após breves saudações, Versus, encenando, anunciou:

— É com muito pesar que trazemos notícias sobre sua filha.

— Onde está ela? — perguntou Tarquinius, demonstrando inquietação.

Neste momento, Helena, chorando silenciosamente, aproximou-se com um olhar profundamente triste. Omar, apresentando visível nervosismo diante do sofrimento da nobre, mas totalmente orientado por Versus, respondeu:

— As notícias que trazemos não são boas. Nas proximidades, encontrei uma criança com as mesmas características de sua filha, possivelmente vitimada por ladrões. Aparentava ter sofrido grande violência. Dois homens, que não pude identificar, correram quando me aproximei. Infelizmente já estava morta. — Suando muito pelo nervosismo, prosseguiu com a encenação. — Por todas estas paragens corre a notícia do sequestro de sua filhinha, então, logo deduzi que poderia ser aquela inocente. Diante de tão cruel cenário, tentei encontrar uma maneira de trazer os restos mortais para que pudesse ter certeza de que se tratava dela. Mas confesso que não foi possível, então sepultei o corpinho, pois, se fosse de fato sua menininha, acredite, não suportaria deparar-se com o que vi. Por isso, decidi poupá-lo de tão triste e violenta visão.

— Como sabe que é minha filha? — perguntou visivelmente abatido.

— Os marginais, quando fugiram deixaram cair esta joia perto do corpo. Ela deve ter sido furtada no momento do rapto da criança. Preocupado em auxiliá-lo, levei a preciosidade a Versus e, com muito empenho, analisamos as inscrições. Com isso, inferimos que deve pertencer à sua família — dissimulando tristeza, entregou-a a Tarquinius. — Aqui está.

Helena, chorando convulsionada, imediatamente colocou a mão no pescoço; algo lhe dizia que aquele cordão era o seu e que havia sido vítima daqueles criminosos, que ali se apresentavam como mansos irmãos. Percebendo a farsa, gritou:

— Não! Estão mentindo. Minha filha está viva! Ela está viva!

Versus, diante da atitude de Helena, percebeu a delicadeza do momento, que poderia expor a verdade, e, com astúcia, despediu-se demonstrando sentidas condolências.

Após a saída dos homens, Tarquinius manteve-se em silêncio. Marcellus dividindo com ele a dor, disse:

— Sei que o momento é difícil e triste; não sei explicar, mas não consigo acreditar plenamente em Versus. Tudo isso me pareceu um golpe político. Como crer nele? — repousando a mão sobre o ombro do amigo, continuou. — Para sua proteção, quero que resida neste solar. Ficaremos unidos até o fim.

— Compartilho desse sentimento. E, diante dessa prova, não posso ignorar a morte de minha filha. Havia apenas duas joias iguais, com as quais presenteei Helena e Cassia antes de partimos de Roma — proferiu essas palavras não se permitindo derramar uma lágrima sequer. — Esquecerei que um dia fui agraciado pela felicidade de sustentar em meus braços o grande amor de minha vida. Fui traído por alguém que julgava amar, minha esposa. De hoje em diante, precisarei encontrar uma razão para continuar vivendo; será no trabalho que encontrarei inspiração. Se minha filha foi sentenciada por algum carrasco, que acreditou poder me calar ou me banir desta região, errou em seus planos. Agradeço a você a oferta de poder permanecer aqui, neste solar. Permanecerei e prometo que ensinarei o que é justiça a esses homens alucinados pelo egoísmo cristalizado no poder.

— Por misericórdia! Escute-me! — disse Helena entre soluços. — Somos vítimas de seus oponentes políticos. Não permita que esta ocorrência turve o coração do homem honrado e digno que um dia conheci. Os deuses não nos puniriam com essa difícil sentença sem uma justa razão. Imploro sua compaixão.

Enquanto Marcellus mantinha-se em silêncio diante daquela triste cena, Tarquinius, ao ouvir as palavras sentidas da esposa, completamente envolvido por uma ira incontrolável e cego pela dor que consumia sua alma, aproximou-se dela e, com um olhar frio, atirou-lhe a joia que segurava na mão, recriminando-a:

— Cale-se, infame! O que sabe de política? Não escutarei o que tem a dizer. Foi a responsável por toda essa dor. Como tem coragem de chorar por minha filha? De agora em diante, viverá aqui por pura misericórdia, porém está proibida de pronunciar meu nome ou de me dirigir uma palavra. Para mim, está morta, junto à minha filha e ao meu passado.

Após proferir essas duras palavras retirou-se, ignorando-a.

Fragilizada, Helena ajoelhou-se banhada por uma resignação purificadora. Com humildade, pegou a joia e colocou-a em seu pescoço. Silenciou e acatou os desígnios de conviver com o desprezo do esposo.

Assim, a família cujas feições foram flageladas pela tristeza e exaustão continuaria vivendo, carregando na alma o silêncio, a dor e as lágrimas sofridas da separação.

Capítulo 6

Os desígnios de uma nova vida

Quinze anos passaram desde o desaparecimento da filha de Tarquinius.

Naquele ano de 31 d.C., no Vale de Cafarnaum, a vida dos personagens desta história seguia seu rumo serenamente, apesar de Apolonius trazer as marcas do tempo em seu semblante e de, visivelmente, Galenus sentir a opressão dos anos sobre o corpo.

Ester transformou-se em uma jovem encantadora e meiga; o rosto fino permitia que seus olhos grandes fossem realçados pelos negros e longos cabelos, que repousavam serenos sobre os ombros.

A doçura de Raquel era ressaltada pelo encanto de sua beleza e amadurecimento. Nem mesmo o trabalho árduo, no comércio de óleo, pôde esconder a beleza de ambas.

Ruth e Raquel haviam cuidado de Ester, desde pequena, com a dedicação de mães prestimosas. Entre elas firmou-se um elo verdadeiro de amizade, solidificado pela educação e pelo amor concedidos por Apolonius, Natanael e Galenus.

Apolonius, conhecido pela dedicação ao estudo das escrituras, todas as noites reunia os amigos em sua residência, para orar ao Deus único e prepararem-se para a chegada do Messias prometido. Essas reuniões eram presididas por ele e por seu fiel amigo Natanael. Ambos, com discurso esclarecedor, sempre elucidavam as leituras feitas por Ruth, Raquel, Ester ou Galenus.

Naquela noite calma, alguns aldeões humildes chegavam para as orações e acomodavam-se onde podiam, sem reclamar. Ester, abrindo as escrituras sagradas, leu o Salmo 72 — "O Rei Prometido". Apolonius, banhado por uma inspiração singular, levantou-se e iniciou o discurso demonstrando uma fé incontestável:

— Meus amigos, que a paz do nosso Pai esteja presente em todos os corações. Somos filhos dos nossos sentimentos e, na maioria das vezes, esquecemo-nos do Pai celestial. Na vida vivemos buscando um reino próspero, que nos conceda o poder dos imperadores. Queremos sempre mais. Se hoje somos senhores, amanhã seremos servos e, se amanhã formos servos, estaremos próximos de nossa liberdade.

"Deus prometeu enviar um Messias para nossa salvação, porém, a nós mesmos cabe a tarefa de mudança interior. Para compreendermos a mensagem celeste é necessário aprendermos a sofrer. Encontremos na resignação a força para trilharmos os caminhos de renovação. Assim, com esforço, concretizaremos nossa transformação.

"Em nome da verdade e da fé, mostremos ao mundo nossos sentimentos transformados. Libertemo-nos do egoísmo e do orgulho, para que possamos conhecer as maravilhas de um mundo sustentado pelas mãos de Deus, onde seja possível praticarmos as leis da justiça, prudência e libertação por todos os séculos que se seguirão. O Senhor é misericordioso! Está presente entre Seu povo, fazendo brilhar em cada coração a luz da esperança em Suas obras de amor. Quando o Messias chegar, encontrará a Terra previamente preparada pelos profetas, pronta para receber Sua luz. Nesse dia, então, estaremos modificados, conscientes de nossas responsabilidades diante do Pai, e de que nenhum sofrimento é capaz de apagar a chama da verdadeira fé.

"Que não seja tarde para oferecermos nossas mãos ao Senhor, o coração para o amor e nossa mente para o entendimento celeste. Rogo a Ele que nos permita conhecer o Messias antes de morrermos. Se não formos merecedores dessa graça, ainda assim devemos levar conosco a certeza da fé, da renovação e de Seu amor."

Ao encerrar o discurso, todos permaneceram emocionados com aquelas palavras e continuaram em profundo silêncio, envolvidos por uma paz que tranquilizava a alma. Já noite alta, imantados de esperança, seguiram seus caminhos. Apolonius e Galenus despediram-se de Natanael e Ruth, mantendo-se parados diante da janela contemplando a imensidão do céu, enquanto os amigos desapareciam na escuridão da noite. Ester, com doçura, aproximou-se e abraçou o velho grego:

— O discurso proferido nesta noite tocou a todos, ao certo estava inspirado pelos Céus.

— Minha querida! Tenho somente a voz; são os emissários de Deus que falam por mim, apesar de que não me considero digno.

Naquele instante, Raquel adentrou a sala. Apolonius, espontaneamente, abraçou as jovens com fisionomia preocupada:

— Minhas filhas! As duas são o maior presente que poderia ter sido concedido a um homem solitário como eu e a um velho como Galenus. Sei que em breve não estaremos com vocês e não compartilharemos das dores ou alegrias de nossas amadas — buscando no ar inspiração, prosseguiu: — É hora de aprenderem a ser fortes para enfrentarem a vida, e nunca abandonarem a fé em nosso Deus. As lágrimas que surgirão na estrada da existência serão bálsamos reconfortantes. Quanto a mim, de onde estiver, estarei ligado ao coração de cada uma, orando por misericórdia em seus caminhos.

— Por que fala assim? — perguntou Ester, com lágrimas umedecendo a face. — Sabe que necessitamos de você e que não saberíamos viver sozinhas.

— A morte — disse Apolonius — não afasta aqueles que amamos, ao contrário, firma ainda mais o amor existente.

— Meu amigo — disse Galenus — sempre foi muito lúcido nas observações a respeito da vida. Também creio que não morremos, senão, de que valeriam tantos sofrimentos? A vida é um grande campo de aprendizado e sempre necessitamos de suas lições, sejam elas boas ou más.

Apolonius, buscando uma humilde caixa, tirou dela um cordão e aproximou-se de Ester:

— Por todos esses anos guardei algo que lhe pertence. Esperei o momento para entregá-lo — dizendo tais palavras, carinhosamente, colocou-o no pescoço da jovem. — Quando veio para nossa casa, trazia esta joia presa ao pescoço. Acredito que quem a presenteou a amava muito. Volte a usá-la, pois desconhecemos o amanhã; ao certo um dia lhe será útil.

Ester analisou cuidadosamente o cordão e as inscrições e o escondeu entre os cabelos e os véus, sem ousar contradizer Apolonius. Abraçou-o carinhosamente e recebeu como retribuição um beijo fraterno.

No céu, as estrelas iluminavam aqueles corações. Após alguns instantes, despediram-se e recolheram-se emocionados, sentindo a paz daquele momento.

***

Enquanto a paz era companheira daqueles filhos de Deus, na residência de Marcellus os rastros do passado perduravam.

Após a suposta morte de sua filha, Tarquinius transformou-se em um homem temido, triste e frio. Dedicava-se incessantemente aos ofícios públicos, depositando em seu trabalho todos os objetivos de sua vida. Mantendo a retidão de seus propósitos, mantinha-se incorruptível. Definia regras e o Império as acatava. Com isso, seu nome expandiu-se e tornou-se conhecido por toda a região.

Acompanhado de Marcellus, permaneciam unidos por uma amizade indestrutível. Tarquinius fixou residência no palácio do amigo e, manteve-se ali em seus anos de mandato. Por sua ordem, o triste passado era assunto proibido naquela morada.

A nobre Helena, resignada, recebia o sacrifício sem reclamações. Aceitava a solidão e vivia ao lado do esposo em completo silêncio, experimentando a sofrida doença que tomava seu corpo frágil. O filho de Marcellus, Marcus Aurelius, foi a razão para continuar vivendo. Dedicou-se a aperfeiçoar sua educação. Contribuiu para formar a integridade do jovem que, naquela época, era um homem feito e seguia os mesmos passos do pai: o exército, os jogos e as corridas. Certamente, o pai o apoiava nas escolhas.

Os dias seguiram e, naquele final de tarde, no comércio de Galenus, logo após o estabelecimento ser fechado, Raquel e Ester ainda ajeitavam algumas ânforas de óleo, quando ouviram batidas fortes na porta de carvalho, e vozes:

— Abram em nome de Tarquinius Lidius Varro! Abram!

Raquel, sentindo medo, relutou em abrir. Apolonius aproximou-se e abriu a porta com cuidado:

— Senhores, a casa já está fechada!

Brutalmente, um soldado, empurrou a porta.

— Estamos de passagem e precisamos de óleo. Por lei, todas as casas e comércios devem conceder abrigo e providências às caravanas romanas, não importando o horário. Aqueles que se recusam terão seus bens confiscados e serão transformados em escravos ou mortos.

O impaciente soldado não percebeu uma mancha de óleo no chão e perdeu o equilíbrio, escorregando. Completamente aturdido e irado pelo ocorrido, inexplicavelmente tirou um punhal de sua cintura e lançou-se contra Apolonius.

Ester e Raquel, assombradas, tentaram segurá-lo, mas ele, enfurecido, golpeou o velho por sucessivas vezes. Então, correram para socorrer Apolonius, que caiu estendido no chão. Carinhosamente, Ester o acomodou no colo e escutou suas palavras agonizantes:

— Filhas, cumpram suas tarefas com fé e bom ânimo. Sigam seus destinos, pois estarei sempre no coração de ambas.

Nesse momento, Marcellus, preocupado com a escolta, adentrou o local, procurando saber o porquê da demora. O soldado, intimidado com sua presença e com a situação, assegurou sem constrangimento:

— Senhor, sofri um atentado deste velho infame. Lançou-me sobre estas ânforas e fui obrigado a me defender; além do mais, recusou-se a conceder óleo para a caravana.

Ele, parado, observando, foi surpreendido pela atitude de Raquel que, enfurecida se atirou contra o soldado:

— Ordinário! Conheci muitos homens iguais a você, mentirosos e covardes! Por que não diz o que realmente aconteceu aqui?

Enquanto isso, Tarquinius assistia ao tumulto, parado na entrada principal e, diante da ação de Raquel, se fez ouvir:

— Silêncio, mulher! Seu ato desvairado de nada será útil neste momento. — Então, segurando o manto e analisando o cenário, ordenou: — O soldado já disse o que houve por aqui. Marcellus, você conhece as leis, faça com que sejam cumpridas sem demora.

Caminhando atento e calmamente, como se estivesse reconhecendo o ambiente, de repente deparou-se com Ester abraçada à cabeça branca de Apolonius. O nobre abaixou-se e puxou seu braço. Serenamente, a jovem levantou o rosto molhado pelas lágrimas tristes — o que fazia sua feição ainda mais bela e cândida — e olhou para ele. Aturdido, Tarquinius fixou o olhar naquele rosto angelical:

— Como se chama?

— Ester.

Apolonius venceu o limite do corpo, contemplou o rosto de Tarquinius com extremo amor, e expressou nos brilhantes olhos uma paz superior. Com muita dificuldade, disse:

— Filho, que o nosso Senhor Deus esteja com você, o abençoando e amparando na difícil tarefa que o aguarda. Sempre levarei sua face em meu coração.

Em um último suspiro, tal como um pássaro liberto, o nobre grego silenciava para a vida. No invisível, livre das tormentas momentâneas do corpo sofrido, deparou-se com diversos seres que lhe estendiam carinhosamente os braços, saudando sua chegada. Entre eles, Lia, sua mãe, figura bela, envolvida por intensa luz azulada. Mantinha-se em paz ao lado de Octavius, seu pai, e da nobre Anmina. Recepcionaram-no com intenso amor. Ela com brandura o abraçou:

— Venha, filho! Temporariamente o sofrimento serenou para você. Além dos portais deste cenário hostil existe a luz bendita do filho de Deus que também já se encontra vivo no planeta. O Messias está entre os homens e Ele será o consolo para aqueles que padecem — prosseguiu, acariciando sua face marcada pelo tempo. — Vamos! Muitos amigos aguardam confiantes o seu retorno, para iniciarmos juntos a luta para a redenção do mundo e, em especial, daqueles que tanto amamos.

— Deus de divina luz! Não conheci o Messias em vida, mas sei que Ele está entre nós. Não sou digno de Sua bondade e sei que não mereço as Suas mãos. Com Seu iluminado amor, secarei as lágrimas dos entes amados para que compreendam a dor passageira da separação, e possam também aceitar a verdade da continuidade da vida.

Todos, emocionados, sorriam serenamente. O soberano momento suplicava silêncio. Envolvidos pelos sentimentos mais puros que os uniam, antes de partir, derramaram sobre a dor dos que ficaram uma luz que irradiava de seus corações.

Enquanto isso, no cenário hostil, Tarquinius envolvido por um sentimento de emoção e carinho alheio à sua vontade foi interrompido por Marcellus:

— Os bens já foram destinados ao Império.

Então, abandonou aquela estranha emoção que tocou sua alma, voltou a si e sentenciou impiedosamente:

— As mulheres serão levadas como escravas. São fortes e serão úteis nos afazeres do palácio.

Raquel não disfarçava o inconformismo diante daquela atitude, enquanto Ester demonstrava silenciosa resignação.

Nesse momento, desconhecendo os últimos fatos, Natanael e André chegaram para encontrar os amigos, que seguiriam juntos para sua residência, onde Ruth permanecera ao lado de Galenus, que estava no leito. Completamente atemorizados e identificando as duas jovens, imediatamente seguiram ao encontro delas:

— O que aconteceu aqui? — perguntou André.

— É um conforto encontrá-los aqui. Apolonius está morto — respondeu Raquel.

— Morto? O que será de minhas filhas? — perguntou Natanael, emocionado.

— Fomos sentenciadas ao cativeiro. Seremos obrigadas a seguir para servimos na residência desses romanos.

Um soldado, percebendo a presença dos homens, caminhou em direção a eles com austeridade:

— O que fazem aqui? — disse segurando o braço de Ester e Raquel. — Venham! Chegou a hora de partirmos.

Antes que o soldado as retirasse, Ester pediu:

— Sei o quanto tem apreço por nós e, em especial por Apolonius. Suplico que recolha o corpo e ofereça um sepultamento segundo nosso credo. Prometa!

— Além disso — disse Raquel —, por misericórdia, cuide de Galenus, pois sei que não o veremos mais, e diga a Ruth que sempre levaremos sua lembrança em nossa alma. Ela será eternamente nossa mãe.

— Filhas, o que posso fazer para aliviar seus sofrimentos? — indagou, secando uma lágrima tímida que marcava sua face. — Sei que o Senhor não nos abandonará. Agora, não se preocupem. Cuidarei de meus amigos. Vocês são as nossas riquezas e, com a ausência de ambas, tanto eu quanto minha Ruth ficaremos inconsoláveis. Foram para nós o amor mais nobre que tocou nossos cansados corações.

— Acredito que um dia estaremos juntos — disse Ester, beijando sua fronte.

Ele, corajosamente, seguiu em direção a Tarquinius e suplicou humildemente:

— Perdoe-me por lhe dirigir a palavra. Peço permissão para recolher o corpo de meu amigo. Assim, oferecerei a ele um sepultamento digno.

— Oferecer um sepultamento digno? — perguntou com espanto. — Não sabe que este homem atentou contra a vida de um soldado do Império?

— Senhor! Não o conheço, mas creio que em seu íntimo há bondade e misericórdia. Deste comércio humilde nada quero, nem uma ânfora sequer. Suplico que me deixe levar meu amigo, que é para mim como um irmão — respirando profundamente, prosseguiu. — Afinal, por que carregar com vocês um homem morto?

O patrício exausto diante da situação, tentando livrar--se rapidamente daquele lugar, sem dar importância àquela súplica, respondeu:

— Siga o seu caminho e leve-o com você.

Agradecidos, Natanael e André ergueram Apolonius e caminharam com passos firmes entre os soldados. Quando passaram por Ester e Raquel, as jovens seguraram as mãos do velho e as beijaram num gesto de carinho e respeito.

Todos os presentes observavam a atitude, paralisados. Enquanto um soldado selava a porta do estabelecimento, Marcellus dava ordens para seus homens seguirem viagem de volta ao palácio.

Tarquinius, seriamente e em silêncio, acomodou-se para a partida sem imaginar que a jovem que sentenciou à escravidão era sua filha. Assim, unidos pelos vínculos desconhecidos da vida, partiram deixando para trás suas histórias, mas esperando o novo amanhã para escreverem com as tintas da experiência e luta as definitivas páginas de suas vidas.

Capítulo 7

A conversão de Natanael[5]

Galenus lutava para viver, enfrentando a difícil limitação do corpo enfermo. Recebia dos amigos extremas demonstrações de carinho e cuidado.

Era manhã, Natanael e Ruth ao lado de seu leito oravam fervorosamente aguardando sua partida. Nada mais podiam fazer para salvá-lo da morte natural determinada pela vida. Galenus, envolvido em fé inabalável, com dificuldade expressou:

— Meus amigos, estou partindo. Deus, em Sua bondade me concedeu esta família, que recebi como bênção. Cometi muitos atos insensatos em minha vida. Não reclamo de meu passado e sempre agradeço tudo o que aprendi nas páginas de minha existência. Experimentei o cativeiro e vivi amores pueris, que me sentenciaram ao pesado fardo de sustentar minhas faltas. Conheci riquezas e luxúria, contudo sou grato, porque nas trevas em que vivi fui chamado a escutar meu coração e descobri que poderia, pelo amor racional, encontrar a liberdade de meu espírito. Deus me deu, sem que ao menos eu merecesse, amigos e irmãos que me ensinaram a fé, o

---

5 Nota do autor espiritual (Ferdinando): João, 1:43-51

valor do trabalho, a esperança e, sobretudo, como viver sem querer além do que merecemos — com a voz enfraquecendo, finalizou. — Beijo suas mãos misericordiosas e rogo a Deus que conheçam e sigam o Messias, pois sinto que Ele já se encontra entre nós...

Serenamente silenciou, enquanto Lia, acompanhada de Anmina, outrora esposa de Galenus, o aguardavam envoltas por intensa luz:

— Meu querido! — disse Anmina. — Deixemos as dores momentâneas e sigamos para nos preparar, pois auxiliaremos os que permanecerão encarnados.

Ele, emocionado, recebeu um abraço brando que fez com que mergulhasse em intenso torpor. Lia e Anmina o acolheram em silêncio e oração.

Enquanto isso, Ruth, chorando copiosamente, anunciou:

— Nada mais podemos fazer. Em tão poucos dias fomos sentenciados à separação de nossos amigos e de nossas meninas. Rogo a Deus que nos derrame força e coragem para resistirmos à difícil realidade que se assoma sobre nós.

Natanael carinhosamente abraçou a esposa e elevou o pensamento em prece:

— Senhor, por misericórdia, perdoe o abatimento e a fadiga de nossos corações. Receba em seus braços bondosos este filho que retorna para o Seu lado. Sele os nossos lábios para que o descontentamento não habite em nossa alma. Ajude-nos a compreender o necessário afastamento. Dê-nos forças para continuar, porque sabemos que o Libertador chegará. Nessa promessa de nossos ancestrais, afirmamo-nos para encontrarmos a razão e seguirmos adiante, sem duvidarmos jamais de Seu amor.

Banhado pela emoção e pela misericórdia dos Céus, o casal firmava sua fé preparando-se, mais uma vez, para a difícil separação, a que eram chamados a experimentar naquele momento. Contudo, não permitiam que a tristeza arrancasse deles a esperança, pois acreditavam que, um dia, o filho de Deus traria um código de amor e liberdade para aqueles mergulhados em temporário sofrimento.

***

Após dois dias da morte de Galenus, o sol nasceu triste, porém tingia o céu com um perfeito colorido. Ruth não escondia o semblante preocupado, e as feições de Raquel e Ester permaneciam presentes em seus pensamentos.

Natanael, ao ver a tristeza de sua esposa, foi em sua direção e a abraçou. Juntos, caminharam lentamente e acomodaram-se à sombra de uma robusta figueira que havia no jardim de sua residência. Com serenidade e amor, o pescador aconselhou:

— Minha querida, devemos manter o coração tranquilo, sem permitir que a dor da incompreensão guie nossos sentimentos.

— Perdoe-me as lágrimas que, neste instante, são mais fortes que o meu querer. Em minhas orações peço para que Apolonius e Galenus tenham sido recebidos nos braços misericordiosos de nosso Senhor, mas nossas meninas são minha verdadeira preocupação. Que destino estará reservado a elas? Nada pudemos fazer para lhes aliviar o sofrimento. Confesso que preferia estar no lugar delas, enfrentando o difícil cativeiro.

— Não se atormente. A servidão fere, mas também ensina. Não nos é lícito querer tirar os filhos de Deus de suas necessárias lutas individuais, ainda que seja por amor. Devemos crer nos ensinamentos que lhes repassamos. Elas deverão experimentar as provas que a vida oferecerá. Essa é a missão e a responsabilidade dos pais: amar e ensinar os valores reais da existência, todavia, devemos deixá-los livres para experimentarem os desafios do caminho sem que se esqueçam de Deus. Tenho consciência de que elas foram bem preparadas para enfrentar o mundo. A fé de Apolonius, a força de Galenus, o seu amor e a minha razão estão presentes em seus corações e em suas personalidades. Sinto que essa separação temporária não ocorreu ao acaso. Creio que, de alguma maneira, estaremos unidos novamente.

Nesse momento, as folhagens da figueira dançavam e cantavam harmoniosamente a cada movimento orquestrado pela brisa suave que soprava sobre a face do casal. Filipe aproximou-se e, com felicidade, foi recebido por Natanael:

— Meu amigo, que Deus seja louvado! Há tempo não nos encontramos. Depois de tantas tristezas, sua visita é um presente que nos abençoa e serena a alma.

— Retornamos de longa viagem e soubemos dos tristes acontecimentos. Todos nós amávamos Apolonius, e sei dos laços de amizade que os uniam.

— Quando estávamos vivendo um período de paz, fomos surpreendidos com a morte de meu mais que amigo, meu irmão; depois, com a de Galenus e, como se não bastasse, a escravidão de minhas meninas, Raquel e Ester — num gesto secou as lágrimas que desciam pela face. — Deus as concedeu como nossas filhas, não de sangue, mas pelos sagrados vínculos do coração. Agora estamos aqui preocupados e nos sentindo massacrados por termos sido incapazes de impedir-lhes o cativeiro.

— Recordo-me de ambas, e da felicidade que residia nesta morada.

— Assim como Apolonius — com um semblante pensativo, Natanael continuou —, eu também gostaria de poder ver cumprida a profecia, a chegada do Messias, pois somente assim essas injustiças cessariam.

— Além de compartilhar sua dor, venho trazer boas-novas. O nosso tão esperado Messias, aquele que aguardávamos há vários anos, desde Moisés até os profetas, já se encontra entre nós.

— Diga-me então! Quem é Ele? De onde vem?

— Ele se chama Jesus! Vem de Nazaré.

— Da cidade de Nazaré nunca vimos sair algo que fosse bom — Natanael não escondeu o sorriso irônico em sua face.

— Não se precipite em julgamentos, venha e veja com seus olhos o homem de quem falo. Conheça-O primeiramente para poder manifestar qualquer opinião a seu respeito.

— Tem certeza do que diz? As escrituras que revelaram a chegada do Messias nos alertaram para que tomássemos cuidado com aqueles que se fariam passar por Ele.

— Tenho certeza do que falo e creio que Ele é o nosso Salvador. Afirmo que até João Batista o reconheceu. Um dia Jesus estava partindo para a Galileia quando Simão e André me apresentaram a Ele; seu simples semblante já fez com que me curvasse diante de Sua grandeza. Não nasceu entre os reis, mas é o rei dos reis. Presenciei Seus feitos, por isso, abandonei tudo para segui-Lo. Gostaria que minha esposa fosse compreensiva como Ruth. De pronto, não entendeu minha atitude de segui-Lo. Então, temporariamente, deixei-a com a família e minhas filhas, para mais tarde nos unirmos novamente, pois não posso renunciar à minha fé e às lições que Jesus traz em Suas demonstrações de amor — segurando os braços do amigo, prosseguiu. — Se quiser, poderemos ir à casa de Simão, conhecido agora como Simão Pedro. Jesus está lá.

— Não percamos mais tempo! Sigamos.

Assim, aqueles três filhos de Deus seguiram para a casa humilde do pescador, levando no coração a divina esperança de, enfim, conhecerem o Messias.

***

Ao chegarem à residência de Simão Pedro, Jesus encontrava-se entre o grupo que ouvia Suas preleções. Timidamente, Natanael e Ruth se aproximaram para ouvir Suas palavras simples, que irradiavam luz e amor. Concluída a palestra, todos ficaram emocionados com Sua sabedoria e Seus ensinamentos. O grupo se dispersava, quando Ruth, envolvida pelas palavras que tocaram sua essência, silenciosamente encaminhou-se até Jesus, ajoelhou-se e, em demonstração de fé, beijou Suas mãos:

— Senhor Deus! Não sou merecedora de estar diante de Seu filho; sou uma mulher ignorante que não possui sabedoria alguma, suplico que ouça minha oração de gratidão, para que ela seja a voz do mundo que se ajoelha agradecido, pois estamos diante do Messias, o mestre anunciado e tão esperado.

O gesto de Ruth comoveu a todos os discípulos presentes. Jesus, segurando seus braços, levantou-a e retribuiu aquele verdadeiro e autêntico testemunho de fé, beijando sua fronte e dizendo aos presentes:

— Bem-aventurado aquele que crê sem carregar na alma o limite da dúvida. Jamais presenciei nestas paragens uma demonstração de fé tão verdadeira quanto a desta mulher, que não me conhece, mas que se curva diante de mim e agradece a meu Pai pela voz da humanidade.

Natanael, com lágrimas nos olhos, acompanhado de Filipe aproximou-se de Ruth. Com carinho e firmeza, Jesus olhou profundamente para o pescador e, sem conhecê-lo, declarou:

— É israelita. Homem a quem não podemos atribuir nenhuma falta. Desde há muito aguardava a minha chegada, junto do nobre amigo Apolonius, que enviei antes de mim, assim como outros. Ele muito proferiu meu nome sem sequer me conhecer. Sua morte elevou ainda mais a tribuna de meu Pai. Juntos, prepararam diversos corações para que acreditassem no reino de amor e justiça de que falo agora.

— Senhor, não O conheço, mas percebo que já me conhece. De onde? — perguntou.

— Bem antes de Filipe ir ao seu encontro, o vi e ouvi quando orava, junto de Ruth, debaixo da figueira. Sua voz sincera e seu coração puro fizeram meu Pai, que está no Céu, trazê-lo até mim.

Ele não escondeu a surpresa. Contemplando o rosto cândido de Jesus, ajoelhou-se e deixou as lágrimas descerem por sua face:

— Perdoe-me! De fato, é mesmo o filho de Deus! O Mestre prometido há muito tempo. Que o Senhor seja para sempre louvado!

Jesus, em seu esplendor, com voz suave replicou:

— Homem, como pode crer somente por dizer que o vi debaixo da figueira? Verá muito mais coisas prometidas por meu Pai — revelou, levantando os olhos para o céu. — Em verdade lhe digo que verá o céu aberto e os anjos de Deus subindo e descendo sobre o Seu filho. Junto com meus discípulos anunciará ao mundo meu nascimento e minha partida deste mundo, revelando os mistérios da vida e da morte, para que a humanidade se transforme e encontre no reino de amor de meu Pai a verdade sobre sua existência.

Natanael segurou a mão de Jesus, beijando-a em agradecimento. O Mestre consolidou Suas palavras no chamamento apostólico:

— Homem nascido em Caná, de agora em diante será conhecido pelo seu nome verdadeiro, Bartolomeu, aquele que marcará sua conversão! Se agora crê, então me siga.

Após aquele dia, Natanael e Ruth dedicaram-se integralmente ao aprendizado ao lado de Jesus, acompanhando toda Sua passagem sobre a Terra. Convictos, uniram-se a outros discípulos: Simão Pedro; André; Tiago, filho de Zebedeu; João, filho de Zebedeu, irmão de Tiago; Filipe; Mateus; Tomé; Tiago, filho de Alfeu; Simão Cananita; Judas Tadeu; Judas Iscariotes e outros tantos, na difícil tarefa do apostolado enquanto existissem sobre a Terra.

Capítulo 8

Testemunhos de amor e fé

Os dias seguiram tristes e incansáveis. Na residência de Marcellus, Raquel e Ester foram colocadas nas piores instalações, em um aposento frio e úmido. Ambas estavam subjugadas às ordens cruéis de Sara, que a elas reservou os serviços mais pesados, proibindo-as de se aproximaram de Helena, que era mantida, na maior parte do tempo, confinada em seu quarto.

Naquela manhã, a agitação estava presente no local. Os corredores treinavam no pátio externo, sob as ordens do patrício, enquanto as duas servas cumpriam seus compromissos, organizando o salão principal. Raquel com um carinho extremo abraçou Ester, tentando se conformar com o novo destino:

— Ainda estamos juntas e não devemos desanimar. Já vivi muitas experiências que me fortaleceram e ensinaram a levantar a cabeça para caminhar com dignidade. Não importa o que estamos passando, tenhamos fé, como Apolonius e Natanael nos ensinaram.

Solitária lágrima aventurou-se pela face de Ester que, com brandura, disse:

— Peço a Deus que Apolonius tenha sido recebido em Seus braços paternos. Também trago Galenus, Ruth e Natanael em minhas preces, pois sei que sofrem com nossa ausência.

— Teremos que aprender a sentir saudade de forma elevada, pois nossas vidas, de agora em diante, seguirão estradas que nos obrigarão a enfrentar desafios e arrancarão lágrimas e sangue de nosso coração. Chegou o momento de nosso testemunho de fé.

De súbito, aquela conversa serena foi interrompida pela presença de Sara que, contrariada e com má vontade, preparava uma bandeja com o desjejum para ser levado à senhora. Enquanto ela se distanciava, Raquel comentou:

— A esposa de Tarquinius é uma pobre enferma. Sob os cuidados de Sara, ao certo, piora dia a dia. Devemos ficar atentas, creio que não poderemos confiar nessa mulher — disse pensativa.

— Não sei dizer o porquê, mas de imediato senti que ela teve por nós uma grande antipatia, e confesso que senti enorme desconforto em sua presença.

— Deixemos o tempo nos responder — disse Raquel tentando terminar aquela conversa. — O tempo é sábio e, ao certo, com o auxílio da paciência compreenderemos as leis que regem os dias deste solar.

Animadas pela fé e coragem para enfrentarem o cativeiro, permaneceram por toda a manhã envolvidas nas tarefas árduas, porém, expressando nas atitudes resignação e esperança.

***

Na manhã seguinte, uma biga parou diante do palácio anunciando o retorno de Marcus Aurelius, que naquela ocasião se preparava para seguir a carreira militar. Reconhecidamente amado e educado por Marcellus e Tarquinius, transformara-se em um belo e forte jovem, de tez dourada, cabelos e olhos negros, que delineavam seu rosto fino, ressaltado pela força da juventude que envolvia sua feição com coragem e determinação. Chegava acompanhado de um corredor chamado Artanhus, que o treinava para as corridas — também um divertimento de seu pai.

Com vitalidade juvenil, subiu a escadaria apressado, em animada conversa com o amigo. Ao adentrarem a sala principal, se depararam com as novas servas. O recinto foi envolvido por um perfume especial, que banhou aqueles corações com a felicidade de um encontro inesperado.

Diante de Ester, ele não escondeu o encanto com a beleza singela da jovem que, timidamente mergulhava nos olhos do jovem. Com cumplicidade particular, entorpecidos, sentiam que o tempo havia parado para ambos. Artanhus, percebendo o sublime momento, perguntou:

— Ora, quem são essas jovens mulheres?

— Eu sou Raquel e esta é minha irmã, Ester.

— Sou Artanhus e este é Marcus Aurelius, filho de Marcellus.

Neste ínterim, Sara retornava do aposento de Helena, praguejando das dores da enferma, sem perceber que não estava sozinha. Artanhus, conhecendo os atos da serva, aconselhou Raquel e Ester:

— Se querem viver bem aqui, fiquem longe dela.

— Por que a senhora é tratada com tamanho desprezo? — perguntou Ester.

Marcus Aurelius, voltando a si, respondeu:

— Ela é para mim minha mãe de coração. Após a suposta morte de sua filha, há muitos anos, morte essa que até os dias de hoje não acredita ter acontecido, lentamente foi adoecendo de tristeza.

— Podemos vê-la? — perguntou Raquel.

— Creio que não. Sara confinou-a em seu aposento. Vez em vez, quando melhora, ela sai dali. Todos os serviçais têm por ela verdadeira adoração, mas são proibidos de chegarem perto dela.

— O esposo não se preocupa com a saúde dela? — perguntou Ester.

— Ele oferece a ela os melhores médicos e informa-se com eles de seu estado. O casal não se fala desde a morte da filha.

— Então ele é um tirano? — perguntou Raquel com sua habitual espontaneidade.

— Ele não é um tirano — buscando no ar inspiração, prosseguiu. — Veio para cá em uma missão especial como homem de confiança do imperador. Sua tarefa era colocar ordem em um meio liderado por homens corruptos, envolvidos em negócios ilícitos, dedicados a desviar a riqueza do Império em benefício próprio. Acreditem! Sua presença nestas paragens ainda significa justiça.

— Como ele era quando chegou aqui? — indagou Ester.

— Era um homem amável, muitos simpatizavam com ele. Com meu pai, ensinou-me os códigos de honra e lealdade atribuídos a um homem. Com ele, realizei todo o meu aprendizado nas disciplinas diplomáticas. Depois do que aconteceu, não o vemos mais sorrir. Está sempre fechado, estudando ou em companhia de meu pai, que o leva para assistir aos nossos jogos. Várias foram as tentativas para sair da Palestina, porém não consegue ir embora. Culpa o povo daqui pela morte da filha e não se conforma com essa separação.

Naquele momento, com um largo sorriso na face rosada, Marcellus entrou no recinto. Ao se deparar com o filho, o cumprimentou com visível demonstração de felicidade:

— Ave! Que os deuses mantenham sua força. Espero que esteja preparado para enfrentar Severianus.

— Retornei de viagem para essa difícil corrida. Sei que seremos ganhadores, afinal dediquei-me muito aos treinos.

Raquel ainda trazia nos pensamentos as cenas da morte de Apolonius. Atribuía, secretamente, a responsabilidade aos nobres por aquele cenário tirânico que as levou ao cativeiro. Lutando contra o próprio coração e tentando disfarçar o sublime sentimento que sentiu por Marcellus, desde o primeiro momento em que seus olhos pousaram sobre ele, procurou sair do recinto:

— Aonde vai, mulher? — disse ele segurando-a pelo braço — Minha presença a incomoda?

— Todo assassino me incomoda.

— Filho — Marcellus disse com um sorriso discreto na face — diante de nós está o cavalo mais sem doma e audacioso que conheci.

O rapaz sorriu, concordando com o pai. Raquel, livrando-se com rapidez, saiu sem dizer uma palavra. Ester, com medo de uma condenação, intercedeu:

— Perdoe minha irmã. A morte de Apolonius, que era para nós como um pai, e a difícil separação de nossa família ainda nos marcam os corações.

Marcellus, por instantes, permitiu que a meiga voz de Ester tocasse sua alma, depois, tentando desfazer aquela estranha impressão, respondeu:

— Minha jovem, como sua voz tem doçura e verdade! Mas é melhor tentar domá-la, senão eu mesmo o farei.

Esses filhos de Deus dispersaram-se e seguiram para seus afazeres pessoais, levando no coração a coragem para enfrentar as páginas desconhecidas de um difícil amanhã.

***

Dois dias se passaram após a chegada de Marcus Aurelius. Ele se preparava para os jogos, estudando as estratégias minuciosamente. Enquanto colocava os últimos ornamentos, Ester aproximou-se com carinho:

— Perdoe-me, há tão pouco tempo nos conhecemos, mas a mim parece uma eternidade. Preocupo-me com você e não compreendo por que participa desses desafios. Se é uma diversão, por que sempre alguém é ferido ou morre?

O jovem não escondeu a satisfação ao ouvir as palavras da serva. Ele também, em segredo, compartilhava do mesmo sentimento:

— Sinto-me feliz por saber que seus pensamentos estão voltados para mim, pois os meus também estão com você. Não se preocupe comigo, fui bem treinado e domino o que faço — esboçando breve sorriso, prosseguiu. — Nas corridas vence o melhor. Aos gritos inflamados de reconhecimento, triunfamos confiantes — enquanto finalizava os ajustes do elmo à cabeça, continuou: — Assim como na vida, sempre será perdedor aquele que não conseguir manter as rédeas firmes nas mãos.

— No reino de Deus são perdedores aqueles que não O reconhecem como o Senhor das almas. Ganhador será aquele que se curvar, um dia, diante da figura do Messias, o Salvador, e lutar para que a bondade prevaleça no coração dos homens, que gritarão o nome de Deus e não o de Júpiter.

Com pressa, Marcus Aurelius pegou o açoite e, aproximando-se de Ester, segurou sua mão e nela depositou um beijo. Em seguida, despediu-se com um olhar corajoso:

— Você é uma deusa viva, então ore para o seu Deus. Rogue a Ele para que me faça vencedor desta importante corrida, assim poderei oferecer a você a vitória e a minha vida.

— Apesar de não compartilhar de suas ideias quanto a esse tipo de triunfo, respeito sua decisão — sem esconder o rubro da face, continuou com candura. — Esperarei seu retorno e rogarei ao meu Deus para que volte em paz, porque sei que um dia não precisará mais do reconhecimento dos homens, pois o Senhor o reconhece como um filho autêntico, ainda que esteja distante da libertação e da redenção de sua alma.

O jovem, ouvindo aquelas palavras, por instantes permaneceu entorpecido, deixando seus olhos revelarem a luz brilhante do início de um amor livre e puro. Sem dizer mais nada, ouviu a voz de seu pai que o chamava para a grande corrida.

Ester, serena, apesar de preocupada com a situação, colocou-se a orar, rogando proteção para que o jovem retornasse amparado pela luz celestial. Também para que um dia ele pudesse compreender a vida de maneira soberanamente justa e amorosa, livre de qualquer apego que os caminhos terrenos ofereciam naquele momento.

***

Aquele evento causava grande agitação. Parte da sociedade estava presente para assistir aos jogos e às corridas.

Apesar de ser um grande confronto, Tarquinius não acompanhou os amigos em virtude dos ofícios de Estado, que teria de cumprir. Permaneceu, como de hábito, na biblioteca, entregue aos estudos.

No final daquele entardecer, tanto Tarquinius quanto as servas estavam preocupados, pois nem pai nem filho haviam retornado.

Nesse momento, Artanhus, exausto, chegou à procura de Tarquinius. Raquel, sem demora, o encaminhou à sua presença:

— Venho em nome de Marcellus. Sem explicação, no momento em que corriam pai e filho, um acidente ocorreu.

— Pelos deuses! — Tarquinius apresentava visível preocupação e desespero. — Diga, sem demora, o que aconteceu.

— A disputa não chegou ao final. Uma roda da biga de seu amigo se soltou, sem explicação, e um dos seus melhores cavalos teve a pata quebrada. Muitos corredores estão feridos, entre eles, Marcellus e seu filho.

— Vamos! Leve-me até eles.

Tarquinius, com feição séria, saiu em socorro dos amigos. Raquel, que ouviu a narrativa, relatou-a a Ester.

Já noite alta, Tarquinius retornou e adentrou os salões com Marcellus apoiado em seus ombros. Ordenou que Raquel cuidasse dele.

Acomodado em seu aposento, enquanto a serva ministrava-lhe os cuidados necessários, Marcellus olhando fixamente para o amigo, disse:

— Confesso que já vinha percebendo, há muito tempo, que coisas estranhas aconteciam, mas não dava importância aos fatos. Mas agora esse acidente pareceu-me nitidamente um atentado. Você me conhece mais do que ninguém, sabe o quanto sou cuidadoso com as bigas e os cavalos.

— O que diz? Um atentado? Quem planejaria algo tão sombrio?

— Antes de iniciar os jogos, vi Versus e um soldado, acredito que seja Omar, saindo com ar desconfiado de perto de minha biga.

— Desde que aqui cheguei, percebo que o homem se mantém próximo de nós. Sua influência maléfica nos persegue constantemente.

— Não confio nele. Jamais confiarei. O melhor que temos a fazer é tomarmos mais cuidado de agora em diante.

— É melhor descansar, vou auxiliar seu filho que também se encontra ferido.

Marcus Aurelius foi socorrido por Ester e acomodado em um leito confortável. A serva, carinhosamente, atendia a todas suas solicitações. Sem que percebessem, Tarquinius os observava.

Encaminhou-se até o filho do amigo e, com firmeza no tom de voz, expressou sua opinião:

— Meu jovem, seu pai me contou sobre as ocorrências e confesso que também desconfio desse acidente. Sabe que é tal qual um filho para mim e a possibilidade de sua partida toca minha alma. Ambos experimentaram a proximidade da morte, mas conseguiram desviar-se dela. Os deuses lhe estenderam as mãos e não devem desprezá-los.

— Apesar de ter sobrevivido, não consigo explicar, mas reconsiderarei algumas atitudes de hoje em diante. Sinto que fui presenteado por nova oportunidade e não deverei desperdiçá-la.

— Descanse, afinal haverá muito tempo para que medite sobre seus atos.

A jovem ouvia as palavras de Tarquinius em silêncio e, após mais alguns instantes, o nobre despediu-se, deixando naquele recinto a luz de um amor paternal que tudo vê e que também ensina a coragem de continuar.

***

Ester durante cinco dias cuidou dos ferimentos de Marcus Aurelius, que auxiliado pelo seu carinho e pela força da moça, recuperou-se rapidamente. Raquel, por sua vez, cuidou de Marcellus, apesar das pequenas desavenças comuns entre ambos.

Naquela manhã, Ester encontrava-se no jardim colhendo flores, quando Raquel, que passava em busca de água, aproximou-se visando aliviar seu coração, que aparentava grande nervosismo:

— Não compreendo o motivo de ter de servir de ama-seca para aquele homem. Aquela montanha de músculos é incapaz de se permitir conhecer nosso credo.

— O que aconteceu? Por que está tão nervosa? — perguntou Ester, tentando acalmá-la.

— Confesso que a ironia desse homem, quando fala do nosso Deus, me irrita, me apavora.

— Minha irmã! — exclamou a jovem, sorrindo com candura. — Apesar de pouco conhecer o amor, afirmo que os olhos são os portais da alma. Ama esse homem e ele também ama você.

Assustada com a constatação, Raquel deixou cair a ânfora com água que estava em suas mãos e ajoelhou-se, chorando.

— Como, em tão pouco tempo de convivência, posso sentir isso? Parece-me um amor de milênios. De minha parte é a primeira vez que experimento um amor tão puro. Ele é romano e completamente alheio ao nosso Deus. Em todas as nossas orações, tenho pedido por amparo. O coração desse homem é como pedra bruta que necessita de lapidação.

— Esqueceu-se do que aprendemos com nossa família, das palavras sábias de Apolonius e Natanael? — perguntou Ester, abraçando a irmã na tentativa de confortá-la. — Se amamos de verdade, devemos ter paciência para esperar a transformação dos corações endurecidos. O amor, em qualquer situação, nos faz renunciar até mesmo à vida, para que possamos ver aqueles a quem amamos se libertarem das algemas do mundo. Se assim agirmos, ao certo Deus não nos desamparará, pois somente dessa forma saberemos o que realmente é amar em Seu nome.

— Onde aprendeu tudo isso? Que eu saiba nunca amou ninguém — pensativa, continuou. — Por Deus! Então não sou a única a ser tocada por esse sentimento. Os mistérios do amor também tocaram seu coração; afeiçoou-se ao jovem Marcus Aurelius.

— Sei que minha tarefa não é alimentar esse sentimento. Sinto que tenho uma missão nesta morada. Ele toca minha alma e, ao certo, estamos aqui porque o Senhor nos convocou para trazermos Sua mensagem para estes corações, porém pressinto que minha real tarefa é, um dia, despertar a alma de Tarquinius Varro.

— Preocupo-me com essa sua afirmação. Somos jovens e, em nossa condição, asseguro que o mundo é muito violento e não sabemos o que acontecerá conosco amanhã.

— Tenhamos fé e bom ânimo, afinal, entre tantas desventuras, um dia alcançaremos a paz.

A voz de Marcellus fez-se ouvir, convocando Raquel para levar-lhe água. Ela abraçou a irmã com ternura e seguiu, enquanto Ester, expressando cândida resignação, pensativa rogava ao Senhor bênçãos sobre aqueles filhos de Deus tão necessitados de misericórdia e paciência.

***

Dez dias seguiram após o acidente dos nobres romanos.

Naquela manhã o sol nascia radioso. Com uma desculpa para encontrar Versus, Sara saiu dizendo que iria ao mercado. Enquanto isso, no solar, Raquel preparava a refeição e Ester organizava uma sala próxima ao aposento de Helena, quando escutou gritos angustiantes:

— Ajudem-me! Socorram minha filha!

Mesmo sem ter autorização para entrar naquele local, Ester não hesitou. Abriu lentamente a porta. Seguiu em direção ao leito e parou bem próxima. De pronto, a senhora sobressaltou-se e a serva, em um gesto de carinho, aconchegou-a em seu colo:

— Acalme-se, foi somente um sonho.

— Quem é? O que faz aqui? — perguntou a enferma, abrindo os olhos abatidos e frágeis.

— Meu nome é Ester. Sou a nova serviçal desta residência.

Helena, sentando-se com esforço, contemplou os olhos da jovem e, levando a mão à sua face, não conteve as lágrimas:

— Todos esses anos, em meus sonhos, imaginei como minha filha seria. Afirmo que, se ela estivesse aqui, estaria com a sua fisionomia.

Sara, que acabara de chegar, ao observar a cena segurou o braço de Ester, arrastou-a brutalmente, expulsando-a do aposento. Em seguida, fechou a porta e determinou:

— Nunca mais entre aqui sem minha permissão.

Visivelmente perturbada e resmungando, Sara retirou-se. Ester, com humildade e resignação, guardou a agressão sofrida silenciosamente.

***

No dia seguinte, Fabricius, médico de Helena, adentrou as dependências do salão principal procurando saber quem era Ester. Encontrando-a, disse-lhe com satisfação:

— Minha jovem, desconheço o remédio que utilizou em Helena, mas verifiquei que depois de sua visita houve uma melhora espantosa. Fez o que eu não consegui fazer em anos. Gostaria que cuidasse dela para mim.

— Aceitaria essa tarefa com dedicação e honra. Mas e quanto a Sara?

— Ela será um problema meu. Não a quero mais perto de minha enferma, quero você. Está resolvido.

A jovem serva passou a dedicar-se integralmente aos cuidados de Helena, que melhorava a cada dia.

Numa bela manhã primaveril, quando as flores dos jardins da residência exalavam um perfume que invadia todas as dependências do palácio, Ester permitiu que a luz entrasse no aposento e, após cuidar de Helena com carinho, convidou-a:

— Gostaria de dar um passeio? Disseram-me que o jardim é o seu lugar preferido. Além do mais, o colorido das flores é um presente ao coração e não podemos desprezá-lo.

— Não sei se suportaria revê-lo — respondeu com um olhar saudoso. — Os deuses estavam revoltados nas últimas vezes que ali pisei.

— Não sei o que a abate tanto. O Deus em que creio jamais se revoltou contra mim. Aprendi com minha família, em especial com Apolonius, meu pai de coração, que devemos enfrentar todas as nossas angústias, para que elas não nos consumam.

— Querida criança, sempre traz em seus lábios a sabedoria — e dizendo essas palavras, colocou-se em pé. — Acompanharei você no passeio, pois como não conheço esse seu Deus, terá uma boa oportunidade para apresentá-Lo a mim.

Sem perceberem e desconhecendo a verdade, mãe e filha aproximavam-se e estreitavam os vínculos de amor. Ester e Raquel falavam de suas crenças, do amor a esse Deus e das lições nobres aprendidas com Apolonius. Helena, assim, resgatava sua feição serena e pacífica, embora a doença nos pulmões persistisse. E entre aqueles três corações era possível ouvir a melodia dos Céus e os encantos da paz. Unidas, assemelhavam-se a uma candeia que iluminava com perfeita luz os ambientes. A amizade entre elas emanava a suavidade da brisa, a força da fé em um Deus justo e a coragem de viver.

Tarquinius e Marcellus conversavam trivialidades acomodados em um terraço que possibilitava a visão do jardim. Assim, podiam observá-las.

— Já reparou na semelhança entre ambas? — disse Marcellus. — Se Ester não fosse uma serva e se não a tivéssemos encontrado naquelas circunstâncias, diria que ela é a pequena Cassia.

— Está louco! Minha filha está morta! — interveio com amargura.

— Meu amigo, não se impaciente. Esqueceu que eu estava com você na ocasião? — com discrição, prosseguiu. — Por todos esses anos respeitei a sua decisão quanto aos fatos do passado. Compreenda-me, necessito fazer-lhe esta pergunta. Não acredita que foi rude demais com Helena? Não terá chegado o momento de reconsiderar? Esquecer o que passou e perdoar? Seu amor por Cassia era especial, mas creio que, se ela estivesse aqui, não aprovaria sua conduta.

— Traição é marca que fere profundamente a alma, e o perdão, confesso, é matéria de difícil entendimento que, somente o tempo, como professor de nossos sentimentos, poderá explicar. Se Helena não estivesse embriagada, ao certo quem estaria com ela, agora, seria nossa filha e não uma escrava. Dentro de meu coração pulsa a alma de Cassia. É tão grande o amor que carrego por ela que nem a morte foi capaz de tirá-la de meu peito, ainda a sinto viva dentro de mim. Resta-me apenas viver com as recordações de um passado feliz que não voltará mais...

Marcellus, respeitando a dor do amigo, silenciou. Já o orgulho e o sofrimento de Tarquinius impediam que enxergasse que, à sua frente, na verdade, estava sua filha; aquela que levava em sua alma como o grande e verdadeiro amor de sua existência.

Capítulo 9

Diante da radiante luz, Jesus Cristo

Os dias seguiam tranquilos e serenos. Helena, sem duvidar, converteu-se à crença de Ester, fortalecendo-se na fé no Deus único. Sem que Tarquinius e Marcellus soubessem, todas as noites faziam orações juntas. Alguns servos foram se afeiçoando àquele hábito e as acompanhavam, demonstrando respeito e confiança.

Apesar de apresentar grande melhora desde a chegada da serva, Helena ainda tinha a saúde muito oscilante. Inesperadamente, apresentou fortes crises que a levaram novamente ao leito.

Abnegadas, as duas servas revezavam-se e passavam as noites cuidando dela, com carinho e dedicação — fato que chamou a atenção de todos.

Certa tarde piorou. Marcus Aurelius, abnegado, não se distanciava delas e acompanhava tudo. Raquel, orientada por Fabricius, colocava sobre a fronte cansada da enferma alguns unguentos na tentativa de aliviar seu sofrimento. Ester, percebendo o agravamento de seu estado, preocupada, não se conteve:

— Por Deus! A senhora arde em febre. O que faremos agora? Queria poder dividir com ela tamanho sofrimento. Ofereceria meu coração para vê-la novamente em pé.

— Minha jovem! — disse Fabricius com pesar. — Como ama Helena! Creio que foi esse amor o remédio desconhecido que trouxe para este solar. Sinto, mas todo meu conhecimento é inútil neste momento. Nada mais podemos fazer, a não ser esperar a morte.

— Tenhamos fé em nosso Deus — disse Raquel com lágrimas nos olhos. — Unamo-nos em oração. Quem sabe receberemos um clarão de Sua misericórdia.

Repentinamente, aquele aposento foi banhado por um perfume especial. Fervorosas, as servas começaram a orar. Marcus Aurelius assistia, em silêncio, àquela cena. Após alguns instantes, pensativo, observando o empenho e o desespero das jovens comentou:

— Dizem que no vale de Cafarnaum há um homem chamado Jesus, que faz curas milagrosas. Curou leprosos, devolveu a visão a cegos, trouxe de volta à vida homens considerados mortos. Seus feitos já são conhecidos em toda a região. Quem sabe, se Tarquinius permitir, poderemos levá-la até ele. Afinal, o que perderíamos se ela já está morrendo e, se nada mais podemos fazer em favor de nossa Helena! Falarei com ele e com meu pai. Eles estão na biblioteca, não percamos mais tempo, sigamos.

— Ele, para mim, é um tirano — disse Raquel. — Jamais permitirá que a tiremos deste aposento.

— Não é hora para desânimo, — intercedeu Ester, confiante — se ainda há uma esperança é nossa obrigação corrermos atrás dela para conquistarmos nossa paz.

— Sinto-me incapacitado para julgar os feitos desse tal Jesus. Na condição de médico, minha missão é salvar vidas e, se ele for a salvação, sigamos para lá. Eu os ajudarei a convencer Tarquinius, afinal, há anos convivo nesta residência.

Os nobres conversavam, quando foram interrompidos. O médico, com respeito, anunciou:

— Perdoem-nos a interrupção, mas estamos aqui para falar do estado em que se encontra Helena. Durante toda esta semana ela tem piorado; hoje, apenas aguardamos a sua morte.

Diante da notícia, o nobre abateu-se, porém não demonstrou suas emoções:

— Você é, além de médico, amigo desta casa. Confio em seu conhecimento. Fez de tudo para salvá-la deste infortúnio?

— Sim, tudo fiz, porém, os conhecimentos da medicina são incapazes de curá-la.

Marcus Aurelius aproveitando a oportunidade informou:

— Existe um homem chamado Jesus, da cidade de Nazaré. Ele reside em Cafarnaum, na casa de um pescador chamado Simão Pedro. Tem realizado vários milagres, curado todos os que o procuram — com firmeza na voz, continuou. — Sei que não me negará um pedido. Então, permita-nos levá-la até Sua presença.

Completamente surpreso com a atitude do filho de Marcellus, respondeu com toda carga de racionalidade, característica de sua personalidade:

— Já ouvimos muito falar desse homem. Mas acreditar em misticismo e magia, jamais! Isso é fanatismo. Além do mais, ela possui, além de Fabricius, os melhores doutores vindos de Roma.

Em uma tentativa final, Ester, com humildade, uniu as mãos e rogou:

— Eu imploro! Tenha misericórdia e permita que levemos sua esposa até Jesus.

— Você é audaciosa. Por que este caso tanto a interessa? O que quer em troca com essa suposta demonstração de bondade?

O ambiente apresentava uma atmosfera pesada. A serva buscando inspiração, força e compreensão em sua alma, continuou:

— Meu ato é despretensioso e verdadeiro. Nada desejo senão vê-la novamente em pé. Nada possuo para lhe oferecer, porém, se algo acontecer inadequadamente, entrego minha vida em suas mãos em troca da permissão.

Raquel, percebendo a delicadeza do momento, com temor e preocupação, interveio imediatamente:

— Por Deus! O que diz? Não se precipite! Eu peço. Não faça isso.

Marcellus, observando o ato de coragem da jovem, considerou:

— Que mal poderia fazer esse tal Jesus? Se os médicos não nos dão esperanças, tentemos esse místico! Acompanharei a expedição, proporcionando toda a proteção para a garantia do retorno de Helena.

Tarquinius caminhou pensativo e em silêncio até a porta e, após alguns instantes, admirado com a atitude do amigo, respondeu:

— Iremos todos! No mais, agora me instigou a curiosidade para conhecer o tal Nazareno.

Todos se surpreenderam com aquela atitude. Sem perder tempo, as servas e o médico retornaram ao aposento e, rapidamente, prepararam a enferma para suportar a longa viagem até a casa do pescador. Enquanto Marcus Aurelius organizava a pequena caravana, Marcellus e Tarquinius buscavam seus mantos com o objetivo de não serem reconhecidos.

No céu, as estrelas brilhavam em meio à escuridão. Aqueles filhos seguiam em busca de sustentação, esperança e de uma luz desconhecida que, ao certo, marcaria para sempre o coração de cada um.

***

Após uma longa e cansativa viagem, finalmente pararam diante da casa do humilde pescador.

Marcus Aurelius, segurando Helena em seus braços, já desfalecida, encaminhou-se para a porta movimentada, acompanhado pelos demais. Ester, sem medo, bateu. Um homem simples abriu a porta e a serva indagou:

— Esta é a casa de Pedro?

— Eu sou Pedro. Quem procura?

— Por misericórdia! Procuramos um nazareno chamado Jesus.

— Minha jovem, nosso Mestre esteve caminhando por vários lugarejos hoje e necessita de descanso. Compreenda. Volte amanhã.

Os nobres, impacientes, aguardavam a decisão, já arrependidos de terem chegado ali. Ester, em um gesto humilde, ajoelhou-se e, impondo as mãos suplicou:

— Não rogo por mim, pois sei que não mereço sequer um olhar do Enviado de Deus. Rogo por minha senhora que está agonizante e necessita de amparo do Seu meigo coração. Por misericórdia, atenda à minha súplica.

Nesse momento, uma voz serena se fez ouvir e uma mão iluminada pousou o ombro de Pedro:

— Quem busca por mim?

— Senhor! — disse a serva demonstrando forte emoção ao reconhecer o esperado Messias, outrora tão anunciado por Apolonius. — Que Deus seja louvado! Enfim, estamos diante do prometido Salvador. Perdoe-me a emoção e, talvez, o egoísmo de querer ter com o Senhor. Sou uma serva e me chamo Ester. Busco a luz de Suas mãos para aliviar o sofrimento de minha senhora, se for a vontade dos Céus.

Nesse momento, a figura cândida de Ruth, acompanhada de seu esposo, aproximou-se. Com intensa felicidade correram ao encontro de Raquel, enquanto Ester permanecia inerte diante do Senhor.

— Nossas meninas! Que a bondade de Deus seja louvada. Estão vivas! — disse Bartolomeu.

Alguns discípulos foram para perto do Senhor a fim de compreenderem melhor a cena. Entre eles, Filipe, André e Mateus. Jesus, observando aquele cenário, falou a Pedro:

— Meu caro amigo, nunca é tarde para atender às súplicas de um filho de meu Pai.

O Mestre, mantendo o olhar fixo em Tarquinius, prosseguiu, emanando inexplicável luz sobre os presentes. Suas palavras serenas tocavam o coração e a consciência de cada um.

— Venham a mim todos os que sofrem, pois um dia encontrarão a paz do meu Reino de amor e de justiça. Nas iluminadas mãos de meu Pai há luz suficiente para acalentar as dores de todos os corações e há sabedoria para alimentar todas as criaturas com infinitas bênçãos divinas. Há de chegar o dia em que a redenção consolidará as almas em fé pura.

E continuou tocando aquelas almas com suas sábias palavras:

— Libertem-se dos poderes transitórios, do egoísmo e do orgulho. Para o progresso infinito do homem, o sofrimento é o caminho libertador da mente. Desafiem a razão para compreender que Deus estabelece um rumo a ser seguido, para que a salvação se perpetue na radiosa eternidade.

Fez uma breve pausa e continuou:

— O Senhor, que está acima de mim, chama a todos de filhos, mesmo que estejam temporariamente vinculados às sombras, porque um dia despertarão para a verdade de Seu reino e serão eles os que sustentarão as lições da boa-nova. Trabalharão pelo progresso espiritual da Terra, para o extermínio da miséria, fazendo Sua luz brilhar em todos os corações. Lutarão e morrerão firmes, para que Seu nome jamais seja esquecido.

Forte emoção envolveu a todos. Bartolomeu e Ruth não continham as lágrimas e permaneciam ao lado das jovens. Tarquinius, entorpecido por aquele olhar iluminado, foi invadido por um sentimento de paz que há muito tempo não experimentava. Ainda assim, procurou não demonstrar que havia sido tocado pelas palavras do Nazareno:

— Saiamos daqui! Este homem nem sequer olhou para ela.

Com semblante celestial, Jesus, serenamente, pediu a Marcus Aurelius que acomodasse Helena no chão, ao lado de Ester que, ainda de joelhos, segurou a cabeça da enferma em seu colo.

Jesus invocou a ajuda de Deus, orando por alguns instantes. Tranquilamente, dobrando os joelhos, repousou Sua mão sobre a fronte de Helena. Como por encanto, como se estivesse saindo de um estado de sono profundo, ela despertou sem febre e totalmente curada.

Instantes depois, Ester, em lágrimas, num gesto de gratidão beijou as sandálias de Jesus. Raquel aproximou-se do Messias e beijou Seu manto. Helena, apresentando a feição cansada, porém iluminada e refeita, não conteve as lágrimas e, em respeito, agradeceu-Lhe a graça recebida. Segurou Suas mãos junto à face, como quem manifesta profunda adoração. Jesus retribuiu àquelas demonstrações de afeto com compaixão.

Os nobres observavam cada gesto do Nazareno, sem compreenderem o fato. Tarquinius foi surpreendido novamente pelo olhar meigo do filho de Deus, que apoiou a mão sobre seu ombro:

— Não me conhece e, tampouco me compreende agora. Em verdade lhe digo que amanhã me amará e será meu seguidor. Nos momentos que sofrer em razão da mensagem de amor que difundirá em meu nome, estarei ao seu lado, assim como de todos que seguirem os desígnios de meu Pai que está nos Céus. Verá que nenhuma lei escrita pelas mãos dos homens é soberana ao poder do amor, da justiça universal e da sabedoria que vem de Deus. Se o seu coração não se abrir para Minha verdade, siga o caminho terreno, porque ele também o conduzirá até mim. Eis a razão de sua existência.

Imensa luz envolvia todo aquele local. Por entre essa luz, sem mais nada a dizer, Jesus foi se distanciando e adentrou a sala humilde acompanhado de Pedro, Mateus e André.

Surpreso com aquelas palavras, Tarquinius não escondia sua perturbação. Voltando a si, omitindo a forte emoção que invadia seu peito, ordenou:

— Coloquemo-nos em marcha agora mesmo!

Em uma breve despedida, as servas suplicaram as bênçãos de Ruth e Bartolomeu, que perceberam a dificuldade do momento para se aproximarem das jovens. Por isso, contiveram a emoção para não lhes causar infortúnios. Em silêncio, contemplavam os nobres, derramando sobre eles fervorosas e resignadas preces de luz, para abrandar seus corações endurecidos.

Enquanto a expedição rumava silenciosamente por estradas difíceis de volta ao lar, essas pessoas foram envolvidas por uma paz inexplicável e banhadas por forte emoção. As mulheres choravam e oravam agradecendo as dádivas recebidas. Os homens seguiam meditando, analisando tudo o que viram e ouviram. Apesar da incompreensão, emocionalmente foram tocados pela luz divina. Ainda assim, trevas habitavam o íntimo de cada um, impossibilitando que enxergassem a única e maior verdade: Jesus de Nazaré.

Capítulo 10

A passagem do Mestre

Trinta dias se passaram após a visita à casa de Simão Pedro. Helena efetivamente abraçou a fé em um único Deus. Junto às servas, procurava conhecer o Messias e, em todas as possibilidades, escutava Seus ensinamentos, sem que Tarquinius e Marcellus soubessem.

Com extremo esforço voltou a coordenar os serviçais, retirando de Sara essa função. Consequentemente, um período de harmonia e paz retornou àquela residência. Insatisfeita com a restrição de suas tarefas, a serva continuou a relatar todas as ocorrências da residência a Versus, que conseguiu manter-se na mesma posição social, influenciando patrícios e odiando Tarquinius e Marcellus por não terem se curvado às suas ideias sombrias.

Certa tarde, as três mulheres ficaram sabendo que Jesus encontrava-se nos arredores de Jerusalém e prepararam-se, às escondidas, com vestes simples a fim de não serem reconhecidas, para irem aonde Ele se encontrava. Aspiravam, apenas, deitar sobre Ele um simples olhar.

Ao chegarem ao local, O avistaram sentado sob a sombra de uma frondosa árvore. No meio do grupo que O cercava, buscaram a melhor posição, de maneira a não perderem nenhuma palavra do Mestre. Jesus, com serenidade, levantou e se fez ouvir, derramando sobre todos os presentes Sua luz peculiar. Assim, iniciou a preleção[6]:

"Porque o Reino dos Céus é semelhante a um pai de família que saiu de manhã cedo para contratar trabalhadores para a sua vinha. Depois de combinar com os trabalhadores um denário por dia, mandou-os para a vinha. Tornando a sair pela hora terceira, viu outros que estavam na praça, desocupados, e disse-lhes: Ide também vós para a vinha, e eu vos darei o que for justo. Eles foram. Tornando a sair pela hora sexta e pela hora nona, fez a mesma coisa. Saindo pela hora undécima, encontrou outros que lá estavam e disse-lhes: Por que ficais aí o dia inteiro desocupados? Responderam: Porque ninguém nos contratou. Disse-lhes: Ide também vós para a vinha. Chegada a tarde, disse o dono da vinha ao seu administrador:

"Chama os trabalhadores e paga-lhes o salário, começando pelos últimos até os primeiros.

"Vindo os da hora undécima receberam um denário cada um. E vindo os primeiros, pensaram que receberiam mais, porém receberam um denário cada um também eles. Ao receber, murmuravam contra o pai de família, dizendo: Estes últimos fizeram uma hora só e tu os igualaste a nós, que suportamos o peso do dia e o calor do sol. Ele, então, disse a um deles: Amigo, não fui injusto contigo. Não combinaste um denário? Toma o que é teu e vá. Eu quero dar a este último o mesmo que a ti. Não tenho o direito de fazer o que eu quero com o que é meu? Ou o teu olho é mau porque eu sou bom? Assim, os últimos serão os primeiros, e os primeiros serão últimos".

O silêncio era o companheiro de todos. Aquelas mulheres não escondiam a emoção por estarem diante do Nazareno. Jesus, com uma paz impossível de ser explicada com palavras, partiu ao lado de Pedro, João e Mateus.

As três, permanecendo por alguns instantes envolvidas pela serenidade do Cristo, levantaram-se para retornarem

6 Nota do autor espiritual (Ferdinando): Mateus, 20:1-16

rapidamente à residência, quando Bartolomeu e Ruth aproximaram-se e tocaram Raquel e Ester:

— Filhas! — disse o discípulo. — Que Deus nosso Pai seja louvado! Desde a visita de ambas à casa de Pedro, nossos corações habitam em suas almas.

As servas abraçaram os amigos. Ruth, tal qual mãe amorosa, acolheu-as fraternalmente:

— Minhas crianças, desde a morte de Apolonius acreditávamos que estavam mortas. Todos os dias dediquei minhas orações à vida de ambas. Enfim, encontramos o Messias, e foi em Seu coração salvador que encontramos a consolação para continuar vivendo distante de nossos amores.

— E Galenus? — perguntou Raquel. — Onde está?

— Ele morreu dias após terem partido.

As lágrimas abundantes misturaram-se com a felicidade do momento. O esposo de Ruth, respeitando o momento, disse:

— Vejo que também acreditaram no Messias, assim como nós. Sinto por Apolonius, meu grande e fiel amigo, não poder estar aqui para compartilhar da graça de estarmos com Jesus, pois seu sonho era conhecê-Lo. Enfim, a promessa dos profetas foi realizada.

— Acredito que ele O conheceu primeiro que nós — disse Ester.

— Com as graças celestiais, nossos amigos Filipe e André apresentaram-me a Ele. Agora sou um de seus seguidores e todos me conhecem como Bartolomeu — acrescentou o discípulo com carinho. — Sempre nos reunimos na casa de Simão Pedro, onde habita o Mestre e todos os Seus seguidores. Lá, o Senhor nos ensina sobre o reino dos Céus e sobre o código de luz que traz em suas palavras. Mantivemos as reuniões fundadas por Apolonius, sob a bênção de Jesus.

Ester, tentando romper a tristeza do momento, apresentou Helena:

— Aqui está Helena, a esposa de Tarquinius, aquela a quem Jesus concedeu a bênção da cura.

— Apesar de suas vestes humildes, seus gestos demonstram que é uma nobre e sua feição denota paz, embora percebamos as dificuldades que a vida lhe impôs — disse Bartolomeu, com respeito e compreensão.

— O senhor tem bondade na voz. Após ter conhecido Jesus, tornei-me uma serva de nosso Deus. Sempre acatei os limites da vida e agradeci as oportunidades que me fizeram forte para viver.

— Ser uma serva de Deus é possuir nas mãos as chaves da libertação, da sabedoria, do amor e da compaixão. E, ao certo, já as possui.

O firmamento anunciava a chegada das primeiras estrelas. Conversaram um pouco mais a respeito do Mestre e despediram-se entre juras de reencontro e iluminados pela luz de uma fé racional e renovadora, preparados para enfrentar os novos desafios do amanhã.

***

De maneira esplendorosa, a força do Nazareno crescia notoriamente. Sem imposições sociais, Seu código de sabedoria, amor e luz foi questionado por líderes religiosos, em razão de seus interesses egoístas. Esses assistiam apáticos, mas descontentes, à Sua implacável ascensão e, consequentemente, às transformações que ameaçavam os seus interesses pessoais e religiosos.

Apesar dos feitos e exemplos demonstrados pelo filho de Deus em favor da humanidade, os chefes dos sacerdotes, anciões do povo e o sumo sacerdote Caifás decidiram que prenderiam Jesus, na inútil tentativa de conter a crescente vinha de esperança que surgia no povo.

Um grupo de soldados foi enviado a Cédron para prender Jesus, que seria encaminhado ao julgamento do Sinédrio. Ele, por sua vez, não se opôs à prisão. Seguiu Seus algozes sem demonstrar queixa ou reclamação, ao contrário, demonstrava paz. Levado ao cárcere, sofreu torturas e açoites, porém, manteve-se resignado em Sua fé.

Um conselho foi convocado pelos chefes dos sacerdotes, e Roma foi envolvida para fazer cumprir a lei. O governador Pôncio Pilatos, líder residente em Cesareia, marchou para Jerusalém com o intuito de solucionar os problemas que ele julgava sem valor.

Antes da derradeira decisão que definiria a sorte do Nazareno, a fim de conhecer os detalhes daquele caso, Pôncio Pilatos convocou, em Antônia[7], um grupo de patrícios.

Escolheu-os porque neles confiava; queria ouvir as impressões a respeito dos fatos. Entre eles, Tarquinius fazia-se presente.

Uma sala ampla, revestida em mármore, era o cenário daquela reunião; ali os presentes ouviram as palavras do governador:

— Não consigo ver culpa alguma nesse homem chamado Jesus de Nazaré. Mesmo com a acusação apresentada pelos membros do Sinédrio, não vejo nada além de extrema pobreza, idealismo e um credo em um Deus único, aliás, cultuado desde os primórdios pelos hebreus, o que os difere de nossas crenças. — Pilatos falava com visível preocupação e com certa misericórdia. — Nobres companheiros, convoquei-os para que juntos, em torno do senso de justiça, possamos proceder a esse julgamento. Peço aos deuses que nossas decisões não prejudiquem os interesses de Roma. Quero ouvir suas impressões, individualmente.

Foram horas de muita discussão. O governador ouviu relatos que diziam sempre a mesma coisa; Jesus nada havia feito contra a lei. Dessa vez, sentenciariam um homem inocente, que não cometeu nenhum delito. Casos reais de amor

---

7 Nota da médium: "Fortaleza Antônia era o local onde se alojava a guarnição romana, junto ao templo de Jerusalém." (extraído do *Atlas da Bíblia* – Edições Paulinas – Edição de 1985).

ao próximo foram relatados, o que provava ainda mais Sua inocência. Tarquinius, pensativo, manifestou-se:

— Nobres amigos, devemos agir com a consciência e a justiça, preservando os interesses do Império. Por todos os relatos aqui proferidos, concluímos que nada podemos manifestar contra o Nazareno. Quem o conheceu confirma que há algo em sua feição além de nossa compreensão. É acusado de revolucionário ou conspirador. Como atribuir tais culpas a quem agiu com caridade diante daqueles que buscaram Suas mãos? — Respirando profundamente, prosseguiu. — Não cabe a Roma ou a nós decretarmos a sentença final.

Pequena agitação iniciou-se. Neste ínterim, um nobre senador, com firmeza, levantou-se e sugeriu:

— Por que não levá-Lo a julgamento de maneira que Herodes Antipas lance a sentença sobre ele?

Os presentes aceitaram a sugestão de pronto. Momentos depois, a reunião foi finalizada e aqueles homens seguiram seus caminhos, levando no coração as impressões de uma justiça que, para eles, apresentava-se como a melhor para aquele caso.

***

Naquele ano, marco da era cristã, Jerusalém estava agitada, inúmeros peregrinos chegavam para as festividades da Páscoa e demonstrações de fé no grande templo.

Nas primeiras horas da manhã seguinte, Antônia estava preparada para o julgamento final. Estavam ali presentes Pilatos, nobres, sacerdotes, anciões do povo e o sumo sacerdote, Caifás.

Em meio ao sarcasmo do povo enfurecido, Jesus adentrou o salão do palácio sabendo o que Lhe aconteceria. Induzida pelo sacerdócio local, a multidão emitia gritos ensurdecedores:

— Morte ao rei dos judeus! Morte ao rei dos judeus!

Jesus foi conduzido à presença de Pilatos, que não escondia surpresa diante de sua postura serena. Apressando-se, o governador anunciou o julgamento. Selecionaram um prisioneiro para que fosse colocado ao lado de Jesus, assim o povo escolheria qual deles seria liberto. A multidão inflamada gritava:

— Liberdade para Barrabás! Morte para o Nazareno!

A agitação aumentava e, sem nada mais poder fazer, o governador, então, em um gesto que seria lembrado pelos séculos que viriam, lavou as mãos diante da multidão; declarou a inocência de Jesus, porém acatou a decisão do povo.

O sol reluzia. Os sacerdotes, satisfeitos com a sentença, pressionavam o governador para que autorizasse o cortejo da morte.

Marcus Aurelius, que a tudo assistia, antecipando-se foi procurar Helena, Raquel e Ester, levando as notícias do ocorrido. Ao chegar à sua residência encontrou-as rapidamente e noticiou:

— O Nazareno foi sentenciado à morte e seguirá para o Calvário, onde será crucificado.

Elas receberam a notícia com abalo. Raquel, com a face umedecida pelas lágrimas, perguntou:

— Por Deus! Nada foi feito a seu favor?

— O governador por várias vezes tentou não admitir nenhuma culpa para o réu, mas o povo parecia alucinado por sua morte.

— Onde está o Mestre? — perguntou Ester.

— O cortejo da morte seguirá o caminho do Calvário.

— Por favor, leve-nos até lá — pediu Helena.

— Há uma grande agitação nas ruas. Ao certo, seremos esmagados.

— Por misericórdia, deixe ao menos que possamos nos despedir Dele, mesmo que seja de longe — disse Ester.

Foram, então, junto com Marcus Aurelius, que mesmo não tendo por completo abraçado com o coração a fé e o credo daquelas mulheres, acompanhou-as voluntariamente pelas ruas fervilhantes de gente.

Na tentativa de rever a face do Mestre, elas esgueiravam-se entre a multidão enfurecida, que gritava e atribuía a Ele falsas culpas. O jovem, protegendo-as, auxiliou-as a se posicionarem em um lugar alto, perto de onde Jesus passaria. Os carrascos, seguindo-O com seus açoites nas mãos, aplicavam-lhe duras chibatadas. Seu semblante era um bálsamo de esperança aos corações que se mantinham fiéis ao Seu amor.

As três mulheres permaneciam em oração, contemplando-O, enquanto Ele seguia sem reclamar ou manifestar um gesto a Seu favor. Helena, sem poder conter-se, vendo o sangue descer por Sua face, retirou seu manto, enfrentou os guardas e aproximou-se do Mestre para tentar aliviar Sua dor. Sereno, Ele levantou os olhos com extremo sacrifício e deitou o olhar cândido em seu rosto.

Um soldado enfurecido lançou-lhe de punho fechado um golpe. Ela, ao cair, fez o cortejo se desviar, porém não impediu que continuasse. Marcus Aurelius a socorreu, carregando-a ferida em seus braços. Parando nas proximidades do sofrido martírio, a esposa de Tarquinius, refeita, viu quando os homens levantaram a cruz.

Nenhum gemido, nenhuma lamentação, somente a luz vinda do coração puro de um inocente, que não trazia pecado algum a não ser o peso dos pecados do mundo, que a Ele não pertenciam. Seus lábios, cansados e ressecados, porém firmes, invocavam a misericórdia celeste, pedindo perdão para a humanidade que tinha a insanidade como companheira:

— Pai, perdoe-os: não sabem o que fazem[8].

Ao seu lado duas outras cruzes eram levantadas com mais dois homens; dois ladrões. A multidão continuou insultando o Nazareno que, mesmo sustentando os espinhos da

---

8 Nota do autor espiritual (Ferdinando): Lucas, 23:34

coroa que adornava Sua cabeça, derramou misericórdia sobre a ignorância temporária daqueles filhos de Deus.

Após aquela triste cena, as mulheres e Marcus Aurelius voltaram à residência, onde, noite adentro oraram a Deus num culto simples, mas repleto de fé, amor e dedicação ao Senhor. Oraram Àquele cujo corpo havia silenciado, mas revivido em espírito no coração daqueles que conheceram Seu amor.

Capítulo 11

Difícil transformação

Pouco menos de um ano havia transcorrido após a passagem de Jesus.

O domínio do Império naquelas paragens sofria grandes modificações. Devido aos ofensivos conflitos políticos e religiosos, Roma começou a sentir-se ameaçada, obrigando-se a reforçar seus exércitos e a enviar seus homens à Palestina para manter o controle da região.

As pressões aumentavam. As administrações das províncias eram substituídas, e Tarquinius sentia o peso desse problema de perto.

Enquanto isso, a cada dia a mensagem de amor trazida pelo Nazareno, para surpresa de todos, expandia-se silenciosamente. Os seguidores de Jesus mantinham-se firmes no propósito da fé e difusão da boa-nova como Ele havia definido.

Em muitas regiões podia-se ouvir sobre os feitos de Jesus, fato que impelia muitos a procurar seus apóstolos em busca de cura, de uma palavra de acalanto ou de elucidação.

Na tentativa de fazer calar aquela nova seita, os líderes religiosos transformaram o ato da conversão em crime, pretendendo amedrontar os que buscavam conhecer a palavra do Mestre.

Tarquinius e Marcellus visando a evitar confrontos fundamentados em fanatismo não se envolviam nos assuntos religiosos. Apesar da cautela, enfrentavam árdua batalha política, e a hostilidade de seus inimigos contra eles era desumana.

Em virtude de seus ofícios públicos, distanciavam-se cada vez mais das mulheres que os cercavam e desconheciam suas conversas. As três tinham o apoio de Marcus Aurelius, que também tentava compreender as lições daquele tratado de amor.

Helena, afeiçoada a Bartolomeu, todas as noites seguia junto com Ester e Raquel para a residência humilde do apóstolo.

Certa noite, um grupo de seguidores se reuniu. Contando com o apoio de Simão Pedro, Filipe e André, Bartolomeu transmitia as informações sobre a vida e a passagem de Jesus pela Terra, com clareza e carinho:

— Deus cumpriu a promessa. Enviou o Messias para que conseguíssemos seguir as estradas imensuráveis do amor que haverá de imperar sobre todas as criaturas. Todos os homens se transformarão e encontrarão, na figura do Mestre, a força para abandonarem o egoísmo e o orgulho que residem no coração humano. Grande foi o seu gesto. Entregou a própria existência à nossa ignorância.

Agora, resta-nos ter a fé de verdadeiros filhos de Deus, para que vençamos as sombras que ainda residem em nossas almas e sobre a Terra. Quantos, em nome do orgulho, fizeram sofrer? Quantos, em nome do egoísmo, fizeram chorar? Nessa mesma estrada, Jesus caminhou iluminando, elucidando, amando e compreendendo as atitudes daqueles que O levaram à cruz.

Mantenhamos acesa a chama desse amor para que impere a liberdade. Confiemos em Suas sábias palavras e façamos de nossas vidas construções iluminadas pela fé, que liberta das paixões temerárias e egoístas.

Haverá muitos testemunhos em nossas vidas. Oremos rogando força e perdão. Cumpramos os nossos deveres sem controvérsias, mantendo a clareza da esperança unida à luz de Jesus. A tarefa de renovação está iniciada, cabe a cada um de nós mantê-la sempre viva, e estarmos prontos para enfrentar os martírios de nossas almas.

Após o término da palestra, Helena continuou atenta às palavras de Bartolomeu e, antes de retirar-se, foi ao seu encontro para despedir-se.

— Suas palavras animam a força de nossa fé. Que Deus derrame coragem sobre o nosso coração para que jamais sucumbamos ante à missão e ao nosso Mestre. Para conquistarmos o reino por Ele prometido, muitas vezes, custam-nos lágrimas e sacrifícios.

Em um gesto simples abaixou a cabeça e secou a lágrima tímida que caía em sua face. O apóstolo, paternalmente, segurou as suas mãos:

— Minha filha, Apolonius, grande amigo de nosso coração, costumava dizer: enquanto estivermos presos à Terra, somente o sofrimento nos encaminhará à liberdade. Necessitamos do aprendizado da renúncia para que se cumpram as leis do nosso Deus. Somos chamados a viver junto daqueles que ferem nossa existência, porém, o amor é maior e faz com que sejamos fiéis ao propósito da transformação. Se nossa tarefa é entregarmos a nossa vida para libertarmos alguém que amamos, lembremos sempre do Mestre, que por nós, filhos da Terra, entregou o próprio coração.

No final da reunião, muitos buscavam os apóstolos de Jesus para as despedidas. Helena, percebendo que outros filhos de Deus solicitavam Bartolomeu, recuou num gesto humilde de despedida compreendido por ele. Ela beijou suas mãos como se não fosse mais encontrá-lo. Raquel e Ester presenciavam aquele momento, esperando-a para partirem. E assim, plenas de esperanças, estavam preparadas para enfrentar as lutas futuras.

***

Desde o encontro com Jesus, Tarquinius não conseguia esquecer Sua face e Suas palavras, que pareciam ecoar em sua consciência. Após o julgamento do Nazareno, visivelmente sua feição apresentou cansaço e insatisfação pela conduta dos patrícios. Repudiava os misticismos grosseiros, a fé ignorante e, sobretudo, o egoísmo ideológico da sociedade decadente.

Certa noite, na biblioteca da residência de Marcellus, os homens conversavam trivialidades, alheios à ausência de Helena, Raquel e Ester.

— Os conflitos religiosos começam a crescer por aqui — disse Tarquinius. — As ideias do Nazareno não foram esquecidas e agora são alvo de controvérsias.

— Esta terra é cheia de misticismo e esse povo está disposto a defender seus interesses, sejam eles quais forem, por meio da força; pouco vemos uma ação alicerçada na razão.

— O bom senso me diz que é melhor para todos nós que ninguém de nossa família se envolva com esses fanáticos. Melhor não nos expormos. Não podemos esquecer que muitos querem que nos ausentemos daqui e tudo farão para isso.

Nesse momento, Sara, que os espreitava, aproveitou a oportunidade e entrou. Ela, que era mantida sob domínio total de Versus, acatava condescendente suas instruções. Orientada pelo homem ganancioso, semeou a discórdia mais uma vez:

— Perdoem-me interrompê-los, mas como uma serva dedicada aos seus ofícios, não me é direito ocultar-lhes a verdade.

— O que quer insinuar? — disse Marcellus, vendo a maldade em seus olhos.

— Diariamente, na casa de um homem chamado Pedro, reúnem-se os tais seguidores do “Caminho”. Alguns informantes de minha inteira confiança disseram que todas as noites três mulheres são vistas saindo daqui e seguindo para lá. Confesso o susto que experimentei ao saber que se tratava da senhora Helena, de Raquel e Ester. Elas se converteram e seguem acompanhadas por seu filho. Acredito que Ester tenha sido a responsável por isso — dissimulando, prosseguiu. — Possui aqui convertidos, que se esqueceram das tradições e de nossos deuses.

— Como tem certeza disso? — perguntou Tarquinius.

— Para que não percebessem, eu mesma fiquei à espreita, observando-os saírem escondidos — com a feição de mórbida satisfação, prosseguiu: — Para que acreditem no que digo basta perguntar-se: Onde eles estão neste momento?

Com um sorriso sarcástico nos lábios saiu, deixando nos corações daqueles homens pesadas dúvidas e angústias.

Tarquinius não escondia a insatisfação após o que ouviu. Sentindo-se afrontado e desafiado em seu poder pelas mulheres que o cercavam, lutava contra os sentimentos de ódio e de um sublime amor que ardia em seu peito. Para manter o controle da situação estava disposto a aplicar a rigidez disciplinar, mesmo que para isso fosse necessário utilizar a força.

A notícia da conversão de sua esposa era a definitiva confirmação da distância que havia se firmado entre ambos. Após a sofrida separação imposta por ele, Helena havia modificado o rumo de seus sentimentos. Com seu coração misericordioso acolhia o esposo, não como uma esposa, mas como uma mãe caridosa, que tudo aceita de um filho temporariamente perdido.

Os patrícios permaneceram juntos aguardando o retorno delas. Combinavam, silenciosamente, uma maneira de reprimir aquela manifestação de fé — fé essa que jamais teria um fim.

***

Horas mais tarde, já noite alta, as mulheres entravam, como de hábito, pelos portões do fundo, quando foram interpeladas por Tarquinius, que envolvido pelo manto do orgulho, não escondia sua fúria.

As suas feições cândidas ofereciam morada ao visível pavor diante do intocável homem, que cego pelas leis que acreditava e por sentimentos de incompreensão, segurou violentamente Ester pelo braço e feriu-a com sua força. Arrastou-a até a sala mais próxima, mas antes, colocou os serviçais a postos para assistirem à impiedosa sentença.

Marcellus, sempre ao lado do amigo, tentava acalmá-lo, porém, sem sucesso. A jovem foi empurrada sobre os jarros de flores, caiu e levantou-se em seguida, com dificuldade. Com uma resignação que feria a quem assistisse à cena, ouviu as duras palavras:

— Insolente! Desde que aqui chegou, onde quer que eu vá, vejo sua sombra por sobre os meus ombros. Deveria ter morrido junto daquele velho no comércio de óleo. Acredita desafiar-me, influenciando todos dessa morada com a fé em seu Deus? Está enganada e jamais admitirei que uma desprezível serva ouse me afrontar — com visível nervosismo, continuou. — Não poderia esperar prudência de mulheres que se envolvem com alucinados, que abraçam a seita do Nazareno pela necessidade egoísta de aliviarem seus sofrimentos.

— Meu amigo, acalme-se! O momento exige lucidez — disse Marcellus, tentando serenar a difícil situação. — Ao certo está preocupado com o bem-estar delas.

— Não me importo com elas nem com o Deus a quem servem. Preocupo-me com nossa posição diante do Império. Também é um homem público e conhece as dificuldades que enfrentamos em razão de severos problemas políticos. Não permitirei que conceitos religiosos, baseados em fanatismo ou misticismo, tragam mais infortúnios ou nos exponham aos inimigos.

— Tenho consciência do que diz e da gravidade do momento, mas aja com razão e não com fúria.

— Não confio em ninguém nesta região. Estamos diante de homens impiedosos e não sabemos do que são capazes. Não permitirei que nossos nomes sejam manchados por essas infames inconsequentes — secando o suor da fronte sentenciou. — Não punirei as três, mas somente esta escrava, para que todos aprendam a seguir as ordens que regem este solar.

— Não faça isso! É um homem bom e justo. Sei que pretende discipliná-las, mas saiba que não será com violência que conseguirá.

— Nada me fará parar. Tenho que restabelecer a ordem. Ela aprenderá a cumprir as leis com o peso da força. Chame Artanhus e ordene que traga o açoite.

Raquel e Helena, em total desespero, tentando inutilmente proteger Ester, correram para abraçá-la. Ela se manteve em silêncio, deixando seus grandes olhos brilharem. Os gritos de Tarquinius ecoaram severos:

— Tirem-nas de perto dela!

Duas servas antigas seguraram as mulheres com carinho, obedecendo àquelas severas ordens. Artanhus logo surgiu no recinto segurando um chicote de domesticar cavalos:

— Chamou, senhor?

— Sim! Quero que açoite esta escrava até que eu o mande parar. Quem sabe não será até a morte.

Marcus Aurelius percebendo a delicadeza daquele cenário hostil e com o coração repleto de amargura, devido à sua limitação diante do momento, sentiu as forças faltarem em seus braços. Buscava na figura do pai um gesto de incentivo para livrar a jovem das mãos do carrasco. Marcellus, por sua vez, o segurou e pediu que acatasse as ordens sem interferir. Reconhecidamente, o rosto do rapaz não escondeu o desprezo ao pai e a Tarquinius, pois presenciaria o sofrimento da amada sem nada poder fazer.

Ester, resignada, levantou os olhos para Artanhus, percebendo que ele sentia piedade:

— Não tema! Cumpra a sua missão em nome de Deus, nosso Pai, assim como eu também cumpro a minha.

A primeira chibatada ela suportou firme, em pé, com os olhos fixos em Tarquinius. Várias se seguiram até que o nobre asseverou:

— Por que não cede? Aumente a força, quero ver se aguentará esse suplício em pé!

Com o aumento da força, a jovem foi dobrando os joelhos. Sua túnica alva foi sendo tingida pelo vermelho de seu sangue, até que ela caiu desacordada. O patrício não permitiu que Artanhus parasse. Até mesmo Marcellus, surpreso com a atitude, desconhecia a fúria do amigo.

Raquel chorava em desespero, pois muitos já haviam morrido pela força do açoite. Marcus Aurelius olhava para o pai, estagnado, esperando uma atitude em favor da jovem, sem nada poder fazer para conter aquela ira voluntariosa. Helena envolvida por uma coragem serena dirigiu-se ao esposo e ajoelhando-se diante dele, implorou:

— Por misericórdia, pare com esta demonstração de horror! Rogo ao coração nobre que um dia conheci.

Após a sentença que a ela foi atribuída, era a primeira vez que ouvia a voz da esposa a ele dirigida. Como se as notas por ela emitidas trouxessem paz ao seu coração atormentado e, envolvido pelo calor do carinho de seu olhar, ordenou aturdido:

— Basta! Foi suficiente.

Helena continuou olhando para ele que, sentindo-se incomodado, retirou-se para o jardim em busca de ar fresco. Raquel correu em direção à irmã, pedindo a Marcus Aurelius que a ajudasse.

— Vamos levá-la daqui. A inocente está quase morta!

Artanhus olhando fixamente para as suas mãos saiu do salão, carregando no peito a dor por ter cumprido aquela tarefa.

Marcus Aurelius, enquanto corria para auxiliar Raquel, olhou profundamente para o pai e disse:

— O que assisti hoje aqui fez com que despertasse dentro de mim repúdio às leis de Roma, aos seus senhores e aos fanáticos religiosos, que utilizam a fé alheia para alcançarem seus desejos particulares. Decepcionou-me, meu pai! Juro que, um dia, farei a "Grande Mãe" curvar-se diante do nome Jesus de Nazaré, mesmo que isso me custe a própria existência; não me importa quando isso acontecerá ou quais meios utilizarei para chegar a esse objetivo, mas viverei por essa causa.

Marcellus olhando para o filho, percebeu o amor do rapaz por Ester. As palavras calaram profundamente em seu coração, quando o silêncio foi interrompido pela voz agoniada de Raquel:

— Se tem um coração batendo em seu peito, auxilie-me para que eu possa salvar minha mais que irmã, minha filhinha do coração.

Em atendimento ao pedido, acompanhou o filho, que levava a jovem em seus braços, até o pequeno aposento frio. Analisando o ambiente admirou-se com a resignação das servas que, mesmo vivendo uma vida privada de conforto e liberdade, não reclamavam nem lamentavam suas condições.

— Meu amigo, mande chamar Fabricius — disse Helena. — Um dia perdi minha filha e não gostaria de perdê-la novamente. Ela está sangrando demais. Se apresse, senão ela morrerá.

Marcellus, apesar de não compreender aquela afirmação, atendeu ao pedido. Algum tempo depois, Fabricius examinava a jovem:

— Ela perdeu muito sangue, por isso permanece desacordada. Por agora, nada posso fazer senão aguardar que ela consiga encontrar forças em sua juventude para recuperar-se do suplício.

Raquel, chorando, aproximou-se do leito e começou a orar com fervor. Helena sentindo o coração fraquejar procedeu da mesma forma.

Marcus Aurelius, observando a atitude de ambas, manteve-se introspectivo, segurando a mão frágil da amada inocente.

Enquanto aquele ambiente físico era envolvido pela força da esperança e por uma luz especial, no invisível, Ester, livre dos suplícios de seu corpo ferido, com abundantes lágrimas, observava as demonstrações de amor de seus amigos. Acomodada em um assento confortável, via o jardim próximo, que exalava um perfume jamais sentido por ela. Melodias serenas eram ouvidas, enchendo o ar de harmonia e paz. Nesse cenário purificado, caminhando em sua direção surgiu Apolonius, em meio a uma luz azulada, brilhante. Com carinho, beijou sua fronte e aconchegou-a ao peito:

— Minha filha, por que chora? É importante confiar nos desígnios de Deus e não desistir de lutar. Mesmo que o amor a faça sofrer, não se detenha pelas amarguras passadas e não se entregue ao desânimo. Tenha consciência de que a luta em nome de Jesus apenas se inicia. Jamais esqueça que o próprio Cristo disse que estaria entre os corações que estivessem a serviço da regeneração da humanidade. Se tem fé no Mestre, levante-se e, por Ele, espere a trajetória lenta daqueles que iniciam o processo de libertação da mente, para serem seguidores de Jesus.

— Perdoe-me a fraqueza diante da luta. Sinto-me sem forças para persistir no amor que me une a essa família, em especial ao coração de Tarquinius. Apesar de não compreender a grandiosidade desse sublime sentimento, sei que fazem parte de mim, mas algo não permite que relembre quem são ou qual a importância deles em minha vida.

— Minha querida, atrás desses rostos aparentemente desconhecidos e implacáveis habitam grandes amores de nossas existências. Não importa sabermos quem foram; importante é o amor que perdura além das fronteiras da morte, e confirma que sempre estaremos unidos àqueles que compartilharam as estradas de nossos corações.

— Por misericórdia, ensine-me a continuar, a renovar a minha fé e, sobretudo, não permitir que a dor de agora seja eterna companheira de meus dias.

— Confie na força que emana de Deus sobre todos os seus filhos e jamais espere evoluir com facilidade. As estradas humanas não perdem o passado e, mesmo que a amargura ulcere a alma, é necessário resistir para encontrar a vitória nos braços invisíveis do Criador.

Apolonius continuou:

— Perdoe com o coração tranquilo, esquecendo as desventuras do peso das leis de Tarquinius. Contemple-o com ternura, sem deitar sobre ele a sentença do esquecimento cruel. Por Jesus, um dia, ele haverá de despertar e, se todos nós estivermos ao seu lado, encontraremos a certeza de havermos cumprido as leis do Altíssimo. Ame-o com o coração de filha, pois a insanidade é o início da transformação, e toda transformação é dolorosa. Para que compreenda a tarefa de cada um basta que cumpra, sem reclamar, as lições trazidas pelo Mestre e, com Ele, executar a tarefa a que foi designada. Confie em Jesus, caminho seguro que regenerará nossos amores, ainda distantes da verdade celestial.

A jovem emocionada recebia aquele acalanto com respeito e silêncio meditativo. Expandindo-se em luz, Apolonius segurou suas mãos frágeis:

— Quando despertar, não será permitida a lembrança desse encontro. Levará somente a impressão de minha presença. Agora, abra o seu coração e escute as preces daquelas criaturas que necessitam de sua presença e rogam por seu restabelecimento, em especial, a prece daquela que é sua mãe temporariamente.

Nesse instante, os pensamentos de Helena fizeram-se claros aos seus ouvidos:

— Deus de infinito amor, um dia, em virtude do egoísmo, fui separada de minha filha. Dentro de meu coração mantive viva a esperança de que um dia ela voltaria aos meus braços, por isso dediquei-me a essa espera. Com esta jovem encontrei a força de uma fé verdadeira e, em Jesus, consegui encontrar coragem para seguir. Em silêncio, trago comigo a certeza de que reencontrei aquela que o destino tirou de mim com uma suposta morte.

Para não perdê-la mais uma vez, deixo minha vida em Suas mãos para vê-la voltar à luz. Perdoe minhas fragilidades de mãe e a temporária insanidade de Tarquinius. Hoje não carrego o sentimento de esposa amorosa do passado, mas sim, de uma mãe que o reconhece como um filho que retornou aos seus braços e, que muito necessita de paciência e amor para poder descobrir o real sentido de sua vida aqui na Terra.

A criança que não embalamos hoje é esta jovem moribunda, que iniciou com seu carinho a transformação de todos nós. É por ela que suplico que deite Sua misericórdia sobre seu sofrimento, para que possamos ver cumpridos os Seus desígnios e contribuirmos com a luz da boa-nova, ensinada por Jesus. Se for de Sua vontade que ela silencie, respeitarei e acatarei. Para isso, peço que me ensine a recomeçar.

Ester não conteve as lágrimas. A emoção daquelas palavras deu-lhe forças. Apolonius, então, beijou suas mãos:

— Agora, retome a vida e as responsabilidades que a aguardam, pois eles a esperam e sua tarefa ainda não está concluída!

Em um clima de paz, lentamente o velho grego perdeu-se na luz, deixando Ester sob os cuidados daqueles corações esperançosos.

Já noite alta, repentinamente, Ester moveu a mão direita com dificuldade, tocando Helena que, com extrema felicidade, disse:

— Que Jesus seja para sempre louvado! Nossas preces foram atendidas.

Raquel umedecia os lábios da irmã, enquanto Marcus Aurelius foi chamar Fabricius para verificar o estado da jovem:

— Sua coragem e a fé que demonstra a curaram. Jamais presenciei em um enfermo tamanha vontade de continuar.

O ambiente era envolvido pela felicidade. A jovem, com ânimo, pediu às mulheres que se aproximassem:

— Agradeço a Deus por tê-las comigo, assim como as preces em meu favor. Que Jesus nos fortaleça para que façamos cumprir as Suas leis sem desânimo.

Nesse momento, Helena, com carinho, curvou-se e beijou sua fronte. Ambas trocaram olhares como confidências silenciosas. Raquel acomodando-a, ouviu suas palavras cansadas:

— Sonhei com nosso pai. Ele pediu para que eu retornasse e cumprisse minha tarefa. Trago dentro de meu coração somente o perfume de sua presença. Ao certo, foi o remédio de que necessitava para ter coragem de continuar.

Marcus Aurelius não escondia sua felicidade vendo Ester despertar. Porém, enquanto ouvia aquelas palavras, o jovem levantou-se confuso e incomodado, saindo sem dizer nada. A serva percebendo o seu desconforto perguntou:

— O que aconteceu com Marcus Aurelius?

— Minha querida, não sei — disse Raquel. — Ao certo, o acontecimento de hoje tocou sua alma. Agora repouse, para que possa ter um rápido restabelecimento.

Os primeiros raios do sol anunciavam mais um dia. Unidos pelos vínculos verdadeiros de amizade e amor, esses filhos de Deus aguardariam o amanhã para saber quais seriam as novas linhas de suas existências.

***

Três dias se passaram após as tristes ocorrências. Ester lutando contra os ferimentos do corpo e parcialmente recuperada, não se importando com seu estado, retomou seus trabalhos sem reclamações ou comentários.

Naquela manhã o sol nascia forte. Marcus Aurelius treinava para uma corrida, quando avistou a serva que, com dificuldade passeava no jardim, colhendo algumas flores. Descendo de seu cavalo, ficou paralisado diante da força que iluminava a face da jovem. Ela, ao vê-lo, caminhou em sua direção, e ele tentou fugir. A jovem aproximou-se e disse com ternura:

— Meu amigo, por que foge de mim?

Ao perceber que suas mãos estavam feridas pelas rédeas do cavalo, não hesitou, retirou o lenço que trazia e improvisou um rápido curativo. Mostrando grande constrangimento, o jovem desabafou:

— Como pode querer ainda curar as mãos de um covarde, que nada fez com aqueles que quase tiraram sua vida? Abandonei-a quando mais precisava de mim.

— Jesus caminhou só para o Calvário! Nos últimos instantes, olhou para todos nós, pedindo para que Deus tivesse compaixão, porque não sabíamos o que estávamos fazendo. Ora, estamos unidos para concluirmos a tarefa da vida que Deus nos designou, cada um em seu compromisso, modificando-nos, para um dia poder experimentar a glória da vida eterna. Não se detenha nas amarguras passadas. O que importa é que estou viva, pois as mesmas mãos que machucam, podem também acariciar e expressar a beleza de um grande amor.

Com os olhos úmidos, o jovem segurou as mãos de Ester e beijou-as:

— Tem o coração puro. Trago por você um afeto misterioso e, se Jesus é misericordioso, espero que Ele possa olhar também por mim. Quando a açoitavam, percebi o quanto a minha ignorância feria alguém inocente, que nunca tentou modificar minha alma, mas que simplesmente quis me mostrar um Deus justo e nobre. Agora estou pronto; meu rude coração quer conhecer o seu Deus. Você é virtuosa, e nenhuma mulher possui o seu brilho. Foi esse brilho que me fez despertar para a verdade de um amor puro que jamais acreditei sentir por alguém.

— Como não podemos ir à casa de Bartolomeu, todas as noites nos reunimos em oração — eu, Raquel e Helena. Aguardaremos sua presença com muito carinho. Mesmo que esse amor que floresce em nossos corações não dê frutos, saiba que fomos abençoados na eternidade, e isso basta.

Agradecido e com a alma refeita, Marcus Aurelius seguiu para continuar a sua lida. Ester dirigiu-se à biblioteca para repor a água que era consumida pelos patrícios e aproveitou para enfeitar o ambiente com as flores que acabara de colher, sem perceber que Tarquinius a observava. Nem o açoite nem as agressões foram capazes de apagar a luz de sua beleza. De pronto, ele aproximou-se e dirigiu-se a ela:

— O que faz aqui?

Assustada, ela estremeceu, porém, apesar de não demonstrar medo, deixou cair a ânfora de sua mão:

— Senhor, vim trazer sua água. Perdoe-me se incomodo. Limparei esses cacos e já sairei.

— Em troca de seu martírio me oferece água?

Nesse momento, Marcellus entrou. A jovem mantinha-se em silêncio, quando Tarquinius segurou seu braço e insistiu:

— Por que demonstra bondade se é cativa? Seu Jesus foi a misericórdia viva, e recebeu a cruz em troca de amor ao próximo.

— Ninguém vive em cativeiro eternamente. Somos escravos de nossos pensamentos e de nossos corações. Acreditamos em disciplinas criadas pelos homens e esquecemos que maior é a força da luz que vem de Deus. Essa luz nasceu com Jesus e a cruz não foi capaz de tirar o brilho de Suas leis de amor. Um dia, a humanidade conhecerá a verdade e se curvará; perceberá que não se paga uma maldade com outra, mas com bondade e resignação. A ignorância nos transforma em cativos de nós mesmos e a chave da libertação desse cárcere chama-se Jesus.

Aquelas palavras, banhadas de lucidez e alicerçadas na razão, calaram os patrícios. Marcellus, que a tudo assistia, tentando evitar um confronto, aproximou-se do amigo, que continuava segurando firme o braço da jovem:

— Basta! Deixe-a seguir. Ela já aprendeu a lição.

A jovem, sem ousar pronunciar uma palavra, recolhendo o restante da ânfora, saiu lançando sobre eles um cândido olhar que os incomodou.

— Meu amigo, o que esta terra tem feito com você? — disse Marcellus — Quase não o reconheço. Sempre foi um homem pacífico e agora, diante dessa serva, está agindo como um carrasco. Perdoe-me, mas ao ouvir as ideias de

Ester expressas com tamanha lucidez, ouso dizer que ela parece demais com você quando defende uma causa.

Tarquinius, buscando um assento, levou a mão à fronte, tentando aliviar a tensão momentânea:

— Estou surpreso comigo mesmo. Não sei quais as algemas que me prendem aqui. Tentei várias vezes sair deste lugar, porém não tive sucesso. Roma não permite minha transferência. Os anos passaram e, em razão de minhas atitudes, confesso que não reconheço mais a mulher que amei e até mesmo a vida que tenho agora.

— Não acredita que chegou o momento de reconciliar-se com sua esposa? Foi muito duro com ela e, até hoje, não sabemos exatamente o motivo da morte de sua filha. Em várias ocasiões cheguei a concordar com Helena e acreditei que Cassia estivesse viva.

— Minha filha! Meu grande amor! Não saberei explicar, mas os sentimentos não são matérias definidas e compreendidas pelos caminhos da razão, todavia, há algo em mim que faz com que eu acredite que, de alguma maneira, já experimentei essa perda em algum instante da minha existência, e isso me arrebatou o ser. Essa separação me sentenciou ao desespero vivo. Afirmo: ela está viva em mim e é essa bênção que me mantém em pé. Sei que agora é tarde, aguardo a sentença final para minha vida. Recordo-me que Lucinius disse que eu não deveria perder a esperança. Não sei mais o que é isso. Estou atordoado e exausto por lutar contra tanta tirania, corrupção e egoísmo.

— Compreendo o seu desespero, pois também me sinto assim. Todavia, não devemos desanimar, creia: nossa batalha não foi em vão — alterando o rumo da conversa, perguntou:

— Por que tamanha hostilidade com essa serva?

— Ela, inexplicavelmente, me faz recordar Jesus. Aquelas palavras, por Ele proferidas no dia em que estivemos em Sua presença, ainda ecoam em meus pensamentos e isso me perturba. Observemos o exemplo desse homem: Sua resignação diante de Seus perseguidores, Seu sofrimento silencioso, sem acusações ou lamentos, e Sua capacidade de aceitar, com compaixão e piedade, uma sentença injusta. Essa complacência e a forma de receber o martírio, sem reclamações, é uma característica entre Seus seguidores.

— Em razão de divergências e intolerâncias religiosas, tenho presenciado alguns horrores. Líderes religiosos sentem-se incomodados com a força que está tomando o movimento iniciado pelo Nazareno. Acreditavam que, com sua morte, Ele seria esquecido, mas os fatos estão provando o contrário. Em tão pouco tempo iniciaram-se conflitos entre eles, mas os seguidores de Jesus têm demonstrado digna coragem. Ouvi dizer que até alguns patrícios já se converteram — sorrindo, prosseguiu. — Para que não haja uma guerra, se Ele é mesmo o rei dos judeus, é hora de Se manifestar.

— Esse Jesus possuía uma força soberana. Acredito que muitas gerações escutarão Seu nome e ouso dizer que muitos césares serão esquecidos, mas Ele, jamais — respirando profundamente, prosseguiu. — Um dia desses escutei alguns homens conversando com muita discrição. Pacíficos, proferiam com tamanha fé os conceitos de Jesus, que o tema me chamou a atenção. Falavam de amor, bondade e de um reino de luz e justiça regido pelo Deus único. Confesso que ficaria horas escutando aquelas lúcidas ideias.

— Compartilho de suas opiniões. Também não consigo esquecer aquele encontro com o Nazareno. Algo dentro de mim, que não consigo explicar, diz que o que foi planejado para nossas vidas está prestes a uma grandiosa alteração de rumo.

Preocupados com a situação, mas ainda ignorando as verdades de Jesus, por mais algumas horas continuaram comentando sobre o futuro da conturbada Palestina.

Capítulo 12

Ensinamentos de amor e renúncia

Os dias seguiram com seus problemas costumeiros. Porém, agora Tarquinius e Marcellus contavam com o apoio fiel e incontestável de um romano chamado Plinius Pompilius.

Há aproximadamente dez anos, em Roma, o patrício rebelou-se contra a corrupção no Senado. Sua atitude afrontou alguns homens corrompidos pelo poder e riqueza, que o rechaçaram por não aceitar certas convenções imorais.

Tarquinius, seu amigo, ao saber dos fatos que o acercavam, intercedeu a seu favor, solicitando ao imperador que ele fosse para Jerusalém. Para tanto, alegou que o amigo seria útil, pois o auxiliaria nos ofícios públicos. Como a vida não lhes concedeu filhos e, sem ter vínculos que os prendessem na cidade imperial, Plinius e sua esposa Sabina seguiram para a Palestina.

A hostilidade dos inimigos dos nobres romanos voltou-se, também, contra Plinius, porém, juntos lutavam incansavelmente para combater a corrupção e a ganância.

Um dia, ao entardecer, Tarquinius mantinha-se envolvido em suas tarefas, quando Marcellus, visivelmente preocupado e acompanhado por Plinius, rompeu as dependências de sua residência à procura do amigo, indo encontrá-lo na biblioteca:

— Meu caro, fui notificado que, muito em breve, nossos exércitos farão grandes e audaciosas ofensivas militares e, consequentemente, conquistarão grande riqueza, resultado das pilhagens dessas missões. As embarcações responsáveis pelo transporte desse tesouro passarão por estes portos.

— Também recebi uma carta relatando o assunto e convocando-nos para acompanharmos essa operação — disse Tarquinius, mostrando-lhe a nota.

— O Império decidiu encaminhar, em missão temporária, o general Pompeu Julianus para acompanhar e controlar essa operação com o nosso auxílio — Marcellus, nervoso, prosseguiu. — Fui surpreendido com a notícia de que ele já está em Jerusalém para assegurar-se de que tudo sairá conforme a vontade de Roma, e amanhã assumirá a função.

— Infelizmente, a situação em que nos encontramos é delicada — disse Plinius. — Por meios que desconhecemos essa informação chegou ao domínio de alguns. Ouso afirmar que Versus deve estar entre eles. Sabe bem que, quando o assunto é dinheiro, os lobos famintos despertam.

— Concordo com você no que se refere a ele — complementou Marcellus. — Soube que, buscando fortalecer-se, envolveu-se até com o Sinédrio. Espera, com o auxílio desses novos aliados, reforçar sua influência e, sobretudo, manter seus negócios escusos. Além do mais, ele possui acesso a algumas questões portuárias, como o controle das rotas comerciais, o que poderá nos trazer grandes infortúnios.

— Representamos grande obstáculo para nossos oponentes — ponderou Tarquinius, levando a mão ao queixo. — Eles farão o possível para nos tirar de seus caminhos. Devemos ficar alertas. Não podemos contestar a vontade do imperador. Se ele acreditou ser mais seguro trazer o general para cá, nos cabe auxiliá-lo no que for necessário. Além do mais, já vivenciamos tantos combates. Esse será apenas mais um.

— Não subestime o momento — interveio Marcellus. — Conheço Pompeu, servimos juntos em várias ocasiões e posso afirmar que ele é um militar íntegro. Fiquei admirado ao saber que ele foi o escolhido para essa tarefa, pois é um dos melhores homens na liderança dos exércitos nos campos de batalha. A ele foram atribuídas muitas homenagens pelas conquistas expansionistas das fronteiras do norte do nosso Império.

— Não compreendo o motivo de sua inquietação. Fico mais confiante ao saber que ele é honrado.

— A segurança dessa operação foi a nós confiada, mas o sigilo foi rompido. Portanto, acredito que para o nosso bem, devemos omitir a verdade sobre esse assunto. Temo que esse fato nos traga uma sofrida desonra.

— Também receio uma exposição moral — afirmou Plinius.

— Em nossa vida pública jamais utilizamos meios ilegais para honrar nossas missões. Continuaremos defendendo nossas convicções, alicerçados na verdade, sem mentiras ou omissões, mesmo que a força das sombras objetive macular nossa razão. Nossa obrigação é lutar contra as trevas, pois, senão, seremos iguais àqueles que tanto repudiamos.

O silêncio invadia o ambiente. Após ouvir aquelas palavras, Marcellus sorrindo, disse:

— Como fui tolo em querer desviar-nos por temor. Perdoe-me a fraqueza momentânea. Tem razão, agiremos de acordo com a lei da verdade.

Permaneciam detalhando as estratégias para o êxito da difícil tarefa, sem subestimar a força de seus inimigos. Como soldados solitários, estavam dispostos a enfrentar, com coragem, o desafiador amanhã — talvez impiedoso e sofrível.

***

No dia seguinte, aos primeiros raios do sol, os patrícios seguiram para Antônia.

Ao chegarem, encontraram o general assistindo ao treinamento dos centuriões romanos. Ao ver Marcellus, aproximou-se com visível contentamento:

— Que os deuses o saúdem! Há quanto tempo não nos encontramos! Sempre foi para mim uma honra servir ao seu lado.

— Creia, o mesmo digo de você. Grande foi o tempo em que estivemos juntos nos campos de batalha! Quero que conheça Tarquinius Lidius Varro e Plinius Pompilius.

Após as saudações, encaminharam-se para um salão reservado. O general observou:

— Nobres senhores, foram bem recomendados para me apoiarem nessa difícil tarefa militar, especialmente Tarquinius. Como estou aqui de passagem, precisarei de muito auxílio.

— Esperamos poder honrar esse compromisso — interveio Tarquinius. — O imperador, temendo que haja desvios na rota das embarcações, solicitou reforços para garantir que elas chegarão intactas ao seu destino, pois são muito importantes para Roma. Faremos tudo para assegurarmos isso.

— Estou aqui para garantir que a missão não incorra em falhas, por isso solicitei que fosse mantida em sigilo.

— Infelizmente, — disse Plinius — detalhes dessa manobra já não são mais sigilosos.

— O que diz?

— Por meios, ainda desconhecidos, alguns patrícios descobriram o valor dessa operação.

— Tenho ordens expressas para punir severamente aqueles que articularem contra a vontade do imperador. Delatarei, sem piedade, quem quer que seja.

— Terá o nosso irrestrito apoio. Estaremos atentos a possíveis atos desprezíveis — concluiu Tarquinius.

Entre reminiscências e fatos presentes, os patrícios permaneceram por mais algumas horas, organizando os planos para um destino incerto, que poderia trazer-lhe grandes surpresas.

***

Enquanto os patrícios dedicavam-se à difícil tarefa, visando cumprir com êxito suas obrigações, Versus agia como um incansável guerreiro, lutando por uma causa pessoal. Sem escrúpulos e por meio de atos impiedosos, conquistava uma posição de influência e conseguia manipular a tudo e a todos.

Pela utilização de meios ilícitos, conheceu os detalhes da operação militar e não perdeu tempo para planejar uma investida e beneficiar-se com aquela situação.

Para atingir seus objetivos, uniu-se a homens de caráter semelhante ao seu e articulou plano, com a intenção de desviar a rota em determinada data, a fim de roubar a riqueza transportada.

Sabia que não poderia contar com o apoio de seu filho Corvino, pois ele havia se entregado à vida mundana do Império, estando, na maior parte do tempo, bêbado ou envolvido com mulheres desmoralizadas por uma sociedade enfermiça.

Tarquinius, Marcellus e Plinius ainda representavam para ele grande obstáculo, pois tinha consciência de que com eles naquela região suas ações eram limitadas e seus planos poderiam fracassar.

Iniciou, então, impiedosa empreitada contra os patrícios, visando desmoralizá-los e retirá-los definitivamente do cenário político.

Para colocar em prática parte de seu plano, convocou Sara:

— Esperei todos esses anos por um bom e grande negócio e agora sei que ele está muito próximo de mim. Aos poucos conquisto tudo que quero, mas aqueles dois impedem minhas ações. Por isso, começarei por Tarquinius. Chegou o momento de livrar-me deles. Para isso chamei você aqui.

— O que quer que eu faça?

— Levará este veneno e o colocará no vinho de Tarquinius. Não costumo atuar contra meus oponentes de forma tão direta. Sempre acreditei que para ferirmos, de fato, nossos inimigos, devemos atingi-los por meio de seus amados. Isso faz com que se curvem, sem resistência, fazendo-nos vencedores. Todavia, com eles isso não funciona, pois tenho que agir com muita rapidez.

— E se algo sair errado?

— Sem nenhuma misericórdia, agirei contra todos que estiverem vinculados a ele, como venho fazendo até então.

— Sabe bem que farei tudo que puder.

— Fará tudo para que nada saia de nosso controle, senão sofrerá as devidas penalidades — disse com severidade e, entre falsas juras de amor, prosseguiu. — Quando conseguir livrar-me dele, darei a você liberdade e ficará ao meu lado. Para que isso aconteça, necessito de seu auxílio.

Acreditando nas promessas de um amor inexistente, a serva saiu encantada, sonhando com uma nova vida e levando consigo o veneno e as orientações recebidas. Sua ignorância impedia sua razão de enxergar que estava sendo manipulada pelas mãos impiedosas de Versus.

***

Naquela mesma noite, após o jantar, Sara preparou o vinho e colocou o veneno na bebida que seria servida a Tarquinius.

Ele e Marcellus estavam no salão principal, em uma trivial conversação, quando Helena, excepcionalmente e sem um motivo aparente, entrou.

Nesse ínterim, Sara trazendo a bandeja bem ornamentada dirigiu-se para servir os homens, quando foi interrompida, subitamente, por Marcellus que, despretensiosamente, olhou para Helena e disse:

— Minha querida, há quanto tempo não dividimos um bom vinho. Venha beber conosco.

— Acredito que não seja oportuno, vim aqui somente para buscar um pertence meu, sem importância; já estou de saída.

— Ora, vamos! Sei que meu amigo não recusará um pedido meu. Desfrute um instante conosco.

Mesmo contrariado, Tarquinius permaneceu implacável em seu orgulho, ignorando e desprezando a presença da esposa. Sem nada dizer, respondeu positivamente ao amigo, num simples gesto com a mão.

Helena, com timidez, dificuldade e totalmente embaraçada, não ousou contradizer o gesto do esposo; aceitou e acomodou-se em um assento próximo aos homens.

Sara aproximou-se para servi-los, e Marcellus ordenou que Helena fosse servida primeiro. A nobre mulher, alheia aos objetivos da serva, pegou, sem querer, o cálice de vinho destinado ao esposo.

A serva com aparente nervosismo e percebendo que nada poderia fazer para reverter a delicada situação, tentou manter-se calma e, disfarçando, serviu os demais cálices aos presentes.

Uma hora depois que a inocente Helena ingeriu o vinho, caiu desmaiada. Marcellus rapidamente a amparou e a conduziu ao aposento, enquanto Tarquinius ordenou que o médico fosse chamado.

Sara, percebendo o erro tão comprometedor, dissimulava tentando não levantar suspeita contra si. Na sala próxima, caminhando agoniada, emitia palavras solitárias:

— Como poderia imaginar que aquela maldita tomaria a frente dele e consumiria aquele vinho? Versus me matará. Tenho que pensar em algo que me inocente diante da tragédia. Basta que eu incrimine alguém. Quem poderia ser? — após alguns instantes em silêncio, sentenciou. — Raquel... Não, porque ela é muito perspicaz; ao certo, me entregaria. Ester sim é uma tola, e facilmente poderei manipulá-la; sempre demonstrou resignação diante de tudo, tenho certeza de que ela é a pessoa certa para receber a culpa. Farei tudo para parecer que ela envenenou Helena e não saberá que fui eu que a delatei.

Enquanto prestavam socorro a Helena, Fabricius foi chamado. Todos aguardavam aflitos o diagnóstico. Aquele aposento, apesar da desolação, foi envolvido por intensa paz. Com uma triste expressão o médico afirmou:

— Senhor, sinto muito. Tudo me leva a concluir que sua esposa foi envenenada. Já conheci muitos casos com semelhantes indícios.

— Tem certeza do que diz? — perguntou Tarquinius.

— Sim! Sua saúde sempre foi frágil até o dia em que o Nazareno concedeu-lhe, como por magia, a cura. A partir daí, restabeleceu-se prontamente. Desde então não apresentou mais nenhum sintoma de doença. Sinto muito, nada posso fazer. Trata-se de uma droga poderosa. Dentro de poucas horas estará morta!

Tarquinius estava desta vez diante da morte da esposa. Retirou-se acompanhado por Marcellus. No salão principal, ele sentia uma mescla de rancor e remorso tocar sua alma. À espreita, Sara observava-os e, aproveitando-se da situação, aproximou-se dele e disse:

— Senhor, sei que esta é uma hora triste, mas não posso omitir uma verdade. Sei quem pode ter sido responsável por este ato desprezível. Quando estava preparando o vinho, escutei um estranho barulho do lado de fora e me ausentei por instantes, deixando a bandeja sobre a mesa. Ao retornar, vi Ester mexendo nela. Não teria sido ela quem colocou veneno na bebida?

Marcellus, achando a suspeita infundada, silenciou, observando a saída apressada da serva. O ambiente foi envolvido pelo peso daquela afirmação. Os dois homens permaneceram em conversação, tentando encontrar razão nas palavras proferidas, enquanto o nobre buscava abrandar o coração do amigo, que trazia claro descontentamento diante da falsa denúncia.

***

No aposento da senhora, Ester com carinho a acompanhava, pois já estava agonizando; o veneno espalhou-se rapidamente pelo corpo. Tentava confortá-la com almofadas quando, curvando-se sobre ela, deixou o seu cordão com as iniciais da família Varro aparecer. Helena, quase sem fala, abraçou a jovem e segurou o cordão com felicidade:

— Minha filha! Eu sempre soube! É minha pequena, é minha filha Cassia! Que Deus seja louvado para todo o sempre!

A jovem escutou atônita aquelas palavras. Sem que percebessem, Sara ouviu a conversa e, imediatamente, saiu para relatá-la a Versus.

Ester olhando para Helena, que também lhe mostrava a sua joia, não conseguia compreender o gesto, porém, admirou-se ao ver que ela também possuía um cordão igual ao seu. Nesse momento, Raquel, aflita, entrou no aposento:

— Minha querida, acusam você de ser a responsável pelo envenenamento. Tarquinius está à sua procura. Por Deus! Tem que fugir.

— Por que fugir se nada fiz? — respirando profundamente, continuou. — Devo enfrentar meu destino. Sei que Jesus foi inocentemente condenado à morte. Eu não devo fraquejar ou me considerar vítima da situação.

— A realidade é dura e a vida nem sempre nos coroa com paz — segurando os braços da irmã com firmeza, prosseguiu. — A vida possui suas faces e sempre traz, diante de nós, tudo e todos que deixamos retidos em nossos corações, em sentimento puro de amor. É hora de nos despedirmos. Possivelmente não nos veremos mais, porém jamais esqueça que estaremos sempre juntas. Que Deus derrame sobre nós as bênçãos de luzes celestes, para que, um dia, possamos nos reencontrar no seio do amor de Jesus — secando as lágrimas, beijou sua face e ordenou: — Não há tempo a perder. Agora siga!

A jovem chorando abraçou-a, despediu-se de Helena, que agonizava, e fugiu.

Tarquinius entrou nos aposentos da esposa e ordenou que todos se retirassem. Completamente abatido, ajoelhou-se ao lado do leito, chorando:

— Minha querida, o que a vida fez conosco? Acolheu o cativeiro que a sentenciei com paciência e resignação. Era o brilho puro de minha alma e eu o apaguei, sem o mínimo de razão. A chama de nossas esperanças foi por mim apagada, e em algum lugar perdemos nossos sonhos. Perdoe-me! No amor que calei fez nascer um sentimento de bondade tal qual mãe amorosa que sempre compreende a ingratidão de seus filhos. Todo mal que lhe proporcionei retribuiu-me com a sua vida. Perdoe meu egoísmo e minha fúria.

Helena mantinha os olhos brilhantes, porém estava ofegante e sem voz. Segurava firme o cordão que estava em seu pescoço, tentando dizer-lhe alguma palavra, mas o hálito da vida cessava e, lentamente, selava seus lábios. Com um último suspiro, calou-se.

Tarquinius, em desespero, tentava trazer-lhe a vida de volta, enquanto no invisível, a cândida imagem de Apolonius, em reluzente luz, ajoelhou-se diante de Helena. Então, segurou suas mãos, beijou-as e em seguida acolheu-a em seus braços, demonstrando profundo e sublime amor. Ambos, em completo silêncio, reconheceram-se, e recordações de distante passado abraçavam suas consciências.

Em meio à paz daquele abençoado reencontro retiraram-se do recinto acompanhados por seres alados que, entre melodias serenas, abriam caminho para que pudessem retornar às suas verdades, e, sobretudo, ao Senhor.

Enquanto isso, Tarquinius, inconsolável, chamando Marcellus, lançou novamente outra dura e irracional sentença:

— Quero que prenda aquela escrava! Custe o que custar.

As ordens foram imediatamente atendidas. Guardas, devidamente orientados, saíram rasteando todos os locais, sem piedade ou clemência.

***

Ester, atendendo ao pedido da irmã, fugiu consternada. Entre tantos pensamentos, estava Helena e a joia igual a que usava. Uma forte dor abateu seu peito, mas continuou a correr desgovernada, completamente apavorada, escondendo o rosto com o manto. De súbito, eis que surgiu à sua frente o jovem Marcus Aurelius. Interceptando-a, segurou-a pelos braços, levantou seu queixo e carinhosamente indagou:

— O que aconteceu? Aonde vai?

— A senhora foi envenenada e está agonizando, e fui acusada de ter feito isso. Então Raquel me pediu que fugisse, mas não sei para onde ir.

O jovem, pensando por instantes, sugeriu:

— Bartolomeu poderia ficar com você por uns dias, até que eu conseguisse tirá-la daqui. Assim, terei tempo suficiente para organizar nossa fuga desta região. Se bem conheço a fúria romana, teremos, pela manhã, um exército em sua busca.

Sem perder tempo, seguiram para a casa do apóstolo, com cuidado para não serem notados. Aproximando-se do lar humilde, bateram à porta.

Acompanhado da esposa, Bartolomeu atendeu a porta e, antes de proferir qualquer palavra, procurou reconhecê-los. Ester, chorando, humildemente levantou a cabeça e se fez notar. Ao ver o rosto sofrido da jovem, carinhosamente, abraçou-a:

— Minha filha, o que aconteceu? Vamos! Entrem.

Após relatarem as tristes ocorrências, o apóstolo e Ruth, emocionados, ficaram preocupados. Então, ele tentou serenar o ambiente:

— Sabemos que é inocente. Um dia Tarquinius perceberá o grande erro que está cometendo ao acusá-la injustamente — respirando profundamente, prosseguiu. — Como o Mestre nos ensinou: "Eu sou o caminho, a verdade, e a vida; ninguém vem ao Pai, senão por mim."[9] Tenhamos bom ânimo

---

9 Nota do autor espiritual (Ferdinando): João, 14:6

para aguardarmos o que o tempo nos trará com esta lição. Ao certo, muito aprenderemos, pois nenhuma mentira perdurará pela eternidade. Ficará conosco até quando o Senhor assim o quiser.

Sem perder tempo, Marcus Aurelius despediu-se dos amigos, seguindo com toda discrição para o palácio, levando com ele a tristeza por Helena e a preocupação com Ester.

***

Dois dias seguiram após o sepultamento de Helena. Atendendo às exigências de Pompeu Julianus, Marcellus o acompanhava em rápidas excursões pela região da Palestina, ausentando-se, enquanto Tarquinius, visivelmente desolado, entregava-se à impiedosa caça à jovem serva.

Versus, consciente de que suas investidas sombrias não haviam sido realizadas conforme sua vontade, continuou semeando a discórdia, visando encontrar uma maneira de obter êxito em seus planos.

Sara o informava sobre a rotina da residência dos patrícios e, detendo o conhecimento de que Ester era, na verdade, filha de Tarquinius, omitiu-o de todos, exceto de Versus.

Completamente alucinado diante daquela notícia, que poderia trazer-lhe grandes benefícios, saiu em busca de Corvino para saber se a informação era verdadeira. Encontrou-o embriagado e em total decadência. Aos gritos fez-se ouvir:

— Cão miserável! Quando eu ordenei a execução da filha daquele imprestável, você acompanhou Omar? Assistiu à morte da menina?

— O soldado encarregou-se do caso e executou-a com suas próprias mãos.

— Onde está Omar?

— Você mandou que eu providenciasse o sumiço dele. Assim o fiz.

— É um inútil!

Sem conseguir obter respostas conexas do filho, em fúria, espancou-o, deixando-o caído em via pública. Retornando, mesmo sem a certeza da informação que buscava, reuniu-se com o chefe da legião e, mostrando que poderia trazer-lhe facilidades, ofereceu boa quantia para quem encontrasse Ester e a conduzisse à execução sob acusação de assassinato.

***

Horas depois, Versus, ardiloso e audaciosamente, estudava a personalidade do general e, estrategicamente, decidiu envolvê-lo em seus planos. Sabendo que seria difícil corrompê-lo, resolveu agir de maneira prestimosa para livrar-se de qualquer suspeita que pudesse recair sobre ele.

Sem hesitação, forjou um relatório cuidadosamente redigido onde registrava e detalhava uma conspiração contra o imperador. O documento tratava do desvio da operação militar e atribuía a Tarquinius a autoria do plano.

Dias depois, encaminhou-se para encontrar Pompeu Julianus que, acostumado aos campos de batalha, acompanhava os trabalhos dos militares naquelas paragens. Ao vê-lo, imediatamente não poupou falsidade e excessos de bajulação:

— Nobre general, venho despretensiosamente à sua presença na condição de servo fiel.

— Deixe de mesuras! Quem é você?

— Sou Versus Lucius Antipas.

— Já ouvi falar de você. O que quer de mim?

— Soube que está aqui em razão de uma sigilosa missão.

— O que sabe sobre isso? — perguntou desconfiado.

— Infelizmente, nosso imperador enganou-se confiando essa tarefa a Tarquinius. Agradeço à deusa Cibele por ter interceptado este material, antes que os propósitos imperiais fossem gravemente abalados — firme em disseminar discórdia, prosseguiu. — Além do mais, não podemos ignorar que Marcellus e Plinius podem, também, ser considerados suspeitos.

De posse do documento, lendo-o rapidamente, concluiu:

— Um plano de traição! Como conseguiu isso?

— Tenho muitos amigos que também não querem que o Império seja ameaçado por infames criaturas como essas.

— Avaliarei essa informação — disse pensativo. — Depois tomarei uma decisão, pois não estamos falando de homens comuns.

— Como estou preocupado com a ordem, acredito que fará bom uso desse documento.

O general, por desconhecer o caráter de Versus, ao ter recebido aquele relatório forjado, obrigou-se a não ignorá-lo, principalmente por ocupar o cargo que ocupava.

Sem mais contendas, evitando ser exposto, o patrício partiu deixando para trás o rastro negro de sua influência.

***

Tarquinius não escondia o cansaço em virtude da exaustiva busca por Ester. A ausência de Helena e o pesado remorso também o faziam sofrer.

Naquela noite, com passos firmes, adentrou o salão da residência de Marcellus e acomodou-se em um confortável assento para um breve descanso. Digno de piedade, encobria o rosto com as mãos, tentando aliviar a tristeza que invadia sua alma.

Após alguns instantes, Raquel, com serenidade e compaixão, aproximou-se dele trazendo um cálice de vinho. Vencendo o medo, o serviu e, quando ia retirar-se, ele dirigiu-lhe inesperadas palavras:

— Não vá! Apesar de parecer um carrasco, não lhe farei mal algum. Em virtude de meus atos, já perdi muitos que amava e agora nada mais me resta. Todos os dias entrego as oferendas aos deuses de meu credo, mas eles se esqueceram de mim. — Tomando o vinho de uma só vez, continuou. — Sei que é uma convertida. Como é esse Deus em que crê?

— Senhor, creio em um Deus único, justo e generoso, que está sempre disposto a acolher aqueles que se perdem nos caminhos sinuosos da própria ignorância.

— Os seguidores de Jesus dizem que Ele prometeu que jamais abandonaria alguém que está sofrendo solitariamente. — Tarquinius, com um olhar distante, prosseguiu. — Prometeu que enquanto uma lágrima marcasse a face de um filho de seu Deus, Ele estaria presente. Seria isso verdade?

— Quem trilha os caminhos da libertação redentora poderá receber a lágrima dos infortúnios da vida, mas jamais sofrerá eternamente, porque o Senhor ofertará a luz do tempo para que levantemos, dentro de nós mesmos, as edificações de fé, e iniciemos nossa regeneração, nossa redenção.

— Minha cara, você é eloquente, entretanto ainda não compreendo tão nobre conceito. Acredite! As leis dos homens são impiedosas e a realidade é inquestionável e, por vezes, severa demais.

— Desde o primeiro dia em que o vi, quando Apolonius morreu, acreditei estar diante de um tirano. Julguei-o e o odiei. Suas palavras, porém, demonstram que há nobreza em seu coração. Portanto, não se transforme em fortaleza impiedosa. Jesus é o caminho correto para chegar ao Senhor.

— Muitas vezes, somos obrigados a experimentar a dor para reconhecermos o valor da existência. Não se engane comigo, seu julgamento foi correto; sou um tirano e agora luto contra meu pior inimigo, eu mesmo.

— Há tempo para reconsiderarmos nossas crenças, desejos e, sobretudo, a própria vida. As ocorrências em nossos destinos estão vinculadas às leis sábias que desconhecemos — pousando nele um olhar plácido, concluiu. — Mesmo que ainda não concorde com seus atos, acredite, diante de mim está um verdadeiro e respeitado filho de Deus, que é amado, apesar de permanecer tão distante da verdade celestial.

Em silêncio, ele a ouvia com atenção. Com respeito, Raquel retirou-se, deixando-o envolvido em pensamentos e recordações.

Capítulo 13

Simão Pedro e Estevão, exemplos de fé e recomeço

Enquanto os corações envolvidos nesta história buscavam força e entendimento para prosseguir, na casa de Pedro os trabalhos eram intensos e visivelmente percebidos.

Entre os enfermos que chegaram à sua humilde residência, um jovem chamava a atenção. Alguns dias após ter recebido os cuidados necessários e um carinho indescritível, já apresentava admirável melhora da doença conhecida como peste de Cefalônia. Era Jesiel, natural de Corinto, filho de um israelita chamado Jochedeb, filho de Jared, que por questões políticas foi sentenciado aos duros e impiedosos trabalhos nas galeras. Porém, em virtude de sua dedicação aos cuidados com a saúde do patrício Sergio Paulo, recebeu dele a indulgência da libertação.

Não demorou para que Pedro despertasse pelo jovem Jesiel grande afeição. Todos percebiam que o apóstolo dedicava seu tempo a lhe repassar as informações sobre o Cristo, detalhando ao novato os ensinamentos do Mestre. Nesse período, o apóstolo, carinhosamente, atribuiu-lhe o nome de Estevão[10] que, dia após dia, se dedicava a conhecer

10 Nota do autor espiritual (Ferdinando): natural de Corinto, Estevão é o nome de batismo de Jesiel, filho de Jochedeb, irmão de Abigail. Iluminado benfeitor do Cristianismo primitivo, muito auxiliou na conversão do nobre apóstolo Paulo de Tarso.

os ensinamentos de Jesus. Em virtude dessa aproximação, o desconforto dos demais apóstolos era visível e, algumas desavenças se iniciavam, cobrando de Pedro uma posição firme mediante a causa do Cristo, sem desvios do caminho.

Um dia, ao entardecer, antes de iniciar a reunião em torno dos ensinamentos de Jesus, Pedro, com um semblante cansado, sentou-se, quando João[11] aproximou-se com respeito:

— Meu amigo, a cada dia os trabalhos aqui aumentam; precisamos de ajuda.

— Sim! O trabalho em nome de Jesus é uma pescaria que parece sem fim. Dias de mares revoltos, dias de mares calmos, mas o importante é prosseguir.

— Percebo — disse João — que desde a chegada do jovem de Corinto, tem dedicado um tempo excepcional em apresentar-lhe os ensinamentos do Mestre. Muitos dizem que não está se dedicando à causa como antigamente.

— O que são as falações? — questionou Pedro. Uma noite, quando estava iniciando um breve sono, tive uma visão do Mestre. Ele dizia que em breve alguém bateria à minha porta e, como aos demais, deveria apresentar-lhe Seus ensinamentos. Nosso Mestre pediu que não perguntasse, apenas acatasse Suas palavras.

Pedro, após breve pausa, prosseguiu:

— Não tardou. Dois dias depois desse encontro, aqui chega Estevão. Minha felicidade ao deparar-me com ele foi tamanha, como um pai que reencontra um filho e tem obrigações com esse filho. Ele é ávido por saber todos os episódios do Cristo, não por curiosidade, mas como estudo e compreensão.

João, sorrindo, disse:

— Também percebi a forma surpreendente com que Estevão absorve as palavras do Mestre. Outro dia, estava

---

11 Nota da médium: Conhecido como João, o Evangelista. Pelos escritos históricos, João era o discípulo mais jovem; sua profissão era de pescador, consertava redes e trabalhava com Simão e seu irmão Tiago Maior, também discípulo de Jesus.

cuidando de um enfermo e ele, mesmo apresentando sérias dificuldades de saúde, aproximou-se me oferecendo ajuda. Meu amigo! Estou aqui de passagem e pretendo partir em breve, pois fui chamado pelo Mestre para evangelizar outras paragens. Se for de sua vontade, deixarei com ele uma cópia dos meus escritos.

— Ficarei imensamente agradecido, pois sinto que estamos diante de um bom trabalhador do Senhor — disse Pedro, com largo sorriso.

***

Algum tempo depois, os apóstolos reunidos em um salão simples, recebiam as pessoas, que tentavam se aproximar dos ensinamentos de Jesus, e que também buscavam a cura para suas feridas mais íntimas, físicas ou espirituais.

Estevão, que ainda apresentava a saúde frágil e em lento processo de recuperação, caminhou com dificuldade até o recinto. De onde estava, observava cada palavra, como quem apreciava uma bela peça harmônica de precisa afinação.

Seus olhos brilhavam diante de João, que inspirado pela chama de amor superior iniciou a palestra:

"Pedro, tomando então a palavra, disse: Eis que nós deixamos tudo e te seguimos. O que é que vamos receber? Disse-lhe Jesus: Em verdade vos digo que, quando as coisas forem renovadas e o Filho do Homem se assentar no seu trono de glória, também vós, que me seguistes, vos sentareis em doze tronos para julgar as doze tribos de Israel. E todo aquele que tiver deixado casas, ou irmãos, ou irmãs, ou pai, ou mãe, ou filhos, ou terras, por causa do meu nome, receberá muito mais e herdará a vida eterna. Muitos dos primeiros serão últimos, e muitos dos últimos, primeiros."[12]

"Porque o Reino dos Céus é semelhante a um pai de família que saiu de manhã cedo para contratar trabalhadores

---

12 Nota do autor espiritual (Ferdinando): Mateus, 19:27-30

para a sua vinha. Depois de combinar com os trabalhadores um denário por dia, mandou-os para a vinha.

"Tornando a sair pela hora terceira, viu outros que estavam na praça, desocupados, e disse-lhes: Ide, também vós para a vinha, e eu vos darei o que for justo. Eles foram. Tornando a sair pela hora sexta e pela hora nona, fez a mesma coisa. Saindo pela hora undécima, encontrou outros que lá estavam e disse-lhes: Por que ficais aí o dia inteiro desocupados? Responderam: Porque ninguém nos contratou: Disse-lhes: Ide, também vós, para a vinha. Chegada a tarde, disse o dono da vinha ao seu administrador: Chama os trabalhadores e paga-lhes o salário começando pelos últimos até os primeiros. Vindo os da hora undécima, receberam um denário cada um. E vindo os primeiros, pensaram que receberiam mais, mas receberam um denário cada um deles também. Ao receber, murmuravam contra o pai de família, dizendo: Estes últimos fizeram uma hora só e tu os igualaste a nós, que suportamos o peso do dia e o calor do sol. Ele, então, disse a um deles: Amigo, não fui injusto contigo. Não combinaste um denário? Toma o que é teu e vai. Eu quero dar a este último o mesmo que a ti. Não tenho o direito de fazer o que eu quero com o que é meu? Ou o teu olho é mau porque eu sou bom? Assim, os últimos serão primeiros, e os primeiros serão últimos."[13]

Após terminar a preleção, Pedro, incansável, foi cuidar dos diversos assistidos que lhe exigiam a atenção. Enquanto isso, Rute, percebendo que Estevão estava ávido ao trabalho, solicitou-lhe auxílio. Ele, com alegria, vencia o limite físico e, com dedicação extrema, atendia suas ordens com muito respeito.

Tempo depois, com as tarefas concluídas, Estevão dirigiu-se a Pedro:

— Meu amigo, agradeço ao Senhor por saber que o Messias esteve entre nós e permanece vivo nos corações dessa casa. Minha família foi dizimada, meu pai e irmã amada eram tudo que eu tinha na vida. Quando aqui cheguei, a

13 Nota do autor espiritual (Ferdinando): Mateus, 20:1-16

saudade e os dias nas galeras me pareceram tão distantes, e os ensinamentos do Mestre preenchem meu coração de esperança e fortalecem minha fé. Se não for um infortúnio, gostaria de permanecer nestas paragens e, apesar de nada possuir, quero oferecer meu esforço, trabalho, e minha vida se necessário for.

— Meu filho, o Senhor é conhecedor de todas as causas; com Ele, o triunfo é verdadeiro e sempre encontraremos a força necessária para prosseguir. Seu amor ao próximo foi a grande lição e, toda ajuda, para nós, é uma bênção que não podemos ignorar. É um presente indescritível que permanece aqui conosco; meu coração está feliz.

Neste ínterim, João, que ouvia aquela conversa à distância, aproximou-se. Carregando nas mãos um rolo de pergaminhos, disse:

— Amigo Estevão, em breve não estarei mais aqui, ao lado de Pedro. A cada um de nós foi dada uma missão de evangelização e seguirei meu caminho, acompanhando Maria, mãe de Jesus. Entretanto, quero presenteá-lo com isto.

João entregou-lhe os rolos. Estevão, lentamente, passou os olhos sobre os escritos e não escondeu as lágrimas que corriam por suas faces. Em um gesto humilde e espontâneo beijou as mãos de João:

— Prometo que farei tudo para ser merecedor deste presente. Dedicarei minha vida em nome de Jesus — suspirando profundamente, orou — Senhor Jesus Cristo, Mestre que não pude conhecer em vida, mas que agora habita em meu coração, hoje reconheço que é o Messias prometido. Entrego-lhe minha vida e rogo merecer Sua confiança, porque não haverá dia sem trabalho, noite sem estudo e vida sem Seus ensinamentos, pois a cada filho de Deus, que necessitar de mim, aqui estarei para seguir servindo.

A emoção daquele momento invadia o coração dos presentes e, envolvidos por uma paz superior, permaneceram em conversação planejando os dias que viriam.

Capítulo 14

Estevão e Ester, sublime encontro

Apesar das buscas persistirem, a jovem Ester mantinha-se sob a proteção de Bartolomeu.

Na casa de Simão Pedro, em um clima elevado de fé, uma brisa de esperança invadia o ambiente. O ex-pescador levantou-se humilde e, envolvido por inspiração celeste, começou a proferir o discurso da noite:

— Para que as sementes sagradas do Reino de Deus comecem a germinar é necessário sermos fiéis trabalhadores do nosso Senhor. As portas de infinitas oportunidades se abrem para os que perseveram no amor ilimitado em nome de Jesus. Continuemos amando àqueles que são filhos do egoísmo e mostremos, com o coração puro, o poder da fé. Auxiliemos com esperança as dores alheias e, com Jesus, façamos cessar a angústia e as amarguras da humanidade.

A sabedoria está em conquistarmos a paz interior para suportar os martírios sombrios a que estamos sendo submetidos. O Mestre nos prometeu que prevaleceria o Seu amor até o fim dos tempos. O importante agora é estabelecermos os laços de fé em nossos corações.

Quando os adversários surgirem fortes contra nós, diante da obra de nosso Pai, tenhamos forças para resistir. Em qualquer circunstância de nossas vidas, contemos com o apoio divino, aprendendo a testemunhar com amor e com o trabalho constante no bem, destinado aos nossos semelhantes.

Meus amigos! O Evangelho está em nossas mãos, portanto, façamos dele a expressão viva de nossas almas para o triunfo do império de luz proclamado por Jesus, e para que a harmonia floresça, seguindo firmes as advertências divinas, sem jamais desfalecermos.

Um silêncio profundo invadiu a pequena reunião. Todos se sentiram tocados por aquelas palavras. Entre a plateia, estava a figura meiga de Ester, sentada próximo a Bartolomeu e sua esposa.

Nesse momento, uma mulher entrou e ajoelhou-se aos pés do apóstolo:

— Por misericórdia! Ajude-me! Sei quem você é. É um seguidor do Nazareno, e soube que Ele um dia estendeu Suas mãos misericordiosas para uma pecadora como eu. Querem apedrejar-me. Suplico por sua ajuda.

Julgamentos perversos eram emitidos no recinto, enquanto os presentes mantinham-se imóveis diante daquela situação. Ester, presenciando a cena, humildemente retirou seu manto e cobriu as vestes dilaceradas da pobre mulher, acolhendo-a em seus braços, com respeito. Seus olhos brilhantes e vivos, tal qual uma chama viva de luz, chamaram a atenção de Estevão.

Pequena agitação foi iniciada por um agrupamento de cinco homens, que adentraram o recinto, carregando pedras, em busca da pecadora, segundo as leis do Sinédrio.

Um ancião chamado Jacob aproximou-se de Ester e lançou-a com violência ao chão. Mais uma vez, a jovem recebia, com resignação, um martírio gratuito, quando Estevão segurou o braço do homem, que alucinado e aos gritos, respondia ao seu gesto com visível agressividade:

— Eu sou a lei! Não percebe que esta mulher desonrada foi condenada por adultério e deverá ser punida com pedras? Não conhece as leis de Moisés? Veja esta jovem! — apontando para Ester — É igual a essa imprestável porque a acolhe, por isso, deve receber sentença igual. É tão impura quanto esta infame. Por que protege mulheres impuras, marcadas pelo erro e pelas trevas? Representam para nós a vergonha e o escárnio.

— Que lei é essa que não perdoa? — perguntou o jovem Estevão — Conheço Moisés, mas Jesus é a lei de amor, e através de Seu Evangelho somos libertos. Sobre os nossos pecados o Senhor lançou o perfume da justiça dos Céus e da verdade redentora, chamada Jesus. "O que sai do homem, é isso que o torna impuro. Com efeito, é de dentro do coração dos homens que saem as intenções malignas: prostituição, roubos, assassinato, adultério, ambições desmedidas, maldade, malícia, devassidão, inveja, difamação, arrogância, insensatez. Todas essas coisas más saem de dentro do homem e o tornam impuro"[14], disse o Mestre. — soltando-lhe o braço, prosseguiu com serenidade. — Você é um ancião do grande templo, portanto compreenderá o que digo.

Nosso Senhor de bondade jamais puniria alguém por atos cometidos nas estradas de uma vida em virtude da ignorância. Ele nos concede sempre a oportunidade de abraçarmos o bálsamo do Seu amor e a ventura de conhecermos Suas verdadeiras leis. Leis de amor aos que sofrem; bondade aos que se dizem senhores dissolutos de suas consciências; coragem para aqueles que buscam as verdades trazidas nos tesouros da vida, representada na luz do Cristo; sabedoria para compreendermos que seremos aprendizes em nossas existências; esperança aos que ferem porque também são feridos com as mesmas lâminas do egoísmo e da vaidade e, sobretudo, fé aos que desejam liberdade para suas mentes apegadas aos conceitos envelhecidos de doutrinas irracionais.

As palavras do jovem equilibravam o ambiente com uma paz inexplicável. Todos o escutavam em silêncio. O ancião,

---

14 Nota do autor espiritual (Ferdinando): Marcos, 7:20-23

imóvel, não conseguindo encontrar palavras para sustentar seus preceitos de fé, reiniciou as acusações infundadas:

— Estes malditos fanáticos seguidores do Nazareno. Há de chegar o momento que serão punidos por sua rebeldia e indisciplina. Você é audacioso, e um dia pagará pelo seu atrevimento. — Visivelmente incomodado, olhou para os demais homens que o acompanhavam e ordenou: — Deixemos a pecadora e sua cúmplice junto a esta casta impura e voltemos ao templo.

Após o conflito, o agrupamento se dispersou. Ruth, com dedicação, acolheu a mulher. Sem mais comentários sobre o ocorrido, guardavam em suas almas a coragem de mais um recomeçar.

***

A noite seguia tranquila. Ester sentou-se solitária na varanda da casa do pescador, contemplando a lua, que era sua momentânea companheira. Recebia a brisa mansa, que tocava seus cabelos carinhosamente, perdida em suas recordações e orações, quando uma voz serena falou-lhe:

— Posso me sentar ao seu lado? — perguntou Estevão. — Há dias, noto a sua presença entre nós e, em especial, sua dedicação aos enfermos, porém não houve oportunidade de me aproximar de você. Os acontecimentos desta noite, de alguma maneira, uniram os nossos corações. Sua atitude corajosa me surpreendeu. Você é jovem e demonstrou uma fé livre de qualquer preceito egoísta, atitude que nunca presenciei em homens feitos.

— Não sou merecedora de compartilhar um só momento ao seu lado e receber tamanha bondade. Carrego as marcas do tempo em minha juventude. As algemas do cativeiro me fazem forte para lutar e, confesso que muito me senti consolada com sua história, contada pelos lábios de nossa amada Ruth.

— O que aflige seu coração? Qual é o seu temor? A morte? — ousou perguntar, observando seu semblante meditativo.

— Não temo a morte e sinto que, em breve, ela ocorrerá. Aquele que me persegue é meu próprio pai e sei que ele, um dia, deixará que sua alma se abra para a verdade que nos toca o coração. Não reclamo de suas atitudes, porém peço ao Senhor que derrame Sua misericórdia sobre aqueles que me perseguem, pois Jesus subiu ao Calvário sem levar com Ele nenhum crime, mas a glória de ser herdeiro das dádivas celestiais.

— Há poucos dias estou aqui — disse o jovem coríntio. Também carrego uma história de sofrimentos e separações, mas minha fé e esperança triunfaram. Perdoe-me, pois desde a partida de meu pai e a separação de minha irmã, há muito não me sentia tão sereno ao lado de alguém. Com você sinto paz.

Quando estamos em missão, muitas vezes, esquecemo-nos de nós mesmos para podermos servir melhor à obra de Deus. Quem ama carrega sempre a força de seus amores na alma. A cada novo dia, uma nova luta se inicia. Uma vez chamados ao exercício da fé, não devemos suplicar facilidades. O Senhor reúne suas ovelhas em solo cativo, onde recebem o sofrimento por compromisso, ou em solo liberto, onde experimentam as lágrimas por não saberem ser livres.

Os caminhos da redenção são conferidos a todos os filhos de Deus, porém a verdade é acomodada nos corações humildes, purificados no amor e na coragem para aceitar a magnitude da vida, conforme as orientações do Evangelho.

Após breve pausa, Estevão, pensativo, continuou:

— De supremo heroísmo a cruz foi detentora, pois mesmo sabendo de suas deficiências abraçou o grande Rei. Quando nos acreditávamos preparados para receber o Messias, dizendo-nos conhecedores das leis dos profetas a Moisés, O entregamos aos tiranos, que não foram capazes de tirar a nobreza de Seu reinado de justiça, liberdade e misericórdia.

O amor imortal e a renúncia a uma causa nobre é abençoada por Jesus. Como filhos da Terra devemos esperar confiantes, porque toda transformação demanda tempo. Acreditemos no Senhor e por Ele lutemos pelo bem, sem julgamentos ou lutas infundadas. Pacientemente, a luz sagrada da fé se acenderá nos corações temporariamente escravizados, no cativeiro do próprio eu, entre sombras e desesperos. Auxiliemos para que, um dia, possam encontrar a liberdade na glória de reconhecerem-se filhos de Deus. Creia, não estamos sozinhos; eternamente levarei sua imagem e gratidão por compartilharmos estes instantes de paz.

Ester, permitindo que seus olhos reluzissem a doçura de sua inocência, beijou as mãos de Estevão, dizendo:

— Para todo o sempre levarei sua feição em meu coração. Sei que onde habita não posso entrar, porque é especial e sempre estará vivendo na morada do Senhor. De todas as recordações que levarei comigo, será a mais perfeita, pois, como por encanto, em tão breve instante me ensinou a difícil lição de recomeçar.

Emocionada com o carinho que recebia de Estevão, permitiu que uma lágrima tímida caísse sobre sua face. Ele, então, secou seu pranto, abraçou-a, e permaneceram noite adentro trocando as impressões sobre os fatos de suas vidas. Nascia, assim, um amor despretensioso, alicerçado na força da fé que sedimentava a existência de ambos.

***

Os dias seguiram agitados.

O general, perturbado com as informações que Versus deixou em suas mãos, tomou-as por verdadeiras, notificando Roma das ocorrências, e iniciou uma investida contra os patrícios.

Pompeu era um excelente soldado em campos de guerra, porém, conduzia aquele caso assemelhando-se a uma criança despreparada e precipitada.

Três soldados foram encaminhados para a residência de Plinius, com ordens de conduzi-lo a Antônia junto com a esposa Sabina, para um interrogatório.

Naquela manhã, a nobre Sabina encontrava-se no jardim e, entre as flores, confundia-se com elas, quando um servo a avisou:

— Homens procuram pela senhora e por seu esposo.

Sem perder tempo, ela seguiu para o salão principal. Ao vê-la, o responsável por aquela ação perguntou:

— Onde está Plinius Pompilius?

— Está, como habitualmente, com Tarquinius e Marcellus, cumprindo suas obrigações públicas.

O homem inquietou-se diante de sua candura; suor nervoso marcava sua fronte. Refazendo-se de inexplicável emoção, cumpriu sua missão:

— A senhora terá de nos acompanhar. Temos ordens para conduzi-los à presença do general Pompeu.

— Qual o motivo? De que somos acusados?

— Não são acusados de nada. O general quer apenas conversar.

Os servos ficaram assustados enquanto ela, serenamente, pegou seu manto e, conformada, seguiu em companhia dos soldados.

***

Versus, tomando conhecimento que Sabina estava nas dependências da sede do governo, não demorou a agir visando atingir Plinius.

Atuando friamente, como de costume, sabia que por meio de sua esposa atingiria e desequilibraria Plinius, tirando-o de seu caminho.

Encaminhou-se imediatamente a uma taberna, onde sabia que encontraria pessoas que estavam a ele vinculadas, em virtude de troca de favores antigos.

Ao chegar, deparou-se com um jovem soldado e, após breve conversa, disse:

— Meu caro, sou um negociante bem-sucedido, portanto tenho um excelente negócio para você.

— O que seria? — perguntou com os olhos vertendo cobiça.

— Há pouco, soube que a esposa do romano Plinius Pompilius foi retida para ser ouvida. Ela se chama Sabina.

— De fato, eu acompanhei meu capitão nessa missão.

— Então os deuses estão do nosso lado! Sabe de quem falo — assim, envolvia o imaturo homem com sua conversa. — Estou disposto a pagar uma generosa quantia àqueles que a conduzirem à morte.

— Sua proposta é muito atraente, mas como fazer isso, se ela foi levada somente para interrogatório?

— O general Pompeu ausentou-se temporariamente em virtude de uma vistoria nos portos. Pelo que soube, ele tratará desse assunto somente amanhã. Portanto, basta que a prisioneira não seja tratada com privilégios, mas mantida com os demais marginais, já com sentença certa de execução. Assim, quando todos forem encaminhados às salas de martírio, ela estará no meio deles e morrerá. Simplesmente será um erro de condução do caso.

Após muito vinho e uma conversa vulgar, o soldado respondeu:

— É um homem muito seguro. Aceito sua proposta e espero receber por ela o suficiente para manter-me por muito tempo.

Nesse clima de cumplicidade e pretensa amizade, selaram o criminoso negócio, movidos pela mórbida força de mentes doentias.

***

Na noite seguinte, na casa de Pedro, os apóstolos estavam reunidos, quando um grupo de soldados, cumprindo ordens expressas para localizarem Ester, adentrou o local. Com agressividade na voz, aos gritos, indagaram:

— Conhecem uma mulher chamada Ester? Saibam todos que aqueles que, porventura, a estiverem acobertando, também sofrerão punições.

Nenhuma resposta foi proferida. Todos permaneceram em total silêncio. Um soldado, enfurecido, repentinamente segurou um velho franzino e começou a desferir golpes profundos em seu rosto. A jovem, diante do sofrimento do homem por sua causa, levantou-se corajosamente:

— Eu sou Ester! Por misericórdia, o deixem em paz.

— Filha, não faça isso — disse Ruth, com lágrimas na face.

Filipe aproximou-se acompanhado de Pedro e Bartolomeu. A jovem, olhando fixamente para Estevão, que estava ao seu lado, disse:

— Não posso ver um inocente sofrer em meu lugar. Não serei igual aos carrascos que me buscam — beijando a mão do novo amigo, continuou. — Não temo a morte, pois sigo com o Cristo bendito, Aquele que também seguiu sozinho para o Calvário. Aceito meu martírio sem reclamação, porque sei que um dia a luz do Evangelho será a única verdade a iluminar o coração dos homens.

A jovem, emocionada e quase sem forças para falar, prosseguiu:

—Em meu coração habita a força do Mestre, mesmo desconhecendo as surpresas que os novos dias trarão. Desde o dia que soube de minha origem, o semblante de minha mãezinha Helena me enche de força. Quanto a meu pai Tarquinius Varro, rogo que Jesus ilumine seu coração, porque mesmo que esteja distante da verdade de Deus, não posso omitir o amor que habita em mim. Queria apenas que soubesse quem sou, e que jamais ousarei julgá-lo por suas escolhas ou decisões. Suplico a vocês que me escutam, que também não o repudiem ou julguem; apenas compreendam que cada um tem o seu momento de despertar e, que de onde eu estiver, saberei que a palavra de Jesus se concretizou: "Porque o Filho do homem virá na glória de Seu Pai, com os Seus anjos; e então dará a cada um segundo as suas obras."[15]

Estevão, diante daquele cenário, não conteve o ímpeto e tentou, inutilmente, salvá-la. Pedro, presenciando sua atitude, aproximou-se, paternalmente, suplicando a ele silêncio e serenidade.

Bartolomeu, ao lado de Ruth, contemplando-a emocionado, segurou sua frágil mão:

— Filha, que Deus esteja com você! Tenha força e fé no Senhor. Vá e cumpra a sua missão. Não se esqueça de Jesus; Ele nos deu a própria existência. Entregue também a sua nas mãos de nosso Mestre. Ao certo, é por isso que está aqui. Não choraremos por você, porque sabemos que Apolonius aguarda a sua chegada.

Ela secou as lágrimas e caminhou em direção ao chefe da legião. Este, sem o menor gesto de misericórdia, desfechou-lhe um golpe com a mão cerrada — atitude que acreditava demonstrar poder. Recebendo-o, caiu atordoada sobre os que ali estavam. Um soldado segurou-a pelo braço e arrastou-a diante de todos. Sem piedade, perderam-se na névoa fria da noite.

Os presentes, sem esboçar a menor manifestação contra aqueles homens, permaneceram em silêncio. A recompensa oferecida por Versus, pela captura de Ester, havia aguçado a ganância dos soldados, que não se importaram com mais nada.

Bartolomeu, entristecido, não escondia a profunda dor em seu coração. Sabia que não a veria mais. Simão Pedro, aproximando-se do amigo, o confortou:

— Diante de meus olhos, várias foram as oportunidades em que essa jovem demonstrou o poder da fé e da coragem. Aprendamos com ela a exercitar a força do amor, para que

---

15 Nota do Autor Espiritual (Ferdinando): Mateus, 16:27

possamos demonstrá-la quando formos chamados a testemunhar em nome do Mestre. Assim, cumpriremos nossa missão.

— Que Deus a proteja das mãos dos carrascos. Sinto que não nos veremos mais — disse o apóstolo em desabafo.

— A morte não separa os filhos de Deus — disse Pedro, com ânimo. — Sigamos confiantes, sem levar conosco as amarguras dos episódios de hoje, "... pois o dia de amanhã se preocupará consigo mesmo. A cada dia basta o seu mal."[16] O Mestre confirmou isso em seu martírio. Se agora a dor é profunda, aprendamos a conviver com ela, acreditando no amor que vincula uns aos outros, pois para vermos a luz de nossa própria transformação é necessário renascer, e para renascermos é importante atravessarmos os vales da vida, experimentando os sofrimentos temporários.

Estevão, com voz fortalecida, considerou:

— Minha pouca vivência ao lado de vocês, me fez crer que não estamos sós, que não sofremos sozinhos, relegados ao esquecimento de Deus. Afeiçoei-me a essa jovem, tanto quanto a todos os presentes. Choramos sua ausência, mas sinto que ela viverá em minha alma. Lembremo-nos da promessa do Senhor: "... pois onde dois ou três estiverem reunidos em meu nome, ali estou eu no meio deles."[17] Ele aqui está presente. A morte somente confirma e abençoa essa máxima; guardemos a sua essência em nosso coração, pois onde estivermos ao certo ela estará conosco.

Na expressão íntima da fé, esses emissários de Deus, com misericórdia, compreendiam o limite de uma consciência ainda distante da verdade de Jesus e, humildes, entregavam seus afetos à proteção dos Céus.

---

16 Nota do Autor Espiritual (Ferdinando): Mateus, 6:34

17 Nota do Autor Espiritual (Ferdinando): Mateus, 18:20

Capítulo 15

Sofrida redenção

A noite era longa para Ester, que foi conduzida a desumano e impiedoso cárcere.

Diante dos demais prisioneiros, o soldado que a acompanhou, demonstrando poder, mais uma vez, desferiu-lhe duros golpes. Com o supercílio aberto, o sangue escorria por sua face. Sem reclamações, foi trancada em uma cela junto a marginais de toda sorte e criaturas vis da sociedade, que marcados por diversos crimes, aguardavam o momento da execução de suas sentenças.

Naquele ambiente hostil, uma nobre mulher, de idade madura, percebendo seu sofrimento, levantou-se e foi em sua direção. Com carinho, retirando seu manto, aconchegou--a, e surpresa disse:

— Por Deus! Minha filha a reconheço... é a serva de Helena.

— Que Deus abençoe sua bondade. Como sabe quem sou?

— Um dia encontrei Helena, que era minha amiga e que recebeu a graça de ser curada pelas mãos de Jesus. Ela a adorava e sempre se referia a você. Em nossas conversas falava sempre do Cristo. A princípio, forte curiosidade me tocou a alma. Queria conhecer o tal homem de poderes milagrosos. Então comecei a ouvir Seus ensinamentos, que transformaram minha alma. Em uma ocasião em que o Senhor se manifestava para a multidão, vi você junto dela.

— Perdoe-me a indiscrição, percebo que sua origem é romana.

— Sim, está certa. Sou Sabina, esposa de Plinius Pompilius, um homem honrado e digno.

— Seu esposo também é um convertido?

— Ele, apesar de não compreender minha atitude, não me impediu o credo, porém não se converteu.

— Então, por que foi presa?

— Hoje, pela manhã, fui trazida para cá a pedido do general Pompeu, que queria conversar comigo. Não sei por que me encontro neste cárcere. Creio que ainda não houve tempo para que meu esposo soubesse de minha prisão. Algo dentro de mim diz que estou sendo usada para atingi-lo. Ouvi dizer que Plinius, Tarquinius e Marcellus conquistaram muitos inimigos nesta região. Acredito que esteja havendo uma conspiração política contra eles — com lágrimas na face, prosseguiu. — Rogo que sejamos fortes para recebermos nossos infortúnios e sofrimentos com coragem.

Nesse momento, o cárcere fétido e gélido foi invadido por inexplicável e intensa serenidade. Ester, percebendo a delicadeza do momento, com fé segurou as mãos da amiga e orou como se cantasse singela melodia. A prece ecoou no ambiente como um bálsamo de luz:

— Senhor, somos pecadores e trazemos em nossas almas o peso de nossos erros. Permita-nos conhecer Sua misericórdia. Que tenhamos forças para suportar o tributo que pagaremos em breve. Aguardamos, resignados, o instante que nos despediremos da vida e seguiremos para um novo destino, conscientes de que jamais irá nos desamparar. Nossas imperfeições nos fazem fracos; nossas angústias nos trazem medo e nossas deficiências nos fazem cruéis. Jamais observou os erros alheios, somente nos amou, para que, um dia, pudéssemos reconhecê-Lo como a única verdade da vida.

Se fracassarmos, perdoe-nos; se desistirmos, conceda-nos outra oportunidade para podermos saldar as nossas dívidas. Jesus, Seu filho, passou por nós, e nossa ignorância fez com que não O compreendêssemos. Sofreu por nós martírios muito maiores. Agora é chegada a vez de experimentarmos esse testemunho, para libertarmos nossa alma. Abençoe-nos, sem esquecer os filhos das sombras, vestidos de armaduras, que têm a violência como lei. Antes de nós mesmos, Seus filhos necessitam de amparo e amor.

Enquanto eram obrigadas a experimentar o cárcere frio, Sabina, com olhar experiente, acariciou a face de Ester:

— Minha menina, ainda escuto a voz de Helena referindo-se a você como missionária bendita. Ela tinha razão. Que Deus permita que esta amizade tão curta perdure eternamente.

Unidas pelo ideal de Jesus, ambas fortaleciam-se na coragem, aguardando, com resignação, o momento em que haveriam de testemunhar a própria fé.

***

Algum tempo depois, todos permaneciam em silêncio, quando, por entre as grades da cela, Marcus Aurelius surgiu:

— Conseguiram encontrá-la! O que será de você?

— Acredito que cumpro a missão de meu retorno à Terra — profundamente abatida, continuou. — Em poucas horas não estarei mais com aqueles que amo. Retornarei aos braços daqueles que o meu coração jamais se distanciou. Voltarei para os meus ancestrais, pelos quais tenho o mais puro e verdadeiro amor; àqueles que me ensinaram a viver e ter fé. Levarei comigo a imagem de todos e, se for da vontade celestial, em breve voltaremos a nos reencontrar.

— Minha querida, temi em tirá-la da segurança ao lado de Bartolomeu, para uma viagem de fuga, pois poderíamos ser encontrados. As ruas fervilhavam de homens à sua procura. Acreditei que seria melhor que permanecesse ao lado dos apóstolos, mas vejo que fui ingênuo em acreditar que logo a esqueceriam. A ganância e a fortuna oferecida a quem a encontrasse, fizeram com que os soldados se unissem como numa guerra. Fracassei diante de meus temores, pela vontade excessiva de protegê-la. Arrumarei uma maneira de tirá-la daqui — disse chorando, segurando entre as grades as mãos feridas da jovem.

— Não! Não arrisque sua vida tentando salvar-me! Minha estrada chegou ao fim e a sua apenas começa a ser trilhada. Nossos caminhos em direção a Deus são longos e já estão definidos pelo Senhor. O amor que carregamos dentro de nós será transformado em luz e, de onde estivermos, poderemos ver e sentir essa luz iluminando nossas existências.

— Ainda não entendo seu Deus, por mais que me esforce. Como pode ser bom e justo, se tantos morrem por Ele?

— Não devemos esquecer que o Mestre também entregou Sua existência e Seu amor para que pudéssemos continuar vivendo. Temos agora a oportunidade de confirmarmos esse amor com nossas próprias vidas. Presto contas para a justiça dos homens de um crime que não cometi, mas estou confiante e recebo a bondade e a justiça de Jesus em meu coração, o que significa liberdade para minha alma.

Em silêncio, Ester levou as mãos ao pescoço, retirou seu cordão e o entregou ao jovem:

— Quando eu era pequenina fui abandonada em uma estrada. Um homem chamado Apolonius recolheu-me e cuidou de mim, como se eu fosse sua filha legítima. Pouco antes de morrer, me entregou esta joia dizendo que um dia necessitaria dela. Assim, confesso-lhe que fiquei surpresa, quando Helena, em seus instantes derradeiros, de modo muito especial, chamou-me de filha e mostrou-me outra igual a essa. Sei que chegou o momento de usá-la. Por misericórdia, entregue-a a Tarquinius e prometa-me que irá protegê-lo sem cobrar-lhe o passado. Sinto que tanto ele quanto seu pai precisarão muito de você. Agora vá e jamais julgue Deus pela minha ausência, pois estarei mais perto de todos do que em vida.

— Pelo que vejo, então posso concluir que é Cassia, a filha querida que ele julgava morta.

— Não importa mais quem sou. Logo nos primeiros raios do sol, tanto eu quanto Sabina, minha nova amiga, seremos julgadas. Dentro de mim, sei que nada poderá fazer; saiba que jamais o esquecerei.

— Minha querida, há um abismo entre nós. Seremos sentenciados a viver este amor, sem jamais concretizá-lo. Seremos como o dia e a noite, sem nunca nos encontrarmos. Como viver sem sua presença? Como viver sem o brilho de seus olhos? Muitas mulheres passaram pelos meus braços, mas somente você confirmou a existência de um amor puro e livre de anseios materiais. Como romper essa distância?

— Mantenha-se com o Mestre e eu estarei sempre com você. Agora siga o seu caminho em nome do nosso Senhor Jesus.

O jovem, então, cobriu a cabeça com o manto. Em uma despedida breve, beijou a testa da amada por entre as grades de ferro. Ela permaneceu o admirando, até que sua imagem se perdesse na escuridão do corredor do cárcere.

***

Os primeiros raios de sol anunciavam um novo dia. O cavalo que conduzia Marcus Aurelius até a residência de seu pai atravessava as ruas com rapidez, controlado pelas rédeas que o jovem dominava com destreza.

Seu desespero fazia com que gritos ecoassem de seus lábios para que o caminho fosse deixado livre. Sua face molhada de suor brilhava sob o calor. Procurava vencer seus limites, na esperança de poder ver Ester livre da gana dos carrascos.

Ao chegar ao ansiado destino, o jovem subiu as escadas apressadamente. Adentrou os salões, indo encontrar os nobres na biblioteca. Sem perder tempo, com coragem juvenil, parou diante de Tarquinius e, com maturidade, o enfrentou:

— Trago algo especial que pediram para entregar a você.

Ao ver a joia, ficou visivelmente perturbado, não conseguindo dizer sequer uma palavra. Logo, tirou-a das mãos do jovem e analisou-a. Sabia que somente haviam sido confeccionadas duas; a de Helena, que estava com ele, pois a tirou da esposa antes do sepultamento, e a de sua filha, justamente a que estava em suas mãos.

— Quem me mandou isto? — perguntou Tarquinius.

— Ester.

— Onde ela está? Como a conseguiu?

— Em virtude de suas ordens por sua procura, ela foi presa e provavelmente será executada sob a acusação de assassinato. Versus deve ter muito interesse neste caso, pois ofereceu riqueza a quem a encontrasse. Estive com ela no cárcere quando me deu isso, dizendo que havia recebido de seu pai de coração, que a encontrou abandonada em uma estrada quando era pequenina, com este cordão no pescoço. Assim, ele o guardou até os últimos dias de sua vida e o entregou a ela, dizendo que um dia poderia precisar dele. Além do mais, disse-me que Helena possuía um igual ao seu, e que instantes antes de morrer, reconheceu-a como filha.

— Como saber se a serva não furtou de alguém? — disse desconfiado.

— Sempre o amei. Muitas vezes cheguei a confundir esse amor com o que sinto por meu próprio pai, mas sua frieza e seu orgulho espantam-me, eles o fazem incapaz de enxergar com clareza os fatos. Você sempre representou a justiça, todavia, condenou quem amava ao duro cativeiro de sua ignorância. Rogo que liberte sua mente, por instantes apenas, para enxergar as semelhanças entre Ester e Helena. É chegado o momento de aceitar a realidade. Perdoe-me, mas será um tolo se não acreditar nisso.

— Meu filho, cale-se, está sendo muito audacioso! — disse Marcellus tentando romper a tensão do momento.

Tarquinius, abatido, baixou a cabeça entre as mãos.

— Não, meu amigo, não recrimine seu filho. Ele está certo. Sou, de fato, um tolo. Meu egoísmo cegou-me e minha dor me transformou em algoz.

— Jamais acreditei na morte da pequena Cassia — disse Marcellus apresentando grande nervosismo. — Sempre desconfiei que aquela encenação do passado fosse uma mentira de Versus.

Tarquinius, atônito, olhando para Marcellus, concluiu:

— Então, a jovem que escravizei é minha filha! Helena, minutos antes de morrer, queria me dizer algo que não compreendi. Disse que ela será executada esta manhã? — lançou a pergunta, pensativamente.

— Sim! Porém, receio que não tenhamos mais tempo para salvá-la.

— Haverá tempo! Tenhamos confiança, haverá tempo...

Movido por uma felicidade silenciosa e segurando a joia nas mãos, seguiu em companhia dos amigos, levando na alma a esperança da salvação para a inocente. Os soldados, orientados por Marcellus, abriam caminho atravessando com rapidez as estreitas ruas de Jerusalém.

Ao chegarem ao destino, foram surpreendidos por Plinius Pompilius. Após breves saudações, em completo desespero, segurou os braços de Tarquinius:

— Foram os deuses que o enviaram aqui! Acredito que estamos sendo vítimas de uma conspiração.

— Por que afirma isso?

— Sabina foi inexplicavelmente presa ontem, sob o pretexto de que Pompeu queria falar conosco. Soube que estamos sendo acusados de traição. Desde a noite, quando soube da notícia, estou tentando libertá-la, sem sucesso. Soube que foi conduzida para cá para um simples interrogatório, mas não compreendo por que está junto com os marginais que serão executados nesta manhã — respirando profundamente prosseguiu. — Para minha maior surpresa, a serva procurada está com ela.

— Quem nos acusa? — disse Marcellus.

— O general Pompeu.

— Somos amigos. Por que ele faria isso sem me notificar? — indagou. — Agora compreendo por que, ontem, ele não quis minha presença na verificação dos portos.

— Desconheço os detalhes, mas algo me leva a crer que o motivo é a operação militar que estamos acompanhando. Também não posso desprezar a ideia de que Versus esteja por trás de tudo isso. Além do mais, percebo que tudo foi armado de forma a nos atrair para cá. Este local está guardado por homens convocados pelo general.

— Vamos! Não podemos perder tempo — disse Tarquinius sem hesitar. — Primeiramente libertemos as mulheres, depois pensaremos em nós.

Sem mais explicações, seguiram rapidamente até se depararem com um vasto salão, onde o corpo inerte de Sabina, estendido no chão, anunciava que chegaram tarde demais. Plinius Pompilius, inconsolável, correu para tentar auxiliar a esposa já morta.

Nesse momento, Tarquinius levantou a cabeça e presenciou a cena que haveria de ficar marcada, em sua mente, pelo resto de sua existência. Imediatamente gritou, na tentativa inútil de conter a gana do carrasco.

Ester estava ajoelhada e o carrasco empunhava fortemente a espada. A lâmina entrou com rapidez no peito da jovem, que sequer emitiu um gemido.

Tarquinius correu chorando em sua direção e, em completo desespero, ajoelhou-se, trazendo para junto de seu peito a cabeça quase sem vida da filha:

— Por misericórdia, perdoe-me! Você é o melhor de mim, o amor que sinto é a essência de meus dias. Escute essa alma que chorou sua ausência no passado, e que agora chora novamente. Este mesmo coração que tanto a amou, agora é responsável por perdê-la. Permita-me ao menos ouvir sua voz. Por misericórdia, não vá.

O nobre, embalando-a com o cuidado de quem segura um pássaro frágil, chorava convulsivamente. Com a inocente quase inerte em seus braços, consternado e aturdido diante de todos os presentes, sem se preocupar com nada, tampouco com a posição pública ocupada, movido pela emoção do momento, aconchegou-a cuidadosamente em seu colo, aproximando-a de seu coração, em uma tentativa inútil de transferir à filha a própria vida.

A cândida jovem, percebendo seu sofrimento, livre de quaisquer sentimentos obscuros contra ele, mais uma vez, enfrentou as dificuldades daquele instante e, com bondade, balbuciou as palavras definitivas para o início da redenção de Tarquinius:

— Para sempre haverei de amá-lo!

Marcus Aurelius não conteve a emoção e chorou copiosamente, enquanto Marcellus, comovido, observava respeitosamente o sofrimento do amigo.

Em um gesto espontâneo, abraçou-a calorosamente, e com as forças que lhe restavam na alma, com a voz embargada, porém, clara, disse:

— Jesus! Jesus de Nazaré! Não O conheço e não mereço Sua misericórdia, mas suplico Sua piedade, para que meu coração seja envolvido pela força de Sua luz de paz! Pelos caminhos da dor, me chamou. Aqui estou! Faça com que eu consiga minha redenção e entregue minha vida aos Seus santos desígnios. Tudo que me foi concedido não valorizei. O que me resta agora? Sou um homem comprometido com os atos de ontem e de hoje. Sempre acreditei nos deuses e nas tradições de minha origem e, sobretudo, nas divindades atribuídas aos Césares e Augustus, mas somente agora, sou capaz de perceber Sua soberania e, que nada nem ninguém conseguem ser maior que o Senhor. Conceda-me, Mestre, a força para abraçar a oportunidade de conhecer a verdade de Seu Reino, para que ela possa, também, tornar-se a minha verdade. Quando estive diante do Senhor, encontrou o orgulho em meus olhos. Fui incapaz de reconhecer a simplicidade e a humildade desta que eu escravizei. Também sentenciei Helena, minha esposa, à solidão injusta. Hoje, ajoelho-me aos Seus pés, para implorar por misericórdia. Enquanto houver vida em mim, tentarei conhecê-Lo, assim como minha esposa e minha amada Cassia fizeram. Se minhas forças acabarem, sustente-me em Seu amor, pois minhas lágrimas, certamente, não serão em vão!

Ester, agonizando, ouviu aquelas palavras que soaram como bálsamo reconfortante e, num último e aliviado suspiro, com serenidade e leveza, vencendo o limite do corpo ferido, levou a mão débil à face do pai e, sem proferir uma só palavra, acariciou-a. Pouco a pouco, abandonava os martírios que aquela vida havia lhe oferecido em regime missionário, calando ali, as esperanças de Tarquinius.

Enquanto isso, no invisível, Apolonius em reluzente luz, acompanhado por diversos emissários celestiais, transmitia àquele recinto hostil a paz e a serenidade para suportarem tamanha dor. Ester, livre das tormentas do corpo, escutou a voz meiga do velho grego:

— Venha, filha! O suplício momentâneo encerra-se. Esqueça a dor da carne e venha conosco abraçar a plenitude da liberdade que nos espera. Venha, não tenha medo! Em breve, em razão de nosso compromisso, estaremos novamente nas escolas regenerativas da Terra.

Paternalmente, ele a recebeu em seus braços, com amor e carinho extremo, fazendo-a adormecer, serena e tranquila, junto daqueles corações amados. Antes de partirem, em completa luminosidade e sem ser notado, aproximou-se de Tarquinius e, coberto de misericórdia, transmitiu-lhe palavras de reconforto e coragem:

— Meu filho, movidos pelo amor, renunciamos às nossas próprias vidas, para vê-lo encontrar o verdadeiro caminho. Escute agora o chamamento de Jesus, que esqueceu no passado, e sirva confiante, sem esperar facilidades. De agora em diante, estaremos juntos. Siga e cumpra sua verdadeira tarefa.

Apolonius, lentamente, foi desaparecendo em meio à intensa luz azulada. Enquanto isso, aqueles homens buscavam na alma forças para prosseguirem.

Naquele momento, o general aproximou-se de Tarquinius e, com severidade, ordenou que um soldado arrancasse de seus braços o corpo inerte de Ester.

Enquanto o levavam para um destino desconhecido, ele, em meio à solidão, com lágrimas e dor, despediu-se silenciosamente daquela que havia marcado sua alma com amor e perdão.

O ambiente agitava-se e contava com a presença de outros romanos. A paz de instantes deu lugar a intenso nervosismo. Pompeu, assumindo o controle da situação, disse:

— Senhores, pouparam-nos o trabalho vindo até nós. Acreditei em suas palavras, todavia, as provas que tenho em minhas mãos levam-me a acreditar que são traidores e que articulavam planos para se beneficiarem das riquezas do imperador.

— Está enganado — disse Marcellus. — Conhece-me e sabe bem que seríamos incapazes de tal ato.

— Não estou — respondeu apresentando o relatório forjado. — Já notifiquei Roma sobre as ocorrências. Temos que nos acautelar para que a operação prossiga corretamente.

— Prejulgou-nos — declarou Tarquinius. — Como militar, deveria conhecer seus oponentes, mas não recordarei os princípios de sua função, pois neste momento, nada mais me importa. Creia, a vida o conduzirá à luz da verdade e verá quem são os homens que estão ao seu lado.

— Além de cometer crime político, cometeu também o crime moral. Atentou contra a lei romana *Separatim nemo habessit deos, neve novos sive advenas nisi publice adscitos*[18], renegando nossas divindades. Assim, diante das testemunhas presentes, nada me resta a fazer, senão mandar que o prendam até que Roma defina o seu destino.

---

18 Nota da médium: "Que ninguém possua deuses à parte, nem novos nem estrangeiros a não ser que sejam admitidos pelo Estado".

Uma agitação iniciou-se. Nesse momento, um soldado que conhecia Tarquinius e que por ele sentia muito respeito, constrangido, cumpriu as ordens:

— Senhor, conhece a lei, nada posso fazer para auxiliá--lo. Está preso!

A atitude condescendente de Tarquinius surpreendeu a todos que estavam acostumados com sua postura ilibada de defensor das tradições romanas, levando-os a prejulgarem o patrício como conspirador e traidor.

Marcellus, tentando controlar a situação, argumentou, mas foi ignorado. Tarquinius, percebendo que seus amigos poderiam ser sentenciados injustamente, buscando forças em seu coração e razão em sua mente sugeriu:

— Como não estou subordinado ao governo local tenho direito a um julgamento. Apelo a Roma!

— O que diz? Não está em condições de exigir nada — disse o inapto general.

— Dentro de sua pequenez de caráter, tem consciência que não possui provas suficientes para incriminar mais ninguém. Não será tolo para encarcerar alguém como Marcellus, que é um homem respeitado por muitos. Sabe bem que poderá iniciar um conflito desnecessário — situação que não suportará, porque está sozinho na região. Também Plinius é inocente, além disso, os presentes poderão sofrer punições, se considerados responsáveis pela morte da senhora Sabina.

— Possui uma inteligência admirável e, em sua atual condição, continua firme e ético. É impossível corrompê-lo, mas experimentará as noites no cárcere, até que Roma autorize seu julgamento. Quanto aos demais, estão livres, mas sob vigilância.

Tarquinius, aceitando as algemas do cativeiro, encontrou a liberdade de sua alma. Recebendo a notícia, sem conter as lágrimas, percebeu que sua tristeza anunciava a sofrida redenção e a certeza de que trilharia o verdadeiro caminho, personificado no Mestre Jesus.

Capítulo 16

Tirânico julgamento

Em pouco menos de trinta dias, logo após a morte de Ester, acontecimentos tristes se sucederam.

Tarquinius permanecia no cárcere, em Jerusalém, aguardando o julgamento e a sentença para seu destino. Ali sentia o peso da zombaria de supostos amigos de outrora, além da pesada cruz da desonra pela acusação de traidor.

Em razão de sua rigidez com as tradições do Império, o ato público de defender uma cristã e exaltar o nome de Jesus teve grande repercussão. Afinal, sendo romano e fiel às suas origens, demonstrou diante de todos que havia iniciado sua reforma íntima, questionando crenças e, sobretudo, divindades romanas.

Enquanto isso, em Roma, o imperador enfrentava diversas dificuldades. Pelo fato de Tarquinius ser reconhecido e respeitado em seu meio social por sua integridade moral, ética e honestidade, além de ser considerado homem de confiança do Império, sua apelação foi acatada. Acreditando que as acusações eram infundadas e objetivando abafar o caso na Palestina, por temer algum tipo de revolta contra seu nome, não permitiu que Tarquinius fosse transferido para julgamento em Roma. Assim, delegou ao governador da província a missão de conduzir o caso e designou dois senadores para representá-lo no julgamento — Antoninus Gratus e Cornelius.

Antoninus, amigo antigo de Tarquinius, ao receber a notícia daquela repulsiva prisão, compadecido da situação e apoiado por alguns nobres idôneos, arregimentou em Roma todos os que, um dia, conheceram os feitos de Tarquinius. A intenção era que assinassem uma petição visando conseguir a *Absolutio ab instantia*[19].

Enquanto isso, Marcellus, impedido de ver o amigo, articulava de todas as maneiras a sua liberdade. Buscando o apoio de alguns patrícios que residiam no norte, sem êxito, retornou para sua residência.

Naquela manhã estudava as estratégias para salvar Tarquinius, quando a figura serena de Raquel surgiu. Ao vê-la, aproximou-se, segurou suas mãos e disse:

— Sei que foram submetidos a um severo sofrimento, mas não tenha ódio de mim ou de meu amigo.

— Não trago em mim o ódio. Aprendi com Jesus a necessidade de perdoarmos, pois, quando assim agimos perdoamos a nós mesmos. Ester era como uma filha para mim. Tenho ainda o coração angustiado. Sei que a violência é uma sombra que acompanha a existência, e meu coração chora porque ainda não reconhece meu Deus como seu Senhor.

— Minha amada, o amor que trago em meu coração por você é a única certeza que me mantém vivo. Se for necessário conhecer o seu Deus, assim como meu filho, Tarquinius e Ester o fizeram, eu também o farei. Agora, necessito lutar por meu amigo, e assim que estivermos livres, sairemos deste lugar e nos libertaremos de tanta tirania.

— Você é meu grandioso e eterno amor. Mesmo que o egoísmo lute para nos distanciar e o orgulho fira nossas almas, estaremos juntos em um único coração e nada será capaz de nos separar. Não possuímos o poder de nos apropriarmos da vida de ninguém. Deus, misericordiosamente,

19 Nota da médium: "Absolvição da instância".

proporcionou-nos a oportunidade de nos reencontrar, e isso nos basta.

Nesse instante, o casal uniu-se, firmando um amor soberano, livre das contendas do mundo, alheios à dor da separação, que poderia, involuntariamente, vir visitá-los.

***

Versus, concentrando suas forças em Marcellus, contratou dois homens para executá-lo. Eram soldados que vulgarmente corrompiam-se por suborno. Dinheiro que facilmente perdiam com bebidas e paixões passageiras.

Na mesma manhã, enquanto conversavam descontraidamente, foram surpreendidos pela rude e inesperada presença de tais criaturas.

Marcellus, percebendo que eles não vinham em missão de paz, precaveu-se. Reconhecendo-os, disse:

— Sou traído pelos meus, que se venderam a uma casta imunda. Acompanhei seus treinamentos e agora fazem isso comigo? Confundiram poder com falta de moral. Todos os que serviram ao meu lado foram homens dignos e íntegros, mas, pelo que percebo, deixaram-se seduzir pela fácil ascensão. Sei que não adianta querer modificar corações corruptíveis iguais aos seus.

Os jovens, embora perturbados com aquele discurso, cumpriram as ordens, atirando-se contra ele, provocando o confronto. Marcellus, por sua vez, habilmente revidava com firmeza, em razão de sua formação militar.

Em meio à agitação, um deles, tentando conter Marcellus, alucinado, atirou-se contra Raquel, fazendo com que o punhal atravessasse impiedosamente seu abdome. Ela, não suportando o suplício, caiu lentamente.

Artanhus, adentrando o recinto, colocou-se a auxiliar o amigo naquela difícil batalha. Sua presença fez com que os soldados corruptos saíssem rapidamente sem que cumprissem, por completo, a horrenda missão.

O silêncio preenchia o ambiente com um perfume triste — o da separação. Ele, abatido, inconformado e perplexo, abaixou-se e acomodou em seu colo a cabeça da amada que, resignada, procurou seus olhos. Neles, deixou sem melancolia seu coração cravado na alma do amado. Com um último suspiro, silenciou serena e tranquila para a vida.

Marcellus, com lágrimas nos olhos, recebeu ali, o golpe da separação. Com sacrifício, pela primeira vez, orou ao Deus único:

— Deus! Deus de Raquel, Helena, Ester e agora de Tarquinius, seja para mim, o meu Deus. Se não O reconheci como soberana luz, quando vivia uma vida aparentemente feliz, reconheço-O agora, entre minhas lágrimas. Ajude-me a compreender os martírios que, neste momento, experimento. Não há força em meus músculos, não há mais riqueza, quero simplesmente o entendimento para que minha alma possa suportar a dor que sinto.

No invisível, mais uma vez, a força de Apolonius acompanhada de seres celestiais, fazia-se presente. Derramando paz e misericórdia naquele recinto, aproximou-se de Raquel e acolheu-a carinhosamente. Antes de partirem, o amigo celeste, em pensamento, uniu-se a Marcellus e disse:

— Meu filho! Venho, em nome de Jesus, porque agora O conhece e O ama. Por Ele viverá e morrerá. Peço-lhe que aceite as leis que nos regem do Alto. São essas leis que despertam a alma e que nos fazem reencontrar aqueles que amamos. Conhecerá sua tarefa; agora se levante. Necessitamos de você. Por mais difícil que seja a dor atual, reerga-se refeito, para que possamos, unidos ao seu coração, fazer cumprir os desígnios de Deus para você e nosso amado Tarquinius. Deixe minha filha em meus braços, para que ela sinta o aconchego de meu mundo. Quanto a você, siga adiante.

Com candura paternal, levou Raquel adormecida em seus braços e perdeu-se no clarão que sempre o acompanhava.

Marcellus, sentindo-se como se houvesse despertado de um sonho, notou que seu coração foi preenchido com um desconhecido sentimento. Desorientado, seguiu para o terraço em busca de ar.

Nesse momento, a serva Judith, humildemente, aproximou-se chorando:

— Senhor, o que faremos agora? Raquel era para nós amiga fiel e conselheira.

— Ela está viva dentro de nós. Hoje compreendo o poder dessa fé que ela, silenciosamente, tentava me demonstrar. De que servirão as lágrimas? Levantarei e encontrarei na seita do "Caminho"[20] a esperança de minha vida. Ajude-me, tenho muito a fazer. Nossa amada jamais permitiria que me detivesse neste sofrimento. Sua coragem está dentro de mim.

Mais tarde, depois de encerrados os procedimentos do sepultamento, Artanhus e Judith permaneceram fiéis ao lado do amigo. A dor de Marcellus não foi capaz de tirar sua lucidez. Com clareza, convocou-os e disse:

— Não estamos mais seguros aqui. Meus oponentes retornarão e não quero mais travar nenhuma guerra, porque não possuo condições para enfrentá-los. Não devemos subestimar o ódio de nossos inimigos. Então, é melhor nos despedirmos — entregando à serva e ao corredor uns pertences de valor, prosseguiu. — Sei que merecem muito mais, porém aqui têm o suficiente para se manterem por dias.

Judith, humildemente, beijou suas mãos, enquanto o corredor, com simplicidade disse:

— Sempre foi para mim alguém que muito respeito. Em virtude de ter me deparado com aquela guerra particular, quase me esqueci de relatar-lhe o motivo de minha vinda aqui.

— É um bom homem. Diga-me, então, o que tem a dizer.

— Consciente dos problemas que acercam sua família, permaneci atento a todos os falatórios a respeito do caso.

20 Nota do autor espiritual (Ferdinando): título utilizado para identificar a comunidade primitiva dos seguidores de Jesus.

Vim para cá com o objetivo de notificá-lo que, nas vias públicas, comentam a chegada dos romanos encarregados do julgamento.

— Preciso encontrar meu filho, que desapareceu desde a morte de Ester.

— Sei onde ele se encontra — disse Artanhus. — Está na residência de Bartolomeu.

Marcellus, então, retirou da casa tudo o que pôde e, após breve despedida, sem contar com o apoio de mais ninguém, contudo esperançoso, seguiu em direção à casa dos seguidores de Jesus, ansioso por encontrar o filho. Partiu consciente de que não poderia mais regressar à sua residência e, tempos depois, encontrou Marcus Aurellius. Após costumeira saudação, contou a ele sobre as últimas ocorrências. Abatido, porém com surpreendente coragem, desabafou:

— Meu filho, suplico que não lance sobre mim a nódoa da condenação. Amo-o e necessito de você — disse aflito —, o julgamento de Tarquinius será em breve e não posso mais entrar em nossa residência, pois foi tomada pela guarda. Por misericórdia e em nome de Deus, do Seu Deus, me ajude!

— Pai, por Jesus e por Ester, estarei sempre ao seu lado. Apesar de todos os episódios violentos que vivemos, tenho por Tarquinius admiração e respeito, como se ele também fosse meu pai. Estou pronto para segui-lo onde quer que vá.

Com satisfação, deu-lhe um abraço e saíram abençoados por Bartolomeu e Ruth que, àquela altura, não escondiam o afeto pelos novos amigos.

***

No dia anunciado, os enviados de Roma chegaram ao seu destino.

Versus continuava lutando para tirar Tarquinius, Marcellus e Plinius do cenário político. Por meio de seus informantes, soube que um dos designados para realizar o julgamento era Cornelius, conhecido seu, cuja personalidade muito se assemelhava à dele. Sem perder tempo, convocou-o para uma conversa, visando incluí-lo em seus sombrios planos. Após as devidas saudações, fez com que a conversa rumasse para seus propósitos:

— Meu caro, conhecemo-nos há muito tempo. Soubemos muito bem nos beneficiar dos louros de nossa origem romana. Mesmo em Roma, soube fazer grande fortuna, assim como eu aqui — a essas palavras juntou ironia, prosseguindo — não importando os meios que utilizamos para conquistar nossos bens, é fato que nossos distintos negócios nos propiciaram grande ascensão.

— Pelo que pude perceber você triunfou.

— Detenho grande participação e influência no comércio desta região. Se para a "Grande Mãe" nada sou, aqui sou um homem bem-sucedido. Todavia, desde a chegada de Tarquinius e de seus amigos, meus interesses foram ameaçados.

— Não sou um homem de rodeios. Diga logo o que quer de mim?

— Soube que muito em breve, passarão por esses portos embarcações trazendo vultosa riqueza para o Império. O imperador destacou o general Pompeu Julianius para acompanhar essa rica operação, com o auxílio dos patrícios.

— Ora, não me diga! Desconhecia essa missão.

— Se me auxiliar poderemos nos beneficiar. Para tanto, tenho um plano muito bem definido. Anteriormente, quase consegui acabar com meus inimigos.

— O que fez?

— Infelizmente, não obtive sucesso na investida contra Marcellus, o maldito sobreviveu à cilada que preparei. Embora Plinius nada representasse para mim, a morte de sua esposa o atingiu. Quanto a Tarquinius, precisa ser calado. Sei que possui poder suficiente para condená-lo.

— De que forma poderia fazer isso?

— Eu forjei o relatório que prova a traição e o tolo Pompeu acreditou. Ele possui força para a guerra, mas é fraco para as questões de raciocínio.

— O que fará com ele?

— Garanto que ele não retornará vivo a Roma. Já contratei, nestas paragens, homens sanguinários que, por pouco dinheiro, o executarão sem piedade, logo após nos apossarmos de sua riqueza.

— Você é audacioso em ousar enfrentar Tarquinius, pois seu nome é muito forte e respeitado. Acredite, o próprio imperador tem muita estima por ele. Estamos aqui sob ordens expressas para interceder a favor do prisioneiro.

— Então, basta que se oponha a ele e articule um plano para que o governador o conduza à execução. Se me livrar dele, consequentemente, livrar-me-ei dos demais.

— Confesso que pouco me importo com eles, mas Antoninus jamais permitirá minha ação, pois é o responsável pelo caso. Sou somente seu substituto. Ele veio preparado, trazendo uma petição que não podemos desconsiderar. Esse instrumento, ao certo, concederá a liberdade ao acusado.

— Não se preocupe. Você o envolverá em uma conversa comum e, enquanto isso, uma serva devidamente orientada e subornada por mim, colocará sonífero no vinho dele. Assim, ele não estará presente ao julgamento e alguém assumirá o lugar dele. — Levando a mão ao ombro do amigo, prosseguiu. — Quanto a você, quero a certeza de que será conivente comigo.

— Meu preço é muito alto.

— Não se preocupe. Serei muito generoso. Ninguém se arrepende de ficar do meu lado.

— Aceito sua proposta.

Nesse ambiente, a ganância fazia-se imperiosa. Permaneceram juntos por mais alguns instantes, ajustando os detalhes do impiedoso propósito.

***

Horas antes do julgamento, numa sala reservada da sede do governo, Cornelius investia em seus objetivos.

Conversava com Antoninus Gratus, tentando envolvê-lo com o terrível plano:

— Meu caro, que ato insano esse praticado por Tarquinius! Sempre desconfiei que fosse um traidor, apesar de vestir a toga da justiça. Imagine... Subestimar nossas crenças e, sobretudo, querer roubar a riqueza do Império.

— Você sabe bem que não são essas as informações que trazemos. Ele é um homem conhecido e honrado. Trouxe a petição que contém a apelação de piedade a favor de sua libertação, assinada por vários senadores, cônsules e amigos dele.

— Como pode defender esse traidor?

— Ele é inocente e você sabe bem disso! Agora espero que não atrapalhe, porque quero um julgamento rápido e justo.

— Você é um homem sábio. Muito poderia ganhar se pensasse diferente.

Antes de concluir seus pensamentos, Antoninus imediatamente o interrompeu:

— Se está tentando corromper-me, afirmo que não sou sensível a esse tipo de coação ou benefícios. — Desprezando-o, continuou — Não tenho tempo a perder com você.

Mesmo inconformado com o rumo da conversa, continuou ali ainda por mais alguns instantes, enquanto a serva, ordenada por Versus, depositava sonífero em seu vinho.

Em seguida, ela veio servi-los. Instantes depois, involuntariamente, o senador adormeceu profundamente sobre o divã.

Cornelius certificando-se que Antoninus estava impedido de comparecer ao julgamento, com astúcia tirou dele a petição oficial e a destruiu, sem deixar vestígios. Em seguida, trancou-o na sala e saiu, encerrando ali a esperança de liberdade de Tarquinius.

***

Algum tempo depois, uma suntuosa caravana chegava, trazendo o governador da província, Pôncio Pilatos, para participar do julgamento de Tarquinius.

O general Pompeu, com seriedade, o recepcionou. Após as saudações, Pilatos, com sua característica frieza e desprezo, pronunciou-se:

— Não pretendo perder meu tempo aqui. Não estando o acusado subordinado a mim, enviaria somente um representante, mas recebi ordens do imperador para fazer-me presente e resolver este caso aqui mesmo, sem transferi-lo para Roma. Sejamos breves para que eu possa ouvir as partes e seguir viagem, pois tenho negócios meus para tratar.

Então, os patrícios convocados tomavam seus lugares, enquanto o governador não conseguia esconder o descontentamento com a demora de Antoninus. Cornelius, participando do sórdido plano de Versus, não perdeu tempo:

— Nobre governador, a demora do senador é um desrespeito à sua pessoa. Também tenho permissão para representar o imperador, assim, podemos iniciar a sessão.

Plinius Pompilius, ali presente, percebendo a estratégia do homem, levantou-se e disse:

— Senhores, é sabido que Antoninus Gratus é o responsável pelo caso de Tarquinius. Não sabemos o que lhe aconteceu até o presente momento, então, peço a suspensão temporária do julgamento.

— Tenhamos consciência de que não podemos deixar os interesses de nosso Império relegados ao tempo, tampouco enfadar nosso governador. Gostaria que o réu não fosse um romano, mas os interesses de Roma não podem ser deixados para amanhã.

— Não quero ouvir mais controvérsias — disse Pilatos. — Sem mais demora iniciaremos agora mesmo a sessão que por mim será presidida. Entendo que o senador, aqui presente, possui poder suficiente para substituir o irresponsável Antoninus Gratus.

Plinius Pompilius não escondeu o seu descontentamento, porém mais nada poderia fazer em favor do amigo. Percebia na expressão facial de cada um, o medo que a presença do governador incutia. Apesar da negativa recebida, mais uma vez manifestou-se:

— Senhores, sejamos sensatos. Conheço Antoninus; ele sempre cumpriu com suas obrigações. Tenhamos um pouco mais de paciência e aguardemos sua chegada.

— Ora, não seja tolo — disse Cornelius. — Também foram levantadas suspeitas contra você, entretanto, não foram provadas. Percebo certa proteção de sua parte no caso. É possível que também seja um traidor?

— Minha esposa não está neste litígio e, alegaram que ela foi morta em consequência de uma manobra carcerária errada. Acredito que sua morte também tenha sido premeditada pela impiedade gananciosa de muitos. Quero declarar que não concordo e nunca concordei com ações dessa natureza. Meu amigo está sendo injustiçado. Ele neutralizava os atos desprezíveis de homens vis e corruptos. Tudo isso não passa de um covarde ato de vingança para acabar com ele.

Diante do clima de desordem que se havia instalado, Pilatos levantou-se:

— Estamos diante de fatos que não quero discutir neste momento. Já está definido que o senador Cornelius, por direito, assumirá a representação legal desta sessão.

Ninguém ousou contradizê-lo. Por ordem do governador, o réu adentrou ao salão acompanhado por dois soldados. Abatido, trazia o corpo marcado por agressões sofridas no cárcere, porém caminhava seguro. Posicionou-se bem no centro do recinto. Pilatos, então, assumiu a liderança do julgamento, e apesar de conhecer o acusado, cumpriu o protocolo.

— Pelo estado em que se encontra, mal posso reconhecê-lo — disse com ironia. — Todavia, conheço-o muito bem, por isso quebrarei algumas formalidades. Não indagarei detalhes porque sei o que faz nestas paragens. Passemos imediatamente à leitura do termo de acusação.

Em seguida, Cornelius, com satisfação, começou a ler:

— Este homem é acusado de traição por atentar contra uma missão oficial do Império e por renegar publicamente as tradições de nosso credo e nossas divindades, declarando-se admirador de Jesus de Nazaré.

O ambiente apresentava-se tenso. Várias discussões aconteciam desordenadamente entre os patrícios. Tarquinius permanecia calado. Ouvia e observava os ataques daqueles que se diziam seus amigos, sem que tivessem, ao menos, conhecimento dos fatos. Experimentando a dor do abandono e da solidão, mantinha-se sereno com o pensamento distante e em Jesus. Somente o nobre Plinius Pompilius continuava fiel em sua afeição por ele. Esse, percebendo as sérias e injustas ofensas ali proferidas, principalmente as de Cornelius, disse:

— Para que tenhamos maior clareza quanto às denúncias, apelo para que o réu seja ouvido. É direito seu que possa replicar as acusações, com a liberdade que é conferida a todo e qualquer cidadão romano.

Cornelius, contrariado, tentava de todas as maneiras neutralizá-lo. Naquele momento, Pilatos manifestou-se:

— Concordo com Plinius; quero ouvir o que o acusado tem a dizer.

Tarquinius, que trazia as marcas de sua sofrida mudança, levantou calmamente a cabeça e iniciou discurso:

— Nobres senhores, não me defenderei das acusações de atentar contra a missão do Império, porque de tão vãs e abusivas, tornam-se indefensáveis. Detenho-me na avaliação daqueles que morrem por causa justa. Quantos inocentes nosso egoísmo terá condenado? Quantos miseráveis nosso orgulho haverá dilacerado? Quando sustentamos o poder em nossas mãos, conscientemente agredimos e matamos, em especial àqueles a quem amamos. Tudo em nome do poder temerário que não é eterno.

Após breve pausa, Tarquinius continuou:

— Não poderia acreditar-me inocente, pois trago em minhas origens o sangue romano, marcado também pela insensatez de meus atos. Inocentes são aqueles que foram punidos por acreditarem na justiça de um reino de luz, como um homem chamado Jesus. Alguns dos que hoje aqui estão, estiveram presentes em seu julgamento, assim como eu também estive. E o que fizemos? Exercemos a lei do nosso próprio egoísmo. A única verdade que sei agora é a misericórdia que Dele recebi.

Nova agitação iniciou-se. Pilatos, incomodado com aquelas palavras, disse:

— Trocou nossas tradições pelo tal carpinteiro? Estou farto desta história de Jesus Cristo. Transformou-se em mais um alucinado convertido!

— Nossas tradições estão mortas em nossas almas. Somos mortos-vivos sentenciando com leis ultrapassadas, incapazes de compreender a verdade de Jesus, de um reino que ainda desconheço, mas que sinto ser a justiça para a humanidade. Nossos deuses morrerão conosco, mas o Cristo viverá porque Ele é o amor permanente e eterno que ilumina nossas consciências.

— É um homem muito eloquente — disse Pilatos, pensativo. — No julgamento de Jesus, pelo que me recordo, proferiu um ensaio defendendo as ações por Ele praticadas. Confesso que, naquele dia, quase me convenceu. Acredite: para mim, esta região não passa de um desprezível agrupamento de fanáticos religiosos. Não consigo compreender atitudes tais como as suas e de todos que creem na seita de Jesus. Prefiro manter-me alheio às questões a Ele vinculadas.

Cornelius, percebendo que ele argumentava com lucidez, fato que poderia alterar o rumo de seus planos, manifestou-se:

— Nobre governador, presenciou a atitude deste homem, ele deve ser julgado culpado por traição. Este discurso não agrada ao nosso imperador. Isso considerado, como representante de Roma, peço que ele seja sentenciado à morte, pela manhã, e que todos os seus bens sejam confiscados para o Império.

Pilatos aproximou-se do patrício, demonstrando incômodo com a sua presença. Levando a mão ao queixo, meditativo, intercedeu:

— Como me julgo um homem justo, não tomarei sozinho a decisão quanto ao seu futuro. Que esta plenária decida. Acatarei o que os representantes de Roma aqui decidirem.

Os nobres que compunham o plenário estavam, de alguma forma, comprometidos com Versus. O governador, alheio a esses fatos, o jogou aos chacais, assim como fizera com Jesus.

Momentos após a severa discussão, Cornelius agindo para que não houvesse apelações sobre o caso, entregou nas mãos do governador a decisão dos presentes. Ele, com habilidade, redigiu a sentença.

Pilatos, respirando profundamente, como se por instantes tivesse sido tomado pela consciência do erro que estava cometendo, concluiu o julgamento lendo o veredito:

— Eu, Pôncio Pilatos, com os poderes a mim atribuídos, como governador oficial desta província *Sententia quae in rem judicatam transit, pro veritate habetur*[21], julgo culpado, sentencio e condeno à morte Tarquinius Lidius Varro, por trair as operações especiais e tradições de nosso Império. Determino e ordeno que o acusado seja morto por decapitação, nesta província, nas primeiras horas do dia que sucederá a este, conforme as leis romanas vigentes. Não sendo dado a ele o direito de suicidar-se em público para limpar sua honra. Fica, também, sob condição da mesma pena, aquele que tentar impedir que esta ordem se cumpra.

Antes dos soldados se aproximarem de Tarquinius, ele agradeceu:

---

21 Nota da médium: "A sentença transitada em julgado, tem-se por verdade.".

— Obrigado pela sentença que me atribuiu. Apesar de falsas acusações, prefiro morrer como traidor.

Mais uma vez, as manifestações no plenário se fizeram ouvir. Imediatamente os soldados o seguraram pelos braços, tirando-o da sala, e o levaram para o cárcere.

O governador, refazendo-se do estranho sentimento de culpa que invadia sua alma, orientou a guarda e permitiu que Cornelius fosse responsável pela execução. Depois, redigiu ao imperador uma carta de conclusão do caso e, sem mais nada dizer, retirou-se objetivando retomar a viagem, deixando para trás mais uma marca de sua inadvertência sobre a própria existência.

Capítulo 17

Audaciosa fuga

Plinius Pompilius, demonstrando seu inconformismo diante do acontecido, deixou os demais acertando os detalhes da execução e seguiu pelos corredores escuros, em direção à cela, objetivando encontrar-se com o amigo.

Perto das grades surgiu Tarquinius, demonstrando estar preocupado com ele:

— O que faz aqui? Sabe que poderá ser condenado somente por falar comigo?

— Não se preocupe, estou seguro, os guardas não estão aqui. Não posso ver um homem honesto como você sofrer injustiça pela tirania de tantos, inclusive de Versus. Desde que foi encarcerado, soube que ele articulou o quanto pôde para vê-lo morto. Sabe bem que não foi difícil para ele corromper aqueles que o sentenciaram. Por conta da morte de Sabina, também fui obrigado a ausentar-me, o que lhe propiciou condição para agir.

— Não se aflija. Minha condição me faz crer que nossos inimigos nada mais são do que enfermos necessitados de cura.

— Fui informado de que ele aproveitou-se do fato de que eu não estava presente para atuar. Assim, teve oportunidade para comprar mentes frágeis, em prol de objetivos particulares. Em tão pouco tempo de sua ausência, já podemos notar que a desordem se estabeleceu, e que muitos se corromperam em troca de cargos e favores. Homens motivados pela ganância compromissaram-se com ele. Sabe que aprendi com você o valor da moral? Valor esse desconhecido por ele. — E, alterando o rumo da conversa, prosseguiu. — Perdoe-me, parece estar tão distante de tudo que relatei... No passado, por Roma, seria capaz de romper estas grades.

— Meu amigo, de fato, tudo que disse não me afeta mais. Não pertenço mais a essa sociedade. Afirmo que depois de tanto tempo consegui encontrar a paz que jamais senti em todos os anos de minha existência.

— Como falar em paz nesta situação sem esperança em que se encontra? Sabina, inocente, foi morta e sempre me falou de Jesus. Demonstrou-se fiel a Ele, como jamais a vi diante de nossos deuses. Da mesma paz que fala, ela também falava e tentava, inutilmente, fazer-me conhecê-la.

— A esperança está viva em mim e confesso-me confiante. Hoje, compreendo verdades que até então não fui capaz de compreender. O olhar de minha filha marcou-me a alma. Sinto que, enquanto eu vivia as ilusões do Império e a falsa impressão de poder, era impossível conhecer os conceitos dos ensinamentos proferidos por Jesus, homem que viveu a riqueza de uma vida simples e humilde. Não consigo explicar, trago em meu peito uma força que jamais senti. Aguardo a morte, e se ela for o meu desígnio, que se cumpra.

— Dizem que está ensandecido. Ainda acredito que poderemos apelar novamente a Roma e conseguirmos sua liberdade.

— Estou lúcido. Sabemos que tudo isso não passou de uma grande mentira, mas no instante de meu total desespero, o Nazareno amparou-me. Não renunciarei ao que acredito, mesmo que isso custe minha vida. Que Deus me permita adquirir condição para compreender a sabedoria de Jesus Cristo.

— Perdoe-me! Fui tolo em acreditar que abandonaria essa decisão. Morrerá com essa opinião. Mesmo assim, ainda farei tudo que puder para conseguir de qualquer maneira, o seu *Status libertatis*[22]. Sinto-me só, pois o futuro me assusta. Retornarei a Roma, mas sei que lá também continuarei só, e rodeado de várias feras. É o único amigo íntegro que tive, sobretudo, o mestre que me ensinou, pacientemente, as leis que regem o Império e nossas vidas. Sempre acreditei que a "Grande Mãe" Roma fosse a razão de nossas existências e agora percebo que ela não é a verdade absoluta.

— Não estamos sozinhos. Estamos em constante aprendizado. Apesar de não conhecer os ensinamentos de Jesus, acredito que o Mestre, como bom professor, não o abandonará, mesmo estando você na condição de aprendiz inexperiente. Ele está conosco!

— Quero, um dia, compartilhar dessas novas ideias com você, pois tenho a certeza de que Jesus ganhará um grande aliado, mas ainda não me sinto preparado.

A branda conversa foi interrompida por dois soldados orientados por Versus. Então, numa breve despedida, apertou a mão de Tarquinius e afastou-se rapidamente, levando a impressão de uma força singular, expressa nas palavras do novo convertido. Pouco depois, Plinius Pompilius ainda pôde assistir, embora um tanto afastado, o martírio gratuito do amigo. Tarquinius, resignado, recebia impiedosos e severos açoites, que quase o levaram a uma morte antecipada.

Na cela, antes de cair desfalecido, Tarquinius manteve-se em fervorosa prece, redimindo-se de seus erros e acatando a implacável sentença da vida, consciente de que todas as novas estradas que seguiria conduziriam à sua verdadeira redenção.

***

Plinius Pompilius, perturbado com o fato, atravessava um dos jardins da sede do governo, quando foi bruscamente interceptado e arrastado por dois homens, para trás de alguns arbustos.

22 Nota da médium: "Estado de liberdade."

— O que querem comigo? Deixem-me em paz — disse assustado, sem esconder o medo.

— Meu amigo, não tenha medo. Sou eu, Marcellus, e este é meu filho. Estamos aqui porque precisamos de notícias de Tarquinius.

— Quase me matou de susto. — Refazendo-se, continuou. — As notícias que tenho não são boas.

— Vamos! Seja breve.

— Por motivos desconhecidos, Antoninus não apareceu para o julgamento, portanto Cornelius assumiu e Tarquinius foi condenado à morte. A execução será pela manhã.

— Onde ele está?

— Está preso. Estive com ele há pouco, e quando eu ainda estava lá, dois homens entraram em sua cela e o açoitaram sem misericórdia. Já estava muito abatido, em consequência dos dias de cárcere, porém a situação agora está pior, pois ele está muito ferido.

— Sabe exatamente em qual cela ele está, e qual será a guarda responsável nesta noite?

— Sim — preocupado, continuou. — Se bem o conheço, está pensando em libertá-lo. O que pretende? Quero ajudar no que puder.

— Pretendo tirá-lo de lá; farei isso, custe o que custar. Se quiser ajudar, enquanto eu e meu filho estivermos entrando para libertá-lo, você enganará os guardas, até que tenhamos conseguido fugir.

— Conheço bem o que encanta um soldado. Trarei uma mulher e muito vinho; ao certo, não resistirão aos encantos femininos. Assim, terão tempo suficiente para escapar.

— Já sabe para onde irão?

— Sim, apesar de termos sido ignorados em nosso meio, nos refugiaremos junto aos corações misericordiosos, aqui destas paragens e, futuramente, definiremos nosso destino.

Marcellus, com astúcia militar, arquitetou a estratégia que salvaria o amigo. Depois de acertarem os detalhes da fuga, colocaram-se em serviço para a execução do plano de salvamento, depositando toda a esperança de continuarem vivos na libertação de Tarquinius.

***

Horas mais tarde, Plinius retornou à sede do governo, trazendo consigo vinho e uma dançarina, devidamente orientada por ele. Ela dançaria para o soldado e o faria embriagar-se. Para tanto, Plinius seguiu rapidamente pelos corredores; sem ser notado, avistou o homem que vigiava a cela de Tarquinius e encaminhou a jovem para a execução da tarefa. A experiente mulher aproximou-se:

— A noite está quente! Quer matar a sede com um pouco de vinho?

O soldado a princípio rejeitou, mas ela insistiu e conseguiu fazer com que o jovem aceitasse o convite.

Plinius mantinha-se à espreita, enquanto ela distribuía encanto e sensualidade, o que fez com que o soldado cedesse diante de ambiente tão sedutor. Assim, sem resistência, curvou-se à força dos encantos femininos, esquecendo-se temporariamente de suas responsabilidades e obrigações. Mergulhou totalmente sua atenção nos gestos da jovem e no vinho abundante. Pouco depois, completamente embriagado, desmaiou.

Com a situação sob controle, Plinius Pompilius aproximou-se com cautela, tirou dele as chaves, e seguiu apressado ao encontro de Marcellus e de Marcus Aurelius.

— Aqui estão as chaves — disse o senador, com segurança, seguindo em direção ao cárcere. — Esta é a cela de Tarquinius. Sejam rápidos e precisos; manterei vigília.

Marcus Aurelius empurrou a porta e encontrou Tarquinius ensanguentado, desacordado no chão.

Diante da horrível cena, Marcellus correu ao encontro do amigo e, com agilidade e sem perder tempo, colocou-o sobre os ombros.

Quando estavam prontos para abandonar o recinto, ouviram uma voz sofrida ecoar de um canto escuro da cela.

— Senhor, tenha piedade de mim.

Ao ouvir aquela voz, Marcellus parou, enquanto Marcus Aurelius aproximou-se, trazendo a criatura para perto de seu pai, para que pudessem enxergar o seu rosto:

— Omar! — disse Marcellus surpreso — Homem, o que faz aqui? Pelo que soube, estava morto! Fui notificado de sua morte!

— Suplico misericórdia, leve-me com você — disse o moribundo com dificuldade e em estado lastimável. — Não tenho mais a visão e sei que logo morrerei. Deixem-me, ao menos, aliviar minha consciência, porque me sinto responsável pelos sofrimentos de Tarquinius. Além do mais, perdi o que para mim era muito precioso, a sua confiança. Minha história é longa e necessito relatá-la antes de morrer. Tenha piedade de alguém como eu, que perdeu a vida em virtude do egoísmo e da ganância.

— Espero que nada tenha a ver com o passado da família Varro — disse Marcellus, não escondendo o olhar de descontentamento. — Pelo estado em que se encontra, sejam quais forem os atos que praticou, a vida encarregou-se de ensiná-lo importante lição. Quero ouvir o que tem a relatar — dirigindo-se para o filho, prosseguiu. — Se o deixarmos aqui, ele poderá nos delatar. Vamos levá-lo conosco.

Marcus Aurelius obedeceu ao pai. Com seus músculos fortes, levantou o homem e o colocou em seus ombros. Plinius Pompilius os encaminhou até os portões da saída, sem que ninguém notasse nada.

Enquanto Marcellus acomodava Tarquinius em seu cavalo, seu filho repetia o gesto com Omar. Logo após, aproximaram-se do senador e despediram-se:

— Meu amigo, não se esqueça de encher as vias públicas com o boato sobre minha morte — disse segurando seus braços, em agradecimento. — Serei eternamente grato a você pelo que fez por nós. Não sei se poderei retribuir este favor, mas guardarei, enquanto viver, este seu gesto em minha alma. Tenha força e faça conforme planejamos.

Plinius Pompilius, satisfeito, despediu-se com o ânimo renovado.

— Sempre admirei a amizade de ambos. São irmãos sem que o sangue comprove isso. Sou grato por poder, mesmo que momentaneamente, participar desta família. São os únicos amigos que conheci. Tenho a consciência tranquila porque sei que estou diante de homens inocentes, justos e honrados. Se eu morrer agora, creiam, estarei feliz. Despedimo-nos aqui. Quem sabe nos reencontraremos? Após tudo que vivi, quero mudar minha vida. Talvez, um dia, conhecerei os ensinamentos desse tal Jesus.

Com profundo respeito, o senador fez uma saudação romana, batendo no peito e erguendo a mão para frente.

Marcellus e Marcus Aurelius retribuíram a saudação e subiram em seus cavalos. Em meio à nevoa densa, regidos pela esperança, os homens perderam-se na escuridão da noite, guiados pela luz das estrelas e regidos pela coragem do coração.

Enquanto isso, Plinius dispensou a jovem, pagando-lhe a quantia acordada, e voltou para o cárcere.

Honrou o acordo com Marcellus. Sem ser percebido, e como era comum encontrar condenados que morriam no cárcere, fez tudo parecer autêntico, recolhendo o corpo sem vida de um homem. Levou-o até a cela onde o amigo esteve preso, colocou-o em uma quantidade suficiente de feno que era ali depositado para tirar a umidade e, sem hesitar, ateou fogo. Depois, trancou a porta e devolveu as chaves ao soldado.

Em pouco tempo, o fogo tomou toda a cela, o corpo ficou totalmente irreconhecível e a cena falou por si, provando o inquestionável: impossível que algum prisioneiro sobrevivesse àquela situação. O guarda despertou aturdido, quando Plinius aproximou-se encenando desespero:

— O que se passa aqui? Está embriagado, homem! Em virtude de sua conduta o prisioneiro deve estar morto!

Ambos seguiram para frente da cela, mas as labaredas impediam a visão. Outros homens, orientados por Plinius Pompilius, tentavam, inutilmente, conter a fúria das chamas. O soldado desesperou-se:

— Senhor, não sei o que aconteceu comigo. É comum fazerem brincadeiras com aqueles que montam guarda. Devo ter sido vítima de alguma delas. Tomei vinho demais e esqueci minha responsabilidade; fui fraco e cedi aos encantos femininos. Abandonei meu posto, mas posso afirmar que, pelo tamanho deste acidente, o prisioneiro desta cela morreu. Irão me matar se desconfiarem de minha imprudência. Serei severamente punido. Eu suplico, tenha piedade de mim. Farei qualquer coisa para não ter de enfrentar a fúria de meus superiores.

— Meu caro, é inexperiente. Serei misericordioso e nada direi aos seus superiores. Diremos que foi um acidente — apontando para o corpo carbonizado. — Que, infelizmente, a situação levou Tarquinius à morte.

Logo após, contido o incêndio, seguiram para notificar Cornelius da ocorrência. Plinius partiu levando secretamente em seu coração o alívio de saber que Tarquinius, enfim, estava livre.

***

Enquanto isso, em uma sala reservada, Versus desfrutava das facilidades pela influência que conquistou, fazendo conjecturas sobre os últimos fatos com Cornelius. Combinavam detalhes da execução do condenado, quando então, um servo aproximou-se e anunciou:

— Plinius Pompilius e um soldado desejam ver o senador.

Com desprezo, próprio de sua personalidade, gesticulou com a mão fazendo um sinal positivo e ordenou que entrassem. Em seguida, com arrogância, saudou-os:

— O que querem comigo, filhos da grande deusa Cibele? Sejam breves, pois estou ocupado no momento — analisando--os, prosseguiu. — Parece-me que retornaram de uma batalha.

Plinius informou, com astúcia, sem titubear:

— Estava aguardando a liteira para sair daqui, quando avistei volumosa fumaça saindo do cárcere. Corri para lá, pois me preocupei com o estado de meu amigo cativo. Lá chegando, encontrei este pobre soldado lutando contra um incêndio de grandes proporções. Foram necessários alguns homens para contê-lo.

— Infelizmente, nada pude fazer — continuou o soldado. — A cela onde estava Tarquinius Lidius Varro foi totalmente destruída. Não foi possível salvá-lo. Ele está morto.

Versus não escondeu a felicidade insana que invadiu sua alma. Entre gargalhadas e embriaguez, falou:

— Meu caro, tem certeza do que diz?

— Sim! Sobrou pouco do corpo para identificação e garanto que seria impossível que pudesse sair daquele lugar. Se quiserem, poderão verificar o local.

— Queremos — disse Cornelius —, afinal preciso ter certeza de que não precisarei me preocupar com sua execução.

— Quanto a mim, — continuou Versus — quero constatar o quanto a vida foi generosa comigo, condenando aquele maldito à morte.

Ao chegarem ao local, caminharam no recinto coberto de cinzas, desviando-se das brasas. Plinius, sem conter o ímpeto, olhou para aqueles homens:

— Vejam! Triunfaram. Ele está morto. Isto é o que sobrou de um homem íntegro e digno. Agora acreditam no que dissemos? Tenho pena de ambos, pois nada possuem de íntegro. São uma farsa!

— Cão miserável! — disse Cornelius. — Como ousa falar assim conosco?

— Acalme-se — interveio Versus. — O momento é de felicidade. Enfim, livrei-me de Tarquinius. Homens como vocês terminam assim. Não perderei meu tempo fazendo algo contra você, porque já é um fracassado e aqui não terá mais lugar. O seu abatimento, diante da morte dele, é para mim um triunfo. Tenha certeza de que, pela manhã, farei minhas oferendas aos deuses em agradecimento a esse presente.

— Sabe bem de meu apreço por ele. Com o trágico fato de hoje, em sinal de respeito ao amigo, vou recolher-me. Um dia a vida os ensinará as lições de ética esquecidas por suas mentes doentias.

Plinius retirou-se em silêncio para evitar que outros confrontos pudessem destruir o plano de Marcellus.

Versus repousou a mão sobre o ombro de Cornelius:

— Voltemos! Quero que beba comigo um bom vinho para comemorarmos.

— Não se esqueça da grande dívida para comigo. Muito me deve por esse trabalho. Em breve retornarei a Roma, portanto, exijo a generosa fortuna prometida.

— Não se preocupe. Por esse triunfo, merece muito mais do que foi acordado.

Em clima de bajulação, retiraram-se demonstrando grande alegria, sem imaginar que presenciaram a mais perfeita encenação de um plano de resgate. E o mais importante: ignoravam a verdade sobre Tarquinius, que continuava vivo em algum lugar.

Ambos, ao adentrarem um salão, deram com Antoninus Gratus, que desperto já tinha informação dos fatos. Percebendo o envolvimento dos dois, sem conter a fúria, lançou-se sobre Versus:

— Infame! Miserável! O que fez comigo?

— Meu caro! — respondeu com ironia. — O que posso fazer se Roma designa homens que não possuem responsabilidade? Em vez de fazerem cumprir a lei, preferem desfrutar de um bom vinho! Além do mais, o que acharia o Imperador se soubesse da verdade? O nobre amigo, com muito êxito, o substituiu no propósito de representar o imperador.

— Maldito! É um perverso. Agora compreendo por que esteve tanto tempo longe de nossa sociedade. É inescrupuloso. Manipulou o julgamento e conspirou contra Tarquinius sem piedade. Sairei agora mesmo.

— Cale-se! — bradou Cornelius. — Sabe bem que posso destruí-lo. É melhor seguir sem nada dizer, pois ninguém acreditará em um homem que se embriagou em pleno julgamento.

— Veio para cá com um propósito: fazer justiça. Por ganância, conseguiu calar Tarquinius, mas outros iguais a ele nascerão dos braços da "Grande Mãe", e com eles a justiça reinará. Onde ele estiver, rogarei que perdoe minha impotência para defendê-lo. Quanto aos dois, que os deuses tenham piedade de vocês.

Antoninus, sem dizer mais nada, saiu enfrentando corajosamente as trevas da noite, seguindo para Roma. Ali, deixou Versus e Cornelius celebrando a suposta morte de Tarquinius e a liberdade para darem continuidade aos seus desonestos negócios.

Enquanto isso, o céu sereno sustentado pelas estrelas e pelo luar, derramava sobre a velha Jerusalém um pouco de paz depois de tantas amarguras vividas.

Capítulo 18

Grande revelação

Transcorridos alguns dias após a fuga de Tarquinius, Bartolomeu e sua esposa, caridosamente, acolheram aqueles homens em sua residência. O nobre demonstrava o abatimento do cárcere, porém não perdia a oportunidade de ouvir as palestras do apóstolo a respeito de Jesus. Marcellus e o filho adaptavam-se à nova vida, tentando compreender os ensinamentos do Mestre, enquanto Omar agonizava no leito humilde, com febre alta e alucinações.

No firmamento, a imponente lua iluminava a escuridão da noite. Na varanda da casa do apóstolo, Marcus Aurelius experimentava a brisa fria que, calmamente, desalinhava seus cabelos, quando percebeu a presença de Tarquinius, que o observava. Este se aproximou com respeito:

— Antes mesmo de receber a notícia da suposta morte de minha filha, sempre esteve em meu coração, na posição de filho amado. O tempo passou e repito, continuo com o mesmo sentimento. Sei o quanto sente a falta de Ester. Acredite, eu também sofro, mesmo que tardiamente, não só por ela, mas por você, pois a sua atitude para comigo também me sentencia a uma morte viva. Um dia poderá me perdoar?

O jovem, olhando para o céu e com o rosto umedecido pelas lágrimas, respirou profundamente e voltou-se para Tarquinius:

— Fomos presenteados nesta vida por mulheres que representaram a luz para nossas existências. Ontem eram vida e hoje são saudade. Não sou eu quem o sentencia, nós três fomos sentenciados; resultado do nosso próprio egoísmo. Amo-o como a um pai, mesmo que tenha demonstrado, no passado, a severidade das leis de um grandioso império de mármore, que hoje, visivelmente, encontra-se em ruína moral. Quero aprender a recomeçar, a viver, a amar e a ser filho de Deus — com profunda seriedade, prosseguiu. — Um dia prometi a meu pai que faria Roma se curvar a Jesus, e confesso que essa promessa é que me mantém vivo. Sinto dentro de mim a força desses ensinamentos. Lutarei para que eles não morram, custe-me o que custar.

Marcellus observava-os com profunda emoção. O jovem, notando sua presença, o chamou para fazer parte da conversa e os abraçou:

— Somos uma família. Tenho sorte, pois, tenho ainda dois pais — amigos e professores. Estaremos juntos. Conseguiremos vencer todas as provas deste jogo chamado vida e aprenderemos as lições do Senhor. Assim, voltaremos a ver os corações amados que partiram antes de nós.

Emocionados e refeitos, os três homens confirmavam profunda união, sedimentada na amizade e no desejo de conhecer, crescentemente, os ensinamentos de Jesus.

***

No dia seguinte, no fim da tarde, quando o sol cedia lugar à noite, Tarquinius e Marcellus foram chamados por Ruth:

— A saúde de Omar está pior, mas com muita lucidez, suplicou a presença dos dois.

Eles seguiram até o leito do enfermo. Ali, Bartolomeu e Marcus Aurelius cuidavam dele. Curiosamente, o ex-centurião experimentava repentina e espantosa melhora. Ao sentir a presença dos dois homens, que dele estavam bem próximos, entre lágrimas, começou a relatar sua história:

— Perdoem-me! Por misericórdia, permitam-me aliviar a consciência antes de morrer.

Sem saber o que ele queria dizer com aquelas palavras, silenciaram, incentivando-o a continuar.

— Há muitos anos, eu, jovem soldado, ambicioso e sonhador, fui chamado à residência de Versus Lucius Antipas, juntamente com seu filho Corvino. Recebi, então, a proposta que me amarguraria para sempre. Confiando cegamente nas palavras de um homem maduro, acreditei que alcançaria fácil ascensão e que meu nome brilharia um dia. Em poucos anos estaria ocupando o posto mais desejado, o lugar de Marcellus — buscando no ar momentâneo alívio, com dificuldade, continuou. — Em troca, eu deveria matar a menina Cassia. Versus acreditava que, sem a filha, Tarquinius retornaria a Roma, e assim ele continuaria com seus negócios clandestinos, sem interferências. Por sua ordem, a escrava Sara depositou no refresco da senhora Helena um sonífero que a fez dormir. Para que tudo parecesse autêntico, os cabelos da senhora foram molhados com vinho para que, ao ser encontrada, acreditassem estar embriagada.

Tarquinius olhava fixamente para aquele homem, sem sequer manifestar um gesto ou uma palavra. Marcellus, percebendo a gravidade do relato, o intimou:

— Vamos, homem, continue!

— Quando a inocente senhora desfaleceu, retirei a menina, deixando ali um quadro que certamente a incriminaria diante dos senhores. Confesso que até então já havia matado muitos homens, porém, jamais uma criança. Covardemente, deixei a pequena abandonada em uma estrada. Acreditei que o destino daria um fim à sua vida. Passados alguns dias, fizemos para vocês toda aquela encenação. O cordão, que retirei do pescoço da senhora Helena, chamusquei para que pensassem ser resultado de um trabalho de marginais. Vivi esperando por este momento, e uma força que vinha de algum lugar, fazia-me aguardar para poder enfrentá-los. Quanto a

Marcellus, os vários e sucessivos atentados que sofreu foram executados por mim, sob ordens de Versus!

— Sabe o que fez? Então você era o homem que atentava contra minha vida? Como foi parar no cárcere? — disse Marcellus, explosivo e impetuosamente.

— Compreendo sua fúria, senhor — disse Omar no limite de suas forças. — Quando fui até Versus para cobrar dele a dívida, furioso, mandou seu filho sumir comigo. Corvino, hipócrita e covarde, vazou então meus olhos e espancou-me até que minhas pernas não tivessem mais vida. Depois, jogaram-me naquela cela para meu suplício.

Tarquinius, abaixando a cabeça entre as mãos, permitiu que lágrimas, tais quais labaredas vivas, incendiassem sua face. Reviveu o sofrimento e o arrependimento, relembrando a dor da separação, agora misturada com o sentimento de culpa.

Omar, febril e tossindo muito, esforçava-se para terminar aquela revelação em seus últimos momentos de vida. Entre alucinações repentinas, agonizava ofegante, nos braços de Ruth.

Bartolomeu, aproximando-se dele, orou:

— Pai, receba este seu filho que abandona os vínculos na Terra, para abraçar a vida eterna. Encaminhe-o para a claridade, perdoando as diversas falhas por ele cometidas, agora reveladas a todos nós. Acenda, em sua alma, as bênçãos de amor para que ele possa, um dia, adentrar Sua morada. Ensine-nos a amar àqueles que hoje se apresentam como nossos algozes e que, com o coração purificado, possamos esquecer as ofensas. "Como eu vos amei, amai-vos também uns aos outros."[23] Ao certo, aprenderemos essa máxima de Jesus.

Terminada a oração, Bartolomeu abriu os olhos e viu que Simão Pedro observava o quadro, silencioso. Após as habituais saudações, o ex-pescador dirigiu-lhe a palavra:

---

23 Nota do autor espiritual (Ferdinando): João, 13:34

— Caro amigo! Vim à sua residência sem esperar presenciar o que vi e ouvi.

— Na vida, Deus nos oferece condições para corrigirmos o nosso passado — disse Bartolomeu com candura. — O que mais será necessário para que despertemos?

Tarquinius, não conseguindo esconder as lágrimas, saiu para a varanda em busca de ar, para aliviar seu coração angustiado. Marcellus, aturdido, junto com Marcus Aurelius, ajudava Ruth na condução do corpo sem vida de Omar. Os apóstolos, em um gesto nobre e amigo, reconhecendo a difícil situação, voluntariamente, foram oferecer-lhe auxílio e o encontraram em prece fervorosa:

— Senhor, não fui digno de ter ao meu lado os amores que compartilharam minha vida. Por egoísmo, sentenciei minha esposa ao amargo isolamento, enquanto mergulhava em meu próprio orgulho e egoísmo. A filha que deitou em meus braços, amor eterno de minha alma, silenciou sob o peso do sacrifício extremo. Poderia, Senhor, ter piedade deste homem que reconhece agora a própria pequenez diante de Sua grandeza? Deste homem que permitiu ser usado pelas mãos duras do poder? O peso de meu passado acompanhará minha existência e não poderei separar-me dele. Por misericórdia, permita-me conhecer e compreender Jesus e, por Ele, auxiliar estes companheiros de fé na construção de Seu reino de luz.

Pedro, emocionado, aproximou-se e o abraçou paternalmente:

— Meu amigo, todos nós carregamos o peso dos erros do nosso sombrio passado. Eu neguei Jesus e nessa negação firmei-me na fé. O Seu perdão ergueu, em minha alma frágil, um império de amor e de fé, que nem mesmo quando estava ao lado Dele, conseguia sentir. É o momento de sabermos seguir o exemplo de nosso Mestre amado, perdoando e vivendo para servir a Deus e encontrar a certeza desse caminho nos corações humanos.

Como culpar aqueles que erraram? Nós somos filhos do erro. Israel é filha do erro. Certa feita, perguntei a Jesus: "Senhor, quantas vezes devo perdoar ao irmão que pecar contra mim? Até sete vezes? Jesus respondeu-me: "Não te digo até sete, mas até setenta vezes sete."[24] E, eu lhe digo: devemos perdoar, porque em nós está a falha do esquecimento da verdade. Se o Mestre nos perdoou, sigamos em frente, aceitando as sentenças que a vida oferta às nossas almas. Sejamos, de agora em diante, servos de nosso Pai, e aprendamos a prosseguir no caminho da verdade, que é Jesus.

— O senhor me permite conhecer a vida e os ensinamentos de Jesus? — pediu Tarquinius, refeito.

— Mateus foi incumbido de registrar a passagem do Mestre pela Terra. Terá acesso aos primeiros esboços.

— Sei que terei dificuldades de relacionamento com os seguidores antigos, em razão de minha origem romana. Ficarei contente com qualquer atividade que possa ser realizada por mim, para contribuir com a obra de Jesus. *Ab imo pectore, ab imo corde*[25], eis minha promessa. Viverei para a boa-nova e para a verdade chamada Jesus e, se porventura, um dia afastar-me dela novamente, como um dia o fiz, que meus ouvidos ensurdeçam, meus olhos ceguem e meus lábios se calem, pois eu nada serei, a não ser um homem decadente, caído no chão da ignorância, incapaz de reconhecer a própria pequenez diante da grandiosa e radiante sabedoria de Deus.

— Estou certo que sua contribuição será bem-vinda. Sabemos quem foi, e seu passado será reservado somente a nós. De hoje em diante, será um grande amigo da causa do Senhor, que trabalhará na propagação desse império de luz trazido por Jesus.

---

24 Nota do autor espiritual (Ferdinando): Mateus, 18, 21:22

25 Nota da médium: "Do mais profundo do peito, do mais profundo do coração."

— Levarei comigo o meu passado comprometedor e sempre o relembrarei, para jamais fugir da luta verdadeira ou afastar-me do Mestre.

— Meu caro — disse Bartolomeu. — Conheci sua filha e acompanhei seus sonhos e desejos. Ensinei-a, junto com Apolonius, o brilho da fé. Ela e Raquel foram filhas abençoadas e as carrego com amor em minha alma. Elas chegaram a nós pelos caminhos sinuosos do egoísmo e da ignorância alheia, os mesmos que também o conduziram ao Cristo. O amor que tenho por ambas é o mesmo que agora tenho por você. Sua redenção fortalece ainda mais esse sentimento em mim.

— É um homem bondoso, mas quero merecer seu amor, assim como dos amigos que compartilham este caminho. Trabalharei, sem predileção, mas com esforço e afinco, para que, além de compreender as leis do Senhor, possa perpetuá-las em meu peito.

— Que se cumpra a vontade de nosso Deus — disse Pedro com felicidade.

Em um abraço fraterno, banhados pela luz do luar, aqueles filhos de Deus firmaram um vínculo de amizade, respeito e consideração.

***

Cinco anos transcorreram após a morte de Ester. No ano aproximado de 39 d.C., os apóstolos, mesmo que separadamente, estabeleceram-se em Jerusalém. A casa[26] de Simão Pedro já havia se transformado em um posto de socorro e concentração dos seguidores do "Caminho". Pessoas buscavam a cura para seus males que os apóstolos proporcionavam. Doentes esquecidos por suas famílias, leprosos e enfermos de todas as espécies paravam ali, buscando aliviar suas chagas. Marcus Aurelius, seu pai e mais alguns convertidos dedicavam-se ao auxílio dos enfermos.

26 Nota da médium: refere-se à Casa do Caminho.

Tarquinius não possuía mais a feição clássica. Sua pele estava dourada pelo sol, e ressaltava nele o semblante humilde. Mantinha-se firme, trabalhando nas tarefas a ele endereçadas, sem importar-se com a natureza de cada uma. Dedicava-se ao profundo estudo dos manuscritos de Mateus. Absorvia todos os ensinamentos que se reportavam ao Mestre e examinava as escrituras sobre a boa-nova, que ali nasciam.

Na velha Jerusalém, os nobres estabeleceram-se na residência de Bartolomeu e sua esposa, que lhes ofereciam carinho especial e supremo amor. Orgulhavam-se do empenho desses homens nas demonstrações redentoras da fé. Tarquinius dedicava-se à conversa com os cinquenta enfermos que Simão Pedro havia ali instalado, levando palavras de conforto e coragem, para que enfrentassem o próprio destino. Com humildade, propagava os ensinamentos do Mestre, demonstrando fé inabalável e confiança fervorosa nas escrituras do Senhor.

A noite estava iluminada pela luz das estrelas e começavam a chegar os seguidores de Jesus, para participarem das orações, que eram mantidas na casa de Simão Pedro. Todos os presentes foram se acomodando nos pequenos espaços, divididos com os leitos dos enfermos, e aguardavam as palavras de Bartolomeu, que envolvido por inspiração Superior, iniciou a preleção da noite:

— Amigos de ideal, falo em nome de Deus! Lutemos sem esmorecimentos para que a passagem de Jesus não seja em vão. Aprendamos a aceitar os fatos e golpes do mundo com paciência e amor, acreditando e seguindo em frente, dignamente como o Mestre o fez. Aceitemos aqueles que, um dia, exerceram algum poder desumano, perseguindo impiedosamente, pois chegará o dia em que a consciência os levará ao coração de Jesus — dirigindo o olhar a Tarquinius, continuou. — Deixemos que nossas almas se abram para ouvirmos um amigo da causa, que conheceu a necessidade dessa redenção e hoje, demonstra, com fé, o amor ao Mestre.

Em um gesto simples, estendeu a mão e chamou Tarquinius para que desse seu testemunho. Completamente surpreso, ele, acostumado a expressar-se em público devido à sua carreira, e que depois esteve calado por tanto tempo, naquele momento sentiu-se inseguro para articular qualquer palavra.

Ao perceber seu constrangimento, Simão Pedro aproximou-se, transmitindo-lhe forças e total crédito. Caminhando lentamente, silencioso, contemplou os rostos ansiosos pelos ensinamentos de Jesus, que aguardavam suas palavras. Ele, então, mergulhou no próprio coração e, tendo aprendido o valor da humildade, sentiu-se envolvido por uma inspiração superior, que o fez vencer os próprios limites. Com convicção, iniciou seu testemunho:

— Caros amigos, nossas almas frágeis e ignorantes, em plena luta redentora, trazem ainda o sacrifício para compreendermos as ideias de Jesus. Estivemos guardando, nos labirintos sombrios da vida, aversão às leis claras de um Deus único. Atribuímos poder a criaturas imaginárias e fizemos delas divindades. Cultuamos respeito aos poderosos, que acreditávamos senhores do mundo, mas nos silenciamos ante o Cristo, atravessando a vida com a ignorância cega de nossas almas.

"Entre o sarcasmo e o desprezo, Ele venceu as calamidades do mal, propiciando-nos o socorro necessário para que nos reergamos das cinzas. Importante é permitir germinar Sua semente, em todas as terras, e principalmente em nós mesmos, sem capricho ou favoritismo, somente com a precisa coragem para verificarmos que não basta provarmos dos frutos deixados por Ele. O que são os sacrifícios sofridos por nós, Seus seguidores, comparados ao martírio agonizante na cruz?

"'Uma coisa eu sei: é que eu era cego e agora vejo.'[27] Como aprendizes do grande Sábio, escutando Seu chamamento, buscando a elevação da alma e a propagação de Seu

27 Nota do autor espiritual (Ferdinando): João, 9:25

império de amor, devemos enxergar com clareza as instruções dos Céus, porque quem desenvolve a visão do Cristo, não estaciona. Sigamos adiante, confiando e recordando que o Senhor não abandona Seus filhos nas experiências e lutas terrenas. Sejamos dignos de receber Seu amparo, para encontrarmos os nobres valores da vida, na sublime transformação de nós mesmos e em nossa redenção."

O silêncio era soberano no ambiente. Bartolomeu enxugava as lágrimas após escutar palavras tão verdadeiras. Simão Pedro, verificando a mudança em Tarquinius, aquele mesmo homem que consolara no passado, surpreendeu-se com o relato tão límpido e contundente. Encerrando a reunião, com as preces costumeiras de louvor, encaminhou-se para ele:

— Meu amigo, que Deus lhe conceda amor e coragem para enfrentar os carrascos; à sua mente, a sabedoria celestial; e às suas mãos, o trabalho em nome de Jesus.

— Sabe que sem você e sem o apoio fraterno de Bartolomeu, ainda estaria vivendo e servindo a muitos deuses e senhores. Sempre me perguntei o que me mantinha preso a esta terra. Hoje sei e estou seguro de que no Mestre está a resposta. Estou certo, pois agora encontrei o meu verdadeiro caminho.

Abraçaram-se irradiando felicidade e esperança, pois acreditavam na Divina Providência. Sentiam no coração a força da fé para continuarem a luta.

Capítulo 19

Convertendo o passado em luz

A força do Cristo permanecia viva e fortalecida pela fé demonstrada por tecelões, cobradores de impostos, pescadores e pastores, que pregavam a doutrina de amor deixada pelo Mestre. Apesar de tantos martírios ininterruptos e constantes perseguições, mantinham-se como fiéis trabalhadores da boa-nova.

Segundo as orientações celestes, os apóstolos traziam com eles o dom da palavra e, alguns, da cura. Espalhavam-se por diversas regiões, evangelizando e fundando igrejas humildes. Jesus, enfim, estava vivo entre os corações e, neles, as sementes de amor, de fé e de esperança germinavam.

Simão Pedro, sem vacilar, mostrava em todos os instantes, que a fraqueza de ter negado a Jesus, no passado, tinha se transformado em total dedicação ao trabalho cristão. Apesar de sofrer açoites, perseguições e prisões, sua abnegação e devotamento ao amor apostólico não trazia sinais de lamúria ou dúvida. Assim, demonstrava coragem para seguir, sem desfalecimento, o caminho trilhado pelo Mestre — o que servia de exemplo a todos.

Ele seguia liderando o movimento sem esmorecimento, evangelizando e administrando a Casa do Caminho. Apaziguava divergências ideológicas e vontades diversas dos seguidores da causa santa, sem promover o ódio, porém, com caridade, humildade e sabedoria, respeitando as diferentes personalidades.

Com dificuldade, organizava as igrejas que nasciam, contando com o auxílio divino, de velhos amigos e de novos convertidos. Mesmo com o crescente número de mortes causadas pelas perseguições, os testemunhos de fé cresciam e eram dados com resignação.

Em pequenos casebres, a doutrina do Mestre mantinha-se forte. Bartolomeu, colaborando fielmente com o amigo, presidia com carinho manifestações de fé. Povoados queriam ouvir a boa-nova e chegavam até as paragens de Jerusalém.

Tarquinius trabalhava arduamente e trazia as marcas do tempo. Sua face estava coberta por vasta barba. As características físicas do romano cederam lugar a um homem simples e emagrecido. Embora transformado, ainda carregava as lembranças do passado, que nele ficaram caladas.

A força hercúlea de Marcellus e de Marcus Aurelius começava a esgotar-se. A eles, sobraram recordações de feitos e glórias, de um tempo que já distava bastante do atual.

Certa noite, duas mulheres aproximaram-se da casa de Pedro. Uma delas, já envelhecida, ainda mostrava lucidez e força. Com a voz rouca e sofrida, falou-lhe humildemente:

— Por misericórdia, suplico-lhe asilo, estamos andando por dias e não temos mais forças para prosseguir. Soube que aqui poderíamos encontrar auxílio. Além do mais, estou velha e trago comigo esta mulher que está agonizando.

— Ela está leprosa! — disse Filipe com um semblante aflito. — Não devemos acomodá-las aqui. Poderão trazer infortúnios. Embora saibamos que alguns enfermos foram curados pelas nossas mãos, pela causa que tanto amamos devemos evitar exposição desnecessária, para não chamarmos a atenção do Sinédrio.

O ex-pescador, pensativo, repousou a mão sobre seu ombro:

— "Em verdade vos digo: todas as vezes que o deixastes de fazer a um desses pequeninos, foi a mim que o deixastes de fazer."[28] Recordemos os ensinamentos do Senhor e acolhamos quem nos pede socorro.

Simão Pedro, respeitando o medo súbito do amigo, encaminhou as visitantes a uma dependência da casa, acolhendo-as com discrição. Sua inabalável e fervorosa crença nos ensinamentos de Jesus, fez com que sua iniciativa vencesse o preconceito de muitos.

***

Na manhã seguinte, Bartolomeu, Ruth e seus amigos seguiram para a casa de Pedro em atendimento ao seu chamado. Ao chegarem, foram recebidos por ele:

— Meus amigos, que Jesus esteja conosco! Temos muito a fazer. Na noite passada, recebemos duas filhas de Deus que necessitam de especial atenção. Uma está leprosa e, por ora, acomodei-as aqui, até que possamos levá-las a um lugar onde não sofrerão zombarias. Assim, poderão adquirir forças para cumprirem a difícil tarefa de experimentarem tão sofrida chaga.

— Avaliou essas sofredoras? — perguntou Bartolomeu.

— Se for dos desígnios de nosso Senhor, pela fé e condição de merecimento de cada uma, poderemos interceder em favor delas.

— Creio que não será possível agirmos com os dons que nos foram delegados. Devemos auxiliá-las, sem tentar modificar o que a vida reservou a cada uma, pois desconhecemos suas histórias.

— Tem razão. Devemos esperar, com paciência, o aprendizado que sempre segue de mãos dadas com o sofrimento.

Ruth e Marcus Aurelius foram cuidar de outros afazeres, enquanto Bartolomeu convocou seus amigos para oferecerem ajuda às enfermas. Ao entrarem no aposento isolado, depararam-se com o sofrimento de uma mulher madura, em leito humilde, que apresentava o corpo ulcerado pela

---

28 Nota do autor espiritual (Ferdinando): Mateus, 25:45

enfermidade que a consumia. Entre dores e alucinações, proferia palavras desconexas.

Ao seu lado, atendendo aos pedidos de socorro, a amiga, uma mulher também envelhecida, procurava aplacar o sofrimento sem reclamações.

Lentamente, aproximaram-se dela que, com lágrimas, ao deparar-se com o apóstolo, ajoelhou-se resignada:

— Que Jesus os abençoe por tamanha caridade. Conheci a misericórdia do Nazareno, por intermédio de duas amigas de meu passado, as servas Ester e Raquel. E foi nas máximas do Senhor que encontrei coragem e forças para continuar vivendo.

Bartolomeu, com carinho, segurou seus braços emagrecidos e acomodou-a em um assento próximo:

— Filha de Deus, também teve o privilégio de conviver com Raquel e Ester, doces amores de nossas vidas! Com certeza com elas aprendeu que Jesus é a candeia, e seus ensinamentos, luz. Com Ele encontraremos sempre coragem para continuar. Se soubermos sofrer com entendimento, socorreremos nossas almas, já tão fatigadas de sofrimentos. Sofrimentos que, muitas vezes, buscamos com nossa insensatez. Então, conte-nos sua história.

— Chamo-me Judith. Desde que um nobre romano chamado Marcellus e seu filho chegaram a estas paragens, os servi em sua morada. Dividíamos aquela residência com a família de Varro, que aprendi a respeitar. Todos eram bondosos comigo; encontrei ali a família que perdi em virtude do cativeiro. Apesar de todos dizerem que Tarquinius era um tirano, sempre acreditei que em seu coração habitava a luz. Jamais tinha visto alguém amar tanto uma criança e ser capaz de esquecer tudo pela dor da sofrida separação.

Uma mulher chamada Sara — olhando com candura para a enferma — também servia naquele solar. Não sabíamos que ela tinha sido encaminhada para lá por um homem chamado Versus. Sua missão era vigiar os passos de Marcellus e de seu amigo. Com as algemas de um falso amor, agia sob a orientação desse homem cruel. Infelizmente, acreditou em promessas que jamais se realizaram. Com a ilusão de ganhar a liberdade e contrair matrimônio com ele, aceitou seu próprio calvário.

Breve pausa se fez. Emocionada, a mulher secava as lágrimas. Bartolomeu, com respeito, incentivou-a a continuar:

— Coragem! Prossiga com o relato.

— Por instruções de Versus, cometeu inúmeras injustiças. Aquela residência, que antes era um manancial de paz, transformou-se em um cativeiro sombrio. Mortes sucederam-se. Houve boatos de que Marcellus e seu filho também foram mortos. Eles nunca mais foram vistos. Os serviçais foram encaminhados para venda, ao mercado de escravos. Quanto a mim, graças à bondade de Marcellus, que me deu o suficiente para fugir, consegui com esse dinheiro manter-me por um bom tempo. Sara, então, convocou-me para servi-la na nova vida.

Versus havia conseguido o que queria e a levou para viver com ele por algum tempo. Como não tolerava ser mantido sob o domínio de ninguém e, com medo de que ela o denunciasse, resolveu livrar-se dela. Certa noite, ordenou a um soldado que desaparecesse com ela, sem que deixasse vestígios. Então o homem levou-a ao cárcere, onde permaneceu por muito tempo, em total penúria, e junto de outros cativos já doentes.

— Continue, filha! — disse Bartolomeu, observando a tristeza silenciosa que abraçava impiedosamente os amigos ali presentes.

— Por estar velha, fui expulsa do palácio de Versus, logo em seguida à prisão de Sara. Mantive-me em um casebre nas proximidades do Vale dos Leprosos, onde conheci uma mulher chamada Maria de Magdala, que ajudava os pobres infelizes. Auxiliei-a e jamais contraí a triste doença, sem saber o porquê de ter sido poupada de tal sofrimento.

Em consequência da prisão dos seguidores de Jesus, os cárceres estavam cheios. Então, uma lei veio de Roma para esvaziá-los, porém, não sabiam que os prisioneiros estavam leprosos. Foram levados para fora da cidade. Abandonaram homens moribundos e mulheres alquebradas, que foram socorridos pela misericórdia do Cristo. Dentre esses, com muita dificuldade, identifiquei Sara, totalmente desfigurada. Tive compaixão ao vê-la naquela situação. Desde então, cuido dela com desvelo. Infelizmente, o número de enfermos cresceu e o governo, temendo que o mal se alastrasse, ordenou que os casebres de auxílio aos leprosos fossem queimados, entre eles o meu.

Rogo a Jesus que ela tire de seus pensamentos a vingança contra Versus. Parece-me que, por todo esse tempo, sobreviveu em razão dos sentimentos de ódio e amor que nutre por ele. Em minhas orações, suplico que ela esqueça o passado e receba a morte em comunhão com o Senhor, mas confesso que não tenho obtido êxito.

As palavras de Judith silenciaram aqueles corações. Ruth e Marcus Aurelius também escutavam aquele emocionado relato. O ambiente foi envolvido por uma brisa perfumada. Todos sentiam forte golpe no peito. Reconheciam aquelas mulheres que fizeram parte da história de suas vidas.

Sem nada dizer, aproximaram-se do leito. Com cuidado, descobriram a face da enferma, reconhecendo-a. Nesse momento, Sara, olhando-os fixamente, gritou:

— Quero Versus. Tragam-no imediatamente. Malditos, malditos romanos; quero a morte para eles!

Bartolomeu, unindo-se aos nobres, orava fervorosamente, enquanto a enferma mergulhava em sono sereno.

Após o silêncio retornar ao recinto, Tarquinius aproximou-se da idosa serva:

— Coração bondoso, você é virtuosa. Conseguiu enxergar luz em um homem que fez do sofrimento o cativeiro de seus dias. Diante da dor de perder não uma filha, mas o grande amor de minha existência, encontrei meu refúgio no egoísmo. Suplico-lhe perdão, mas não me atribua bondade, porque em mim habita o peso de meu passado.

— Por Deus! — exclamou ela, com visível felicidade, ajoelhando-se diante deles. — Reconheço-os! Estão vivos! Senhores, perdoem-me, mas sempre foram para mim a família que conheci após o cativeiro.

— Vamos, mulher! — disse Marcellus com sua habitual voz fortalecida. — Levante-se! Não merecemos tamanha demonstração de amor.

— Viveu ao nosso lado — disse Marcus Aurelius — servindo-nos. Nosso egoísmo jamais permitiu que percebêssemos o quanto foi fiel e dedicada a nós. Suplico-lhe que nos abençoe, para que possamos aprender com você a lição da servidão sem mágoas.

— Sou eternamente agradecida por reencontrá-los, mas em breve terei de partir.

— Não tema! Rogarei a Pedro para que fique aqui.

Emocionados, todos permaneceram ali, sem medo, com coragem para enfrentar as próprias fragilidades.

***

Nos dias que se seguiram, com autorização de Pedro, e vencendo a insatisfação de outros, Sara permaneceu sob os cuidados de Ruth e dos nobres romanos. Eles surpreendiam a todos, com demonstrações de paciência no trato de tão difícil enferma que, entre lucidez e alucinação, lutava revoltada contra a doença do corpo, já em estado avançado. Isso exigia deles toda a atenção, enquanto ela retribuía com escárnio e descaso.

Certa ocasião, revezavam-se para auxiliá-la, pois uma piora repentina anunciava a morte próxima. Tarquinius segurou sua mão emagrecida, quando, com dificuldade, escutou a difícil e lúcida indagação:

— Por que me auxilia se tanto mal fiz a você e à sua família? — Entre lágrimas, prosseguiu. — Sempre acreditei nas palavras de Versus sobre você e o julguei um tirano, mas as estradas da vida fizeram-me ver que a tirania nunca fez morada em sua alma, mas, sim, na daquele maldito.

— Filha de Deus! Se carregasse ódio pelos atos impensados que cometeu contra os meus, eu seria igual aos carrascos. Aceitei as leis de Jesus, perdoei o passado e, sobretudo, a mim mesmo, pois a vida não se resume apenas a erros. Dentro de nossas almas habita a essência do Senhor, por isso, a vida nos oferece oportunidade de reavaliarmos a rota que seguimos. Sempre é momento de recomeçarmos. Julgamos os outros baseados em leis criadas por nós mesmos e, na maioria das vezes, erramos porque estamos fundamentados no egoísmo.

— Confesso que hoje recebo a sentença para meus atos, restando-me somente padecer sob o jugo pesado da vingança dos deuses.

— O Deus de justiça e amor não pune Seus filhos. Nós mesmos sentenciamos nossas almas ao suplício de nossa ignorância.

— Sei que não sou digna de suplicar-lhe isto, mas por misericórdia, perdoe-me. Estou morrendo e tenho medo — falou apertando sua mão. — Os que um dia prejudiquei, são os que me socorrem agora. Aquele que julguei amar por todos os anos de minha vida ofereceu-me silencioso sofrimento. Morrerei levando comigo o ódio por Versus e jamais o perdoarei.

— Não tema a morte — respondeu-lhe emocionado. — O medo vem de nossa ignorância diante das leis naturais da existência. Jesus é vivo e, creia, Ele não a abandonará nesta passagem. Leve com você o perfume de nosso perdão e a gratidão por ter nos ensinado, ainda que pela dor, o caminho para a certeza de nossa fé. O sofrimento de agora tem a função de elevá-la com o coração purificado ao Senhor. Por isso, não condene ninguém ao cativeiro do ódio tirânico; compreenda que tudo muda e passa, menos o amor que vem do Senhor.

Naquele instante, Sara buscava no ar o último suspiro para seu corpo judiado. Enquanto isso, no invisível,

Apolonius e Helena, em radiante luz, aproximaram-se dela. A senhora, tal qual mãe amorosa, acalentou-a em seus braços e ela, apesar das forças que se esvaíam, alucinava querendo vingar-se de Versus.

Seres alados, cheios de compaixão, continham a ação de diversas criaturas sombrias que se afinavam com os pensamentos de ódio e rancor de Sara, dispostas a recolhê-la. Sem julgamentos, os emissários celestiais derramaram sobre a enferma uma luz que a levou a forte torpor. Esse recurso serviu para conter a atração que agia, voluntariamente, sobre ela.

Naquele momento, não encontrava forças para escolher e discernir o que seria melhor para si, restando-lhe, apenas ceder, ainda que temporariamente, àquele incontestável amor e soberana piedade. Dissipando as trevas e unidos pela misericórdia celestial, partiram daquele recinto, deixando para trás a felicidade nas palavras de fé e verdade pronunciadas por Tarquinius.

Enquanto isso, ele, emocionado, diante do que via, orou:

— Senhor, não suplicamos facilidades, mas entendimento; não suplicamos favoritismo, mas trabalho; não suplicamos alívio às provas necessárias para a nossa transformação, mas consciência para continuarmos com evidente felicidade. Reconhecemos Sua grandeza e aceitamos nossa pequenez; buscamos em Seu coração a misericórdia de Sua luz para esta filha que encerra a travessia desta vida, carregando na alma a incompreensão das leis de amor e perdão ensinadas pelo Senhor. Acolha-a sob Seu manto de glória, porque assim como nós, é aprendiz de si mesma.

As primeiras estrelas lutavam serenas contra a luminosidade do céu, ainda azul, daquele final de tarde, enquanto os filhos de Deus, envolvidos pela demonstração de redenção de Tarquinius, preparavam o corpo de Sara para o sepultamento. Carregavam no coração, a certeza de que Jesus sempre oferece luz àqueles que, temporariamente, encontram-se nas sombras.

Capítulo 20

Início das pregações

À noite, Bartolomeu encontrava-se solitário, orando fervorosamente quando, de súbito, a radiante imagem de Apolonius fez-se viva e clara. Ele, emocionado diante daquela visão, não conteve as palavras:

— Senhor, não sou merecedor de tão amado presente, mas sou grato pela Sua misericórdia.

— Meu amigo, venho em nome de nosso Jesus, aquele que tanto amo e tão aguardado por mim, por toda minha existência. Venho suplicar coragem. Os grandes desafios e testemunhos de fé ainda estão por vir àqueles que amam e seguem o Mestre. Em verdade digo que aqueles que suportarem a difícil travessia nesta luta, encontrarão a liberdade na glória da vida eterna. Jesus distribui a cada um sua tarefa de acordo com seus dons. Na construção do Senhor bastam apenas amor, paciência e aprendizado, porque Ele não pede o impossível, mas o suficiente para nossa transformação.

— Então, o que devo fazer?

Nesse momento, o recinto foi preenchido por um clarão radiante, um perfume celestial e, na bela atmosfera que ali se formou, a cândida figura de Jesus se fez presente. Ele, com voz bondosa e clara, respondeu:

— Meu amado, chegou o momento de propagar a boa-nova para aqueles que padecem na ignorância e no desconhecimento da minha passagem pela Terra. Aos apóstolos confiei a sublime missão de levar a anunciação de meu nascimento, a sabedoria de meu Pai que está nos Céus e a minha crucificação, para que as gerações futuras saibam que a Terra é banhada pelo sábio bálsamo celestial do Senhor.

"Aqueles que me seguiram e que hoje escrevem meus feitos temem as leis transitórias e punitivas e omitem as verdades pelas quais vivi e morri. Eis o momento das revelações a você confiadas, para que se perpetuem além dos limites de seu conhecimento. Quando eu não mais estava presente entre os homens, muitos foram os ensinamentos que para você desvendei e que você pôde aprender, por meio da visão que teve de mim além da cruz, depois que me desprendi do corpo.

"Continuo vivo e comigo está o império de amor que sustentará a fé por milênios. Esta verdade não poderá ser adiada, senão os homens sucumbirão nos reservatórios do egoísmo e da ignorância. Necessário é que saibam que não somos filhos da morte, mas que continuamos vivos, além dos limites de nosso sepulcro. Contribuirá com as escrituras de outros apóstolos e registrará todo esse aprendizado e diálogos, mantidos comigo, desde o dia de minha "ressurreição" até o último dos dias de sua existência[29]."

— Senhor! — disse o apóstolo com lágrimas na face — Sei que não há morte porque está diante de mim, assim como Apolonius e outros que muito amei no passado, mas

---

29 Nota do autor espiritual (Ferdinando): Este colóquio refere-se aos escritos que deram origem ao "Evangelho de São Bartolomeu". Seus textos foram redigidos durante as viagens do apóstolo. Revelam os fatos da passagem da vida física até o momento de desprendimento para a espiritualidade, momentos esses imediatos à crucificação até a "ressurreição" de Jesus Cristo. Os diversos fragmentos, hoje perdidos, relacionados à imortalidade da alma e o breve ensaio sobre reencarnação, foram concluídos na Índia, objetivando contribuir com a difícil evangelização de um povo devoto às suas divindades.

Nota da Médium: Conforme informações do autor espiritual, os fragmentos perdidos citados na nota referem-se aos ensaios de Bartolomeu, escritos por Tarquinius Lidius Varro sobre a comparação do cristianismo com o hinduísmo e o budismo e, sobretudo, os conceitos de reencarnação e vida após a morte, que foram mais tarde destruídos nas perseguições religiosas que o apóstolo sofreu, sendo elas relatadas nos capítulos seguintes.

entrarei em confronto com leis estabelecidas pelos profetas. Levantarei batalhas para fazer com que Sua vontade seja compreendida pelos que ainda parecem ingênuos quanto aos dogmas definidos em seus credos. Serei eu capaz de suportar o escárnio até mesmo dos irmãos que comungam de Seus ensinamentos?

— O que temer? Não hesite! Estou junto daqueles que lutam pela verdade. O discípulo sincero não duvida; siga confiante, enriquecendo-se com os tesouros da sabedoria e da verdade, ampliando seu apostolado e seu campo de trabalho, para além do medo que habita sua alma, levantando as edificações sinceras de fé, mesmo que haja contendas no fraterno exercício cristão. Muitos foram os profetas cheios de coragem que vieram antes de mim, mas poucos compreenderam que as leis traduzidas por eles não representavam os anseios de meu Pai, e sim, de um império passageiro. Este é o momento da renovação da humanidade, de uma humanidade que ainda permanece alheia à vontade celestial.

"Não seguirá a mesma rota apontada aos demais apóstolos e fiéis seguidores da boa-nova. Tampouco se deterá a enfrentar o Sinédrio, porque a outros foi entregue essa missão. Levará minhas palavras a paragens que cultuam crenças milenares. Seguirá com esperança na alma, coragem no caminhar e sabedoria para ensinar, fazendo com que prevaleça, acima de todas as coisas e da vontade dos homens, os desígnios de meu Pai.

"Como não somos filhos da morte, não somos filhos de uma única existência. Zoroastro[30] trouxe com ele a missão

30 Nota da Médium: "Filósofo árabe nascido na Pérsia, fundador do Zoroastrismo, antigo sistema religioso-filosófico que parte do postulado básico de uma contradição entre o bem e o mal, inerente a todos os elementos do universo, praticamente substituído pelo Islamismo, e que deixou influência em religiões como o judaísmo, o cristianismo e o islamismo, como a fé em uma divindade suprema criadora, guia absoluta do universo e sua permanente luta contra o reino do mal e suas entidades demoníacas. No reinado de Dario I, redigiu-se o Avesta ou Zend-Avesta, o livro sagrado do Zoroastrismo, após a adoção como religião oficial pelos aquemênidas." Disponível em: http://www.sobiografias.hpg.ig.com.br/:

de preparar a civilização para minha chegada. Também João Batista veio à Terra com a tarefa de desmitificar as escrituras que, um dia, foram alteradas por gananciosos, interessados em interromper a trajetória de luz.

"Mesmo que desperte a fúria dos sacerdotes, ensinará que somos imortais, ainda que esse ensinamento seja, hoje, incompreensível para muitos. Amanhã será ele o único caminho pelo qual os filhos de meu Pai chegarão à plenitude da transformação de suas almas decaídas, atingindo, assim, a perfeição.

— Por onde começar?

Nesse instante, Jesus perdeu-se em meio à intensa luz, derramando sobre Bartolomeu uma chuva luminosa de esperança e fé. Apolonius, emocionado, aproximou-se do amigo e respondeu:

— Levante-se e acredite sem duvidar nas palavras do Mestre. Seguirá levando a candeia de luz viva da boa-nova para iluminar os necessitados de sabedoria. Avançará além dos vilarejos que está acostumado a evangelizar. Iniciará pelas paragens dos faraós, para que possam conhecer o verdadeiro juiz de nossas almas. Por agora, siga confiante, pois sempre estaremos ao seu lado.

Nessa atmosfera reveladora, o emissário do Senhor, envolto em paz e bondade, deixou nas mãos do amigo a missão de propagar a fé no Cristo redentor. Fortaleceu naquele velho coração o perfume da coragem, da fé inquebrantável e, sobretudo, do amor incondicional pela causa cristã.

***

Pela manhã, Ruth, amorosa, aproximou-se do esposo que, por toda noite manteve-se em vigília e prece. Percebendo-a no recinto, segurou suas mãos:

— Minha querida, é a melhor primavera que já experimentei. Abnegada, aceitou nosso novo credo. Comigo exerce

---

Dicionário de personalidades históricas, com resumos biográficos, criado pelo Prof. Carlos Fernandes de Medeiros Filho. Acesso em 18 de fevereiro de 2010.

o amor fraterno pelos necessitados; é meu anjo de luz e, para sempre nosso amor perdurará. — A cena era observada, respeitosamente, pelos demais.

Ele então a abraçou e prosseguiu:

— Essa noite fui agraciado com a visão de Apolonius. Confesso que foi algo tão real, que ouso dizer que ele estava vivo como nós. Disse-me que, por orientação do Mestre, chegou o momento de iniciar minha peregrinação. Após essa conversa, o Senhor, em visão radiosa, fez-se presente para mim e relatou-me fatos. Disse que devo levá-los aos lugares por onde passarei — emocionado, secou uma lágrima. — Sou um homem humilde, um pescador, e as letras são para mim símbolos de difícil entendimento. Como compilar as palavras do Senhor, registradas em minha mente envelhecida, sem que percam expressividade e sabedoria?

— Se a mim for permitido — disse Tarquinius com humildade — poderia anotar as páginas de suas lembranças. Assim, poderíamos distribuí-las aos apóstolos e a todos que conhecerão as palavras de Jesus.

— Meu filho, com gratidão recebo sua bondade. Iniciaremos, então, o registro das lições que trago em meu coração.

— Meu caro, muito me alegra que aceite minha colaboração. Farei com muita alegria o registro dessas linhas, mas que nenhuma referência seja feita ao meu nome. Somente a Jesus e a você deverá ser atribuído o merecimento desse trabalho. A humanidade deverá conhecer o apóstolo do coração[31] — com breve sorriso, prosseguiu. — *Res Specialia derogant generali*[32]. É a Jesus que devemos atribuir a especialidade da obra de Deus sobre a Terra e, você deve ser o único a receber algum louro. Somos apenas instrumentos do

31 Nota da médium: Conforme informações do autor espiritual, Bartolomeu era carinhosamente conhecido pelos seus companheiros de jornada como "apóstolo do coração". Tratamento esse utilizado intimamente somente em seu meio e não divulgado na história.

32 Nota da médium: "As coisas especiais derrogam as gerais.".

Senhor na obra do bem, e tal missão será oportunidade para fazermos reparos íntimos, por meio do exercício da fé.

Bartolomeu, com carinho, dirigiu-se à esposa:

— Suplico-lhe, alma bondosa, que compreenda a minha ausência, mas a viagem será exaustiva e creio que não suportaria as privações que dela advirão. Peço que permaneça aqui, porque saberei onde encontrá-la. Tarquinius e Marcellus me farão companhia na difícil jornada.

— Meu querido, farei o que me pede. Aqui ficarei, e creia, certamente estarei em seu coração, assim como estará eternamente comigo.

— Permanecerei ao lado de Ruth — disse Marcus Aurelius —, ela necessitará de meu auxílio. Além do mais, tenho muito a aprender com este coração bondoso que também conheceu Jesus desde os primórdios.

Esses filhos de Deus banhados com a força dos Céus e coragem para enfrentar os desafios desconhecidos, que as estradas da fé poderiam apresentar, firmaram os vínculos de amizade e amor, para continuarem sempre no propósito de iluminar o mundo com a luz da boa-nova.

***

A rota do Evangelho iniciava-se para os três amigos.

Fortalecidos pela fé inabalável, acompanhados pelo apóstolo Filipe, chegaram ao grande Egito — banhado pelas águas férteis do Nilo e sedimentado na cultura de uma civilização milenar, que cultuava suas divindades mitológicas.

Apesar de enfrentarem as dificuldades comuns da região, cercada pelo impiedoso deserto e pelas terras pantanosas do delta, o Egito continuava imponente. De um lado, o culto aos deuses mitológicos e do outro, a fé crescente, que levava o povo ao encontro dos conceitos cristãos e do amor incontestável de Jesus.

As viagens àquela região já haviam sido iniciadas por outros apóstolos, objetivando a propagação do cristianismo.

Apesar do contexto faraônico, os seguidores de Jesus apoiavam-se na cultura do Deus único, herança dos tempos em que os hebreus estiveram ali cativos, servindo aos faraós.

Certa tarde, após terem encerrado a pregação, acomodaram-se em um oásis, nas proximidades do Cairo, em busca de um descanso necessário para definirem a rota que seguiriam, quando um grupo de homens, aparentemente membros de uma classe social privilegiada, aproximou-se. O responsável pela caravana, com respeito e simplicidade, apresentou-se:

— Senhores, meu nome é Ramur, sou o líder destes sacerdotes e viemos aqui em paz. Temos estudado os conceitos trazidos por Jesus Cristo. Não renunciamos às nossas origens, mas não podemos ignorar que, além dos deuses Osíris, Ísis e Hórus, existem um Senhor soberano — o Deus único dos hebreus — e o Nazareno, seu filho. Pelo pouco que conhecemos de Seus ensinamentos, acreditamos que Ele confirmou todas as máximas declaradas por nossos ancestrais e nele está o aperfeiçoamento de nós mesmos — com os olhos umedecidos e brilhantes, prosseguiu. — Com os nossos corações abertos, escutamos um chamamento para seguirmos o cristianismo.

— Caros amigos — disse Filipe —, conceitos estruturados em verdades, que servem de alicerce ao nosso crescimento não devem ser desprezados, mas ajustados e renovados. Os dogmas criados pela mente humana devem ser avaliados por meio da fé racional e, sobretudo, abandonados no fórum íntimo de nossa consciência.

Bem-aventurado é aquele que escuta o chamado dos Céus e não coloca diante do caminho obstáculos ilusórios, resultantes dos medos que aportam o coração, impedindo que a jornada continue. O homem liberto de apegos insanos e de crenças antigas e ultrapassadas é, certamente, terreno fértil para aprendizagem e transformação.

— Todavia, o que fazer com a trindade de nossos deuses? — perguntou o egípcio.

— O cristianismo é a suprema dádiva recebida das mãos de nosso Senhor Deus — respondeu Bartolomeu. — Os deuses que nossos ancestrais nos ensinaram a amar, nada mais são do que precursores do Evangelho. A cada lição, a sua dificuldade. Assim, os profetas adequaram ao entendimento de seus seguidores os ensinamentos celestiais, transformando-os em personagens que representassem a espiritualidade do mundo.

Em sua sabedoria, proferiram os conceitos da imortalidade e da continuidade da vida, por meio da representação de suas figuras lendárias. Na imagem dos faraós, cultuaram as divindades do poder, da força, da inteligência e da imponência na vida ou na morte. Com Jesus, acreditamos na grandiosidade da vida; na transformação da alma em coração e inteligência; na simplicidade da esperança, na força da fé e, sobretudo, no amor, que ilumina todos os filhos de Deus sem distinção.

— O ideal cristão — complementou Filipe — está baseado em dois mandamentos simples que compõem todo o alicerce do Evangelho. O primeiro é: "Ouve, ó Israel, o Senhor nosso Deus é o único Senhor, e amarás o Senhor teu Deus de todo teu coração, de toda tua alma, de todo teu entendimento, e com toda a tua força." O segundo é este: "Amarás o teu próximo como a ti mesmo."[33] Os demais são decorrência dessas máximas, pois quem ama a Deus não fere o próximo e, quem ama o próximo ama a si mesmo.

— O que devemos fazer para servirmos ao Cristo? Seria o Senhor bondoso em nos aceitar sob Seu amparo, apesar de nossa ignorância e de nossos vícios em matéria de fé?

— O apostolado em nome de Jesus — respondeu Bartolomeu —, exige, além do querer, coragem. Somos ainda almas inquietas e sedentas pelo saber, mas algemadas nas esferas do próprio eu. Portanto, devemos iniciar o cristianismo em nós mesmos, elevando nossa consciência

---

33 Nota do autor espiritual (Ferdinando): Marcos, 12:29-31

e libertando-nos do respeito e veneração a crenças vazias, que se prestam apenas a receber súplicas, sem transformar a alma de quem roga, pois não possuem fundamentos verdadeiros, capazes de atender às necessidades do homem.

Devemos nos libertar do "eu" e agirmos em favor do bem comum, sem aniquilarmos a fé, sustentáculo divino da existência, esquecendo o desânimo e aprendendo a conviver com a solidão apostólica — aquela que eleva e jamais converte liberdade em cativeiro. É imprescindível a luta sem trégua para acendermos a candeia viva do Evangelho no coração da humanidade, reconhecendo-nos sempre como servidores, e não como senhores. O sublime princípio cristão é a transformação do mundo no bem. Portanto, na fonte renovadora do trabalho e do amor, faremos a luz iluminar a vida para que a cruz não tenha passado diante de nós em vão, e assim alcançaremos o caminho eterno que nos levará a Deus.

No céu, o manto negro da noite aproximava-se silenciosamente. Banhados em lágrimas, aqueles sacerdotes agradeciam as palavras amigas e se uniam ao movimento cristão, que se levantava majestoso, nas almas recém-convertidas, daqueles que se tornariam grandes e importantes trabalhadores do Senhor nas terras egípcias.

***

Na manhã seguinte, os dois apóstolos definiam o percurso que fariam, quando, Filipe, emocionado, tocado pela tristeza, manifestou-se:

— Muitos foram os anos felizes que convivemos em Cafarnaum. Recordo-me, com carinho, dos instantes compartilhados pela alegria de encontrarmos o Messias e dos dias que vivemos ao lado do Senhor — secou uma lágrima e prosseguiu. — Aqui nos separaremos. Seguirei para a Grécia, onde fui chamado pelo Senhor a exercer meu apostolado. Preparo-me para levar comigo minha família[34].

Bartolomeu respondeu ao amigo:

— Meu grande amigo e irmão em Cristo, deve atender ao chamado do Senhor e seguir para onde foi designado ao trabalho evangelizador. Voltarei com meus amigos a Jerusalém, visando a ajustar meus compromissos com minha amada Ruth e, após, seguirei meu caminho. Além do mais, Pedro convocou-me ao retorno, pois terei de esclarecer aos apóstolos algumas palavras registradas por mim.

— Confesso que tanto eu quanto André, acreditamos em suas palavras, porque são lições que aprendemos com os sábios amados, Apolonius e João Batista, o que nos facilitou o entendimento. Infelizmente, Pedro encontra dificuldade para equilibrar as diferenças ideológicas entre os seguidores do Senhor. Você, Bartolomeu, foi acusado de covarde, pois seu texto se reporta aos diálogos com o Senhor, somente após o episódio da cruz. Por que a revelação da imortalidade de Jesus veio para você e não para os demais? Enfrentará grande conflito.

— Aceito com boa vontade e resignação os desígnios do Senhor. Afinal, não posso julgar meus irmãos, pois onde estávamos após a crucificação de Jesus? Tanto eu, quanto você e André, após a passagem do Mestre, nos refugiamos, temendo represálias. Nosso silêncio e nossa omissão foram uma negação tanto quanto a que Pedro fez publicamente. Trago ainda na alma a dor desse momento, pois me considero um covarde. Nada fiz para defender meu Senhor. Agora me resta a oportunidade de viver por Seu sagrado e eterno nome e pelo cristianismo, bênção de luz.

— Compartilho de seu sentimento; o medo nos fez calar e agora é o momento de repararmos o passado, reavivando Jesus em todos os corações.

---

34 Nota da médium: Sobre os registros dos matrimônios dos apóstolos, no livro História Eclesiástica, III, 30, de Eusébio de Cesareia, é narrado o que segue: "Porque Pedro e Filipe criaram filhos; e mais, Filipe deu maridos às suas filhas (...)".

Nesse clima de amizade e respeito, despediram-se, firmando afeições e o propósito de servirem à causa cristã, com o sentimento de estarem preparados para enfrentar os sofridos desafios futuros.

Capítulo 21

Dificuldades e lutas

O tempo avançou impiedosamente e seguiu ensinando que é prudente e sábio esperar no trabalho e não no ódio.

Versus, que ainda acreditava nas mortes de Tarquinius e Marcellus, beneficiava-se apoiando integralmente os grupos religiosos que lutavam contra os seguidores do Cristo. Como de praxe, utilizava-se de meios sórdidos para esse fim.

Em outro lugar, o crepúsculo acentuava a beleza das obras de Deus. Ali, Ruth, Marcus Aurelius e Judith mantinham-se em casa, tratando dos doentes recolhidos, tão necessitados de cuidados e dedicação.

A esposa do apóstolo atendia a todos com carinho, enquanto Marcus Aurelius a auxiliava, escutando suas histórias sobre os feitos do Senhor. Juntos, levavam palavras de conforto e coragem para que aqueles que ali estavam atravessassem a difícil estrada da dor.

A serenidade, companheira daquela casa humilde foi, de súbito, rompida pela visita repentina de uma legião de fanáticos, instigada por sacerdotes do Sinédrio e apoiada por Versus.

Ao perceber a gravidade da situação, o jovem nobre aproximou-se e manifestou um gesto pacífico a um homem que pareceu ser o comandante:

— O que querem aqui?

— Procuramos por Simão Pedro e Bartolomeu. Sabe onde estão?

— Desconhecemos o paradeiro deles — respondeu Marcus Aurelius, tentando proteger os amigos. — Somos apenas uma casa de auxílio aos enfermos, e em nada podemos ajudar nessa busca.

Ruth aproximou-se e, o soldado, impiedosamente, olhando para um de seus subordinados, enfurecido, exclamou:

— Estão mentindo! São cristãos e sabem onde podemos encontrá-los. Matem todos, destruam tudo sem piedade, e incendeiem este lugar!

Um cenário de horror estabeleceu-se. A casa humilde se transformou em um campo de horrores. Soldados, com lanças em punho, matavam os doentes nos leitos. Crianças eram arrastadas para o lado de fora e eram impiedosamente mortas. Mulheres choravam desesperadas, assistindo aos filhos serem entregues às mãos dos tiranos.

Marcus Aurelius, sem nada poder fazer, abraçou-se a Ruth. Inertes, em oração silenciosa, aguardavam o momento em que a lucidez retornasse à mente daqueles homens sanguinários. O líder da tropa, atormentado pela resignação daqueles cristãos, disse com frieza:

— E agora? Lembrou-se de onde poderemos encontrar esses homens?

O general, segurando agressivamente Ruth pelo braço, gritou:

— Malditos cristãos! Parecem mudos. Morrem e não fazem nada, não manifestam nenhum gesto de defesa, isso me encoleriza profundamente.

Enfurecido, retirou da bainha um punhal e, não contendo o ímpeto, vazou a garganta de Ruth que, lentamente, caiu no chão, sem soltar sequer um gemido. Tal qual anjo bendito, desprendeu-se do corpo com a leveza da paz.

Após presenciar o frio assassinato, Marcus Aurelius correu em direção à senhora, em uma tentativa inútil de salvá-la. Percebendo o impulso do jovem, um soldado, que estava próximo, acreditando que ele atacaria seu comandante, lançou-lhe golpes fatais, atingindo-o nas costas. Ele, rapidamente, caiu próximo ao corpo da bondosa mulher.

O silêncio fez-se soberano nesse momento. O tempo parecia ter oferecido uma pausa necessária ao seu ritmo. Um clima de paz invadiu o ambiente, fazendo com que o comandante da legião fosse tocado por estranho sentimento. Perturbado com essa sensação, ordenou à tropa que se retirasse do local.

A paz que envolveu toda a casa foi trazida pelos emissários celestes que, no invisível, recolhiam as vítimas do massacre e, calmamente as encaminhavam com extremo amor.

Apolonius, acompanhado de Helena, aproximou-se de Ruth e Marcus Aurelius. Com carinho, estendeu as mãos para eles. Sua voz se fez ouvir como bálsamo de luz e reconforto:

— Levantem-se amigos de Jesus. Aqui se encerra mais uma fase da tarefa que o Mestre lhes confiou. É hora de atravessarem os portais da Terra. Jesus os espera. Bem-aventurados aqueles que sofreram e venceram dignamente a luta contra o mal, pois acreditaram no Reino Amor prometido pelo Mestre.

Ruth, reconhecendo o rosto meigo de Helena, e em especial o de Apolonius, abraçou-os com amor, enquanto Marcus Aurelius mantinha-se em choro sentido. Percebendo que o amigo se aproximava, o rapaz começou a dizer:

— Não tenho merecimento para entrar no reino de Deus. Trago sobre os meus ombros o peso das mortes que causei pelo egoísmo de meu coração. O Senhor não poderá perdoar-me, pois eu mesmo não me perdoei. Por mais que trabalhe em nome de Jesus, como limparei minha consciência?

— Com coragem — disse paternalmente o emissário celeste. — Jesus chamou a muitos para serem seus seguidores e, jamais desamparou aqueles que lutam incessantemente para corrigirem os erros outrora cometidos. Deus preparou as oportunidades redentoras para Seus filhos. Confie no amor celeste para que possa, em plenitude, seguir o caminho que Ele reservou a você. Muitos sacrifícios surgirão, saiba compreendê-los, pois serão os degraus iluminados para a conquista de uma consciência liberta.

Envoltos nessa paz, Apolonius abraçou o jovem, enquanto Ester aproximou-se e, candidamente, deitou-lhe um beijo na fronte cansada. Depois segurou suas mãos com fé:

— Venha conosco! Por um período estará livre das tormentas. Estamos unidos sob a luz do Senhor e nossos sonhos descortinam para um novo mundo. Agora estamos juntos, assim como todos os amigos aqui presentes. Tenha coragem para renascer e sentir a bênção do Senhor em seu coração.

Dito isso, acolheu-o em seus braços e seguiram confiantes e esperançosos em Jesus.

Todas as vítimas foram encaminhadas, pelas mãos iluminadas dos emissários de Deus, para um mundo verdadeiro que refletia a misericórdia celeste, finalizando mais um ciclo de lutas.

***

Naquele mesmo dia, a tarde chegou e o sol deitou-se no horizonte. O apóstolo Bartolomeu e os antigos nobres romanos, retornando da difícil viagem, caminhavam pela estrada já vislumbrando a casa humilde. Dela, estranha fumaça tingia o horizonte. Nesse momento, um menino, correu ao encontro deles, quase sem fôlego:

— Sua casa foi invadida por um grupo de religiosos e soldados. Fui o único que conseguiu fugir, os demais não tiveram a mesma sorte. Todos estão mortos!

— Onde está meu filho? O que aconteceu a Ruth? — perguntou Marcellus, com visível desespero e apreensão.

— Não sei, senhor! O comandante da legião gritava, dizendo que procuravam Simão Pedro e Bartolomeu. Naquele instante me escondi e, então, começou o martírio.

— Não será seguro voltarmos para casa. Ela pode estar sendo vigiada — disse Marcellus, com experiência militar.

— Meus irmãos! Respeitemos a vontade de nosso Deus. Vamos para lá, não há ninguém nos vigiando — disse o apóstolo levando ao rosto as mãos emagrecidas e secando as lágrimas que desciam em sua face.

Seguiram a passo rápido e, quando se aproximaram do portão, constataram que as marcas do ocorrido estavam presentes em todos os lugares. A notícia do massacre já havia chegado ao conhecimento de Pedro. Homens foram encaminhados para lá, sob orientação do ex-pescador e de Mateus, para sepultarem os corpos. E assim mantinham-se em exaustivo trabalho.

Tarquinius se aproximou de um dos trabalhadores do bem:

— Sabe onde estão Ruth e Marcus Aurelius?

— Senhores! Compartilhamos da mesma dor. Esperançosos que regressassem em breve e sabendo o quanto se amavam em nome de Jesus, recolhemos seus corpos e os deixamos separados para, posteriormente, procedermos ao sepultamento.

Com rapidez, se aproximaram dos corpos da gentil senhora e de Marcus Aurelius, colocado bem próximo ao dela.

Marcellus, chorando em desespero, abraçou o filho, levando-o junto ao peito, tentando transferir-lhe a força da vida. Tarquinius fazia o reconhecimento do ambiente, já familiarizado com a cena, em virtude da própria experiência com Ester. Silenciosamente, não escondendo a tristeza do momento, Bartolomeu, caminhando atordoado, ajoelhou-se chorando, colocando em seus braços o corpo imóvel da esposa amada e companheira de muitos anos:

— Senhor Jesus! O meu sofrimento não se compara ao que sofreu por nós. Auxilie-me a compreender os acontecimentos deste dia. Derrame Suas bênçãos sobre nós. Receba, em Seus santos braços, a mulher com que me presenteou nesta vida. Com ela, compartilhei todos os ideais de fé e de amor ao próximo. Permita-me morrer como ela, trabalhando em Seu nome. Somente assim estaremos unidos na eterna vida que nos prometeu. Faça-me forte para que a sombra do desânimo não resida em meu coração. Perdoe-me o egoísmo de lembrar somente de minha dor. Imploro, Senhor, pelas almas que, em busca do alívio para a doença da carne, encontraram hoje a paz da morte nesta casa, por meu nome. Não posso esquecer-me do amigo Marcus Aurelius, fiel colaborador da causa cristã. Ampare-o, Senhor, assim como a todos os Seus filhos que suplicam por misericórdia.

Em plenitude de paz, naquela humilde sala, sentiram grande conforto, como se estivessem sendo abraçados por amigos. Apolonius, expandindo-se em luz, os envolvia com carinho e profundo amor. Marcellus, abrindo os olhos, viu a imagem meiga do emissário de Jesus no local e, olhando para Tarquinius, tentou descrever o que via:

— Por Deus! Vejo Apolonius.

— Certamente! — ouvindo o que dizia, completou Bartolomeu: — Ele continua sendo um cristão fiel, onde quer que esteja. E, como amigo devotado, não nos abandonaria neste instante.

O apóstolo percebendo que Tarquinius, ao ouvir o nome do emissário de Deus, demonstrou perturbação, aproximou-se:

— O dom divino está em aprendermos a esquecer nossos erros. A própria vida nos transforma em réus, quando acreditamos ser juízes. Ele, com seu coração puro, jamais o cobrará por seu passado.

— Carregarei o peso de muitas faltas. Minha vaidade me cegou e fui incapaz de enxergar a nobreza e pureza dos homens nobres e puros que Deus colocou à minha frente. Assassino não é somente o que executa a sentença, é também aquele que a ordena e depois se omite diante da existência.

Apolonius se fez visível a Bartolomeu. Os romanos, com os olhos fechados, em preces sentidas, soluçavam com resignação. O apóstolo, contemplando a imagem amiga, agradeceu:

— Que Deus seja louvado por me fazer merecedor desta visão! — exclamou Bartolomeu.

Em meio a uma luz azulada, Apolonius partiu em silêncio, derramando sobre eles consolo para suas dores.

Após alguns instantes, Bartolomeu encheu-se de ânimo, como habitualmente. Demonstrando força e coragem, levantou-se e disse:

— Iremos ter com Simão Pedro, tomando certo cuidado, pois, assim como eu, ele também é procurado. Lá, definiremos o novo roteiro a seguir. Que a fé continue constante em nosso coração.

Acompanharam o sepultamento de seus amados e seguiram para a casa de Pedro. Ao chegarem, foram recebidos pelos apóstolos. João e Mateus os encaminharam a um local, nas proximidades, que servia de refúgio para os cristãos procurados. Pedro, escondido, orava envolvido em serenidade e harmonia celestiais. Com carinho e amor paternal, aproximou-se:

— Que Deus esteja presente entre nós e nos abençoe hoje, amanhã e sempre — disse com autêntica esperança. — Soube do ocorrido com nossos amigos de fé, em especial com sua esposa e com o jovem Marcus Aurelius. Tenhamos bom ânimo e suportemos a dor, como nosso Senhor nos ensinou. Somos procurados pelos homens do Sinédrio, auxiliados pelos soldados de Roma.

Após breve pausa, Pedro continuou:

— Não nos esqueçamos de que o próprio Jesus nos pediu calma, pois nossos destinos ainda estão presos à Terra. Nossas tarefas não foram concluídas e necessitamos seguir as orientações do Mestre quanto ao rumo do cristianismo. Todos nós possuímos compromissos intransferíveis e não estamos sós. O Consolador renascerá como prometeu.

Sigamos os caminhos que nos são apresentados, sem odiar os carrascos ou culpar a Palestina pela amargura passada. Ensinemos cada filho de Deus, para que possam, um dia, seguirem o caminho iluminado até Ele. Somos aprendizes da causa nobre; não nos deixemos consumir por revoltas infundadas. Façamos brilhar a luz dos ensinamentos celestes em nós mesmos. Somente assim manteremos viva a chama cristã, em tudo e em todos.

— Apesar dos tristes acontecimentos, trago grande felicidade — disse Bartolomeu. — Nas terras dos faraós, apesar de todos os esforços que despendemos, não esperávamos obter êxito. Acreditávamos que ainda não haveria espaço para a verdade do Senhor. No entanto, alcançamos o sucesso e deixamos um grupo, liderado por Ramur, que muito contribuirá com a divulgação do cristianismo no Egito. Filipe seguiu para a Grécia; confesso-me preocupado, pois a resistência do povo grego ainda é grande.

E continuou:

— Jesus, caridosamente, orientou-me a continuarmos, sem medo, a propagação de Sua luz. Não se preocupe, não desistiremos da Grécia, Filipe se encarregará do trabalho naquela região; a Marcos[35] será entregue a missão de dedicar-se ao povo egípcio; outros estão sendo preparados para seguir a Corinto e depois a Roma. — Repousando a mão sobreo ombro de Pedro, prosseguiu. — Além do mais, nossos amigos, em nome do cristianismo, enfrentam as leis estabelecidas pelo Sinédrio e, bem sabem que os textos que carregam as novas revelações foram destinados a outros povos.

Com firmeza na voz, Bartolomeu seguiu:

— Os escritos continuam sendo grafados com amor e dedicação pelas mãos amigas de Tarquinius e sob minha orientação. Neles, o Mestre ordenou-me propagar que a vida continua além da morte. Ensinou-me que somos filhos de diversas vidas.

---

35 Nota da médium: "Dizem que este Marcos foi o primeiro a ser enviado ao Egito, e que ali pregou o Evangelho que ele havia posto por escrito e fundou igrejas, começando pela de Alexandria. E surgiu ali, na primeira tentativa, uma multidão de crentes, homens e mulheres, tão grande e com um ascetismo ardente tão conforme a filosofia, que Fílon achou que era digno colocar por escrito suas práticas, suas reuniões, suas refeições em comum e tudo o mais referente ao seu modo de vida." CESAREIA, Eusébio de. *História Eclesiástica*, São Paulo: Novo Século, 2002, Livro II, XVI, itens 1 e 2.

Necessito continuar a tarefa a mim determinada pelo Senhor, mesmo que esses textos entrem em confronto com outras escrituras.

— "As escrituras têm causado muitas discussões entre os apóstolos. Os únicos que aceitaram, sem duvidar, foram Mateus, Filipe e André. Esse foi um dos motivos pelo qual eles também não foram compreendidos. Muitos defendem a ideia de que informações ali contidas não devem ser propagadas. Isso tem causado certa divisão de opiniões, o que é uma situação difícil de ser controlada. Confesso acreditar em todas as linhas que tomei conhecimento, mas entendo que as revelações ali contidas são joias raras e não podem ser ostentadas em coroas de quem ainda não compreende o valor do reinado.

— "Compreendo a posição dos amigos da causa cristã e não quero semear a divisão, tampouco a discórdia entre eles. Minha missão apostolar não se concentra aqui, seguirei minha estrada com meus amigos.".

Pedro, comovido, fez sua explanação:

— Tem um bom coração! Estamos unidos em um único ideal. Por ele, devemos permanecer confiantes, sem desvirtuar nossos caminhos, porém, temo que entre nós, o personalismo fale mais alto do que a força das leis do Senhor. Percebo que dogmas e vícios do Sinédrio, lentamente ganham espaço entre as leis de amor estabelecidas pelo Mestre.

"Mesmo assim, com paciência, luto para impedir o avanço dessa cultura entre nós, mas a dificuldade é grande — respirando profundamente, prosseguiu. — Você, Bartolomeu, sabe bem que aqui não encontrará o apoio de que necessita, de fato, será melhor que siga outros caminhos.

Bartolomeu, buscando aliviar a dor pela perda da amada e do amigo, manifestou-se:

— Não pretendo manchar os ensinamentos genuínos de nosso Senhor, tampouco atribuir a mim méritos ao trabalho realizado, pois sei que não os mereço. Estes humildes escritos têm a função de ensinar que não há morte, mas, sim, que a vida permanece depois que cerramos nossos olhos. Que podemos retornar em outros corpos, renascermos em novas existências, para buscarmos a perfeição. Nesta vida, além do martírio, o olhar do Cristo resplandece vivo e é essa verdade que o Senhor deseja que seja propagada. Assim, Seus futuros seguidores saberão que Ele é real e continua entre nós.

— Peço que compreenda minha posição, Bartolomeu. Não me considere um covarde, pois covarde fui, quando reneguei ao Senhor. Não me omito, todavia devo permanecer imparcial diante dos amigos. Todos são meus bem-amados e devo respeitá-los, porque a cada um de nós a missão foi designada para ser cumprida em diferentes regiões. Apenas a propagação da boa-nova é única para todos.

Bartolomeu respondeu:

— Meu amigo Pedro, creia: não o julgo por suas decisões e jamais o acusarei de covarde. Compreendo-o, pois é o equilíbrio do movimento e não poderá estar propenso a ninguém, a não ser ao Mestre Jesus.

— Bartolomeu, percebo que, a você, foi reservada a difícil tarefa de ensinar o desconhecido mundo invisível e fazer-se entendido, com base nos ensinamentos cristãos construindo todos os seus ensinamentos sobre os alicerces cristãos — abraçando o apóstolo, o ex-pescador continuou. — É necessário que auxiliemos os trabalhos iniciados na Índia. André encontra-se naquelas paragens, trabalhando arduamente, para a manutenção da fundação cristã ali iniciada. Ele, ao certo, ficará feliz com sua contribuição.

— Se é um desígnio do Senhor — disse Bartolomeu, repousando a mão no ombro de Pedro. — Agradeço a confiança e prosseguiremos rapidamente em nossos destinos. Que Deus permita nos encontrarmos novamente.

— Ao certo nos reencontraremos aqui ou no mundo espiritual — com bom ânimo, Pedro concluiu. — Fomos escolhidos por Jesus e, diante de nossos olhos, reconhecemos estes dois discípulos — Tarquinius e Marcellus. "Esqueçamo-nos de nós mesmos ou de nossos interesses particulares e sigamos o caminho, apascentando o rebanho de Deus que está entre nós."[36] Atendamos aos desígnios do Mestre, cuidando, não com força ou violência, mas com paciência e amor, permanecendo distantes da ganância. Esse foi o nosso chamamento divino.

O silêncio do ambiente foi interrompido pela voz de Mateus:

— Trouxe-lhes algumas provisões para que suportem a difícil viagem, assim como uma cópia das escrituras em hebraico, por mim redigida. Levem com vocês e façam com que sejam conhecidas por muitos.

Marcellus segurou o pequeno embrulho, agradecido e emocionado. Já noite alta, os amigos se despediram. Partiram levando a dor da separação, mas conscientes da missão, firmando votos de fé e amor ao cristianismo redentor.

---

36 Nota do autor espiritual (Ferdinando): Pedro I, 5:2

Capítulo 22

Sublimes aprendizados

Seguiram cumprindo os desígnios de Deus, refeitos da dor pela separação de Ruth e Marcus Aurelius. O próximo objetivo era a terra do Ganges, a Índia. Nela realizariam o trabalho de evangelização, como Jesus orientou, mas sem se esquecerem da feição dos entes amados que, um dia, iluminaram o coração de cada um.

Os pergaminhos recebidos das mãos de Mateus também foram levados. À noite, buscavam a claridade lunar para fazerem as preces e lerem os textos da boa-nova. Entre privações, dormiam ao relento sobre as folhas secas das árvores, caminharam grandes distâncias, enfrentando o calor do dia e o frio da noite. Alimentaram-se de frutos silvestres e, mesmo assim, continuaram firmes, assegurados por uma fé inabalável.

Os desafios da limitação sofrida fizeram com que a saúde de Tarquinius se abatesse. Vez em quando, a febre forte fazia com que a viagem fosse um pouco mais lenta e, por vezes, sombria.

Após dias de viagem, numa tarde, adentraram a cidade da Babilônia e seguiram por uma estrada empoeirada, sob o sol imponente. Ali, o nobre, não suportando o martírio do corpo que ardia em febre, sem reclamar ou lamentar, caiu no caminho.

— Ajudem-me! — exclamou Bartolomeu, segurando a cabeça de Tarquinius. — Ele necessita de amparo e repouso.

Ao perceber o ocorrido, Marcellus correu para auxiliar o amigo, que estava incapacitado para prosseguir. Sem hesitar, levantou-o em seus braços, enquanto Bartolomeu elevava o pensamento em prece silenciosa. Ele, assim como os outros apóstolos de Jesus, possuía o dom espiritual de curar enfermos e afastar os espíritos praticantes do mal. Calmamente, impôs a mão sobre a fronte flamejante do enfermo, que após alguns instantes, despertou com a febre diminuída. Marcellus observou aquela manifestação, com respeito e admiração, pois já havia presenciado várias curas realizadas pelo amigo. Contemplou-o, dizendo:

— Que Deus o abençoe! Precisamos procurar um lugar para descansarmos. Seguiremos viagem pela manhã.

Tarquinius, ouvindo, respondeu com dificuldade:

— Agradeço a preocupação por parte de vocês, amados amigos. Sigam sem mim; eu atrasarei a viagem e a causa cristã é o mais importante agora.

— Se Deus nos uniu nesta missão — disse o apóstolo, com segurança — seguiremos juntos. Além do mais, pela manhã já estará totalmente curado. Sem falar que também precisamos de repouso.

Caminharam um pouco mais, até se depararem com uma casa humilde, perto da estrada. Bartolomeu encaminhou-se em direção a um homem magro, simples, chamado José, e de um jovenzinho que cuidava da pequena plantação.

— Senhor! Por misericórdia, necessitamos de um pouco de água para o amigo que está enfermo.

— Entremos, esse homem está febril — disse José, correndo prontamente para auxiliar Marcellus, que sustentava o amigo em seus ombros.

No interior da casa, outra criança, com menos de cinco anos, estava deitada em um leito improvisado, brincando com uma mulher chamada Joana. Exaustos, receberam alimento e descansaram em um leito humilde.

Novamente, Tarquinius foi visitado por intensa febre. A gentil senhora, dedicada e abnegada, socorreu o quanto pôde. Marcellus, preocupado, espantou-se com a calma de Bartolomeu, sempre orando e, por vezes, impondo a mão na fronte do amigo. Sem conter as lágrimas e o ímpeto, Marcellus disse visivelmente sentido:

— Ele está morrendo. Tenho-o na mais alta estima, é mais que um amigo, é um irmão com que Deus me presenteou. Trago em meu coração a dor pela morte de meu filho. Sei que Jesus o amparou e isso me faz tranquilo; no amigo e irmão, aqui presente, encontro força para continuar, mas creio que não suportarei sua ausência.

— Acalme-se — disse o apóstolo, com muita esperança, confortando-o. — É necessário paciência e mantermo-nos fiéis ao Senhor, assim aprenderemos a esperar a passagem da provação momentânea, pois ela é importante para a purificação de nosso amigo. Aprendamos a conviver com a dor, sem esmorecimentos, fazendo deste momento a coragem para continuarmos.

A noite caía rapidamente. A febre aumentava e, Tarquinius, em sono profundo, delirava vez em vez. No silêncio do aposento humilde, não saíram de seu lado. Demonstravam amor e fé, e, com preces, fortaleciam-se cada vez mais. Repentinamente, todos foram envolvidos por uma paz inexplicável. O enfermo, adormecido, como em um sonho, viu-se em leito humilde, porém confortável. Nesse instante, Apolonius aproximou-se:

— Meu filho amado — disse, com serena voz —, fortifique-se para prosseguir no caminho que Jesus indicou. Resista aos sofrimentos da carne e busque coragem na própria alma. Sua tarefa junto ao cristianismo nascente ainda não se encerrou, e permanecerá além do seu entendimento limitado no presente. Retorne aos afazeres, entendendo o suplício do corpo como instrumento necessário de purificação. Não desista agora. Siga o caminho designado por Deus.

Tarquinius, então, levantou-se com dificuldade, contemplou a luz de Apolonius e, não contendo as lágrimas, levou as mãos ao rosto, envergonhado:

— Como pode ter misericórdia de mim?

— Não detenha sua mente em vales sombrios, lamentando o passado. Como poderia deixar de amá-lo? Foi por Jesus e pelo movimento cristão que voltei à Terra. O Mestre nos ensinou o valor do perdão. Sigamos com seu exemplo. Somos únicos, mesmo que voltássemos à vida e amássemos profundamente alguém, estaríamos temporariamente vestidos com indumentárias diferentes por vidas e vidas. Estive e estarei sempre com você e com nossos amados Helena, Marcellus, Ester e Raquel.

— Queria poder suplicar perdão àquela que, um dia, foi minha esposa. Onde estará agora? Por que, quando me refiro a ela, sinto-me tal qual um filho que se refere à mãe amorosa, e não a mulher com que compartilhei uma existência?

— Neste momento, sei que será difícil compreender a relação de amor que ela, assim como eu, vinculamos a você e a Marcellus. Ambos são os frutos de nosso eterno amor. Saiba que o amor tudo perdoa, em especial quando falamos de um sentimento maternal ou paternal que manifestamos por nossos filhos, ainda que estejam temporariamente em estado de sofrimento ou ignorância.

— O que diz? Você e ela foram meus pais e de Marcellus? Como isso pode ser?

— Pelas leis de Deus, somos tais quais viajantes do tempo e viemos de um passado distante. Helena foi, um dia, minha esposa adorada. A essência do amor, cultivada nos conceitos verdadeiros firmados em nossos corações, garantia-nos a felicidade celestial. Um dia, fomos agraciados por dois filhos: hoje, você e Marcellus. Como não somos resultado de uma única existência, você e seu irmão foram convocados ao sublime retorno à Terra.

Assim sendo, quando vimos nossos amados filhos nas estradas do mundo, renunciamos à elevação da luz que nos unia, para nos colocar em missão temporária, ao lado de ambos. Dessa forma, poderíamos acompanhar seus passos, sem modificar os compromissos que assumiram. Todavia, nosso objetivo era conduzi-los aos caminhos de Jesus.

Assim, ela saiu da condição de mãe amada, para o papel passageiro de esposa, pois somente assim encontraria, no cristianismo, o apostolado de seus dias.

— Oh, Deus! Por que sentenciamos nossa vida ao cativeiro de nossa própria ignorância? Vocês são almas misericordiosas e benditas, e quais são os motivos que nos unem?

— Estamos vinculados por tarefas apostólicas intransferíveis, assumidas diante de Deus, como a missão de levar a boa-nova e manter viva a chama do cristianismo, que nos une e nos fortalece, para assim, vencermos as sombras dos erros e desenganos.

— Será que um dia poderei reencontrá-la? Ela terá coragem suficiente para enfrentar o carrasco de sua vida?

Um calor suave foi sentido por Tarquinius. Era Helena, meiga e tranquila, que o abraçou, deitando um beijo em sua fronte. Diante de beleza superior e iluminada, Tarquinius ajoelhou-se como um filho redimido, diante dos amados pais. Apolonius e Helena, unidos, colocaram as mãos sobre seus pulmões e, como por encanto, uma chuva luminosa misturou-se com coloridas gotas de amor. Refeito, emocionado e agradecido, colocou-se de pé. O emissário bendito, percebendo que sua força retornava revigorada, disse:

— Filho amado, volte e cumpra a vontade de Deus. Em breve, estaremos todos reunidos novamente. Retornará, levando desse encontro somente as impressões de paz e coragem para recomeçar.

Com doçura, aquelas imagens cândidas foram desaparecendo aos olhos de Tarquinius, entre uma névoa suave. Após alguns instantes, ele despertava novamente para o mundo, completamente restabelecido:

— Que Deus seja louvado! — disse Marcellus com intensa alegria. — Eu sabia que não nos deixaria agora. Jamais o vi desistir de nada.

Bartolomeu também abraçou o amigo e disse::

— Agora compreendo porque Deus o chamou para esta missão. É forte e a fé que um dia adormeceu em você, despertou com vigor e coragem. Sigamos com ânimo o caminho que nos aguarda. Pela manhã, se estiver melhor, continuaremos a viagem.

— Sinto-me bem. Restabelecido para continuar. Sonhei com Apolonius e Helena. Deus me deu esse presente; tenho ao menos que retribuir com coragem.

Após mais alguns instantes de conversa, sentiram-se fortalecidos, certos de que não estavam sozinhos e que Jesus sempre permaneceria presente, estendendo as mãos, sem pedir nada em troca.

Tarquinius refazia-se em um repouso sereno; Marcellus, exausto, acomodou-se ali próximo, em busca do descanso necessário. Enquanto isso, a noite seguia e o apóstolo Bartolomeu permanecia em resignada oração.

***

Nas primeiras horas da manhã, preparavam-se para a viagem. Antes das últimas despedidas, Joana, com lágrimas nos olhos, dirigiu-se a Bartolomeu:

— Afeiçoei-me a vocês. Somos cristãos, porém, em virtude das perseguições, meu esposo pediu para que não comentássemos nada com ninguém. Conheço-o, é apóstolo do nosso Mestre.

— Filha, suas lágrimas sofridas necessitam de consolo. O que aflige seu coração?

— Convertidos, ouvíamos vários discursos nas reuniões proferidas pelos seguidores do Senhor — entre lágrimas abundantes, continuou. — Em uma dessas reuniões, que assistíamos, chegaram alguns fanáticos religiosos e nos espancaram. Desde aquele triste dia, nosso pequenino, sem explicações, não caminha mais.

Meu esposo tem um amor sublime por nosso filhinho e acompanha seu sofrimento, mas, revoltou-se, atribuindo aos golpes lançados sobre os cristãos, a culpa de todos nossos martírios. Então, para que não houvesse mais sangue sobre nossa família, viemos para cá. Peço, coração bendito, olhe meu filho inválido, pois sei que Jesus atua por seu intermédio.

Bartolomeu, ouvindo sua história, não perdeu tempo. Dirigindo o olhar aos companheiros, que o apoiaram, aproximou-se do pequeno:

— Senhor, faça-me seu instrumento. Por Suas soberanas leis, pela demonstração de fé desta mãe e pelo calor do Seu abençoado coração, faça cumprir a Sua vontade — estendendo as mãos para o menino e auxiliando-o, disse. — Meu jovem, levante-se.

O menino, passivamente, acatou as ordens, colocando-se em pé. O esposo de Joana, que estava parado à porta, contemplando a cena, lançou-se de joelhos:

— Perdoe-me! Duvidei do poder divino. Pensei que o Mestre havia nos abandonado. Amaldiçoei os cristãos e silenciei para qualquer prece em louvor a Deus.

O apóstolo, segurando seus braços emagrecidos, o levantou:

— Em todos os momentos da vida seremos testados para que a nossa fé se fortaleça. Deus, sabiamente, lança sobre nossas almas testemunhos de sacrifício para sermos filhos fiéis, que não reclamam ou se entregam diante de males temporários, aos quais estamos expostos. Nosso Mestre jamais nos abandona, mesmo diante de tantos martírios, nada é comparável ao Seu sofrimento na cruz. Antes de acreditarmos que nossa dor é infinitamente grande, atendamos ao chamamento celeste. Prossigamos com amor, no caminho que, por vezes, apresenta-se desalentador e vazio. Cada um de nós está devidamente preparado, para fazer com que a força da fé brote da própria alma, mesmo quando estamos enfraquecidos pelas dores diversas do mundo, ou quando silenciamos, em sofrimento, em consequência de perseguições.

Somos filhos de Deus; não importam as ocorrências, continuaremos sendo suas criações. Em nosso peito tem que haver o amor profundo para, sabiamente, seguirmos os passos de Jesus. Prossigamos com esperança, acreditando no amanhã, sem jamais abandonar a missão que Ele mesmo conferiu a cada um de nós.

Aquelas palavras ecoaram no pequeno ambiente, com clareza e sabedoria. Todos, tocados, silenciaram, enquanto o pequeno, curado, com o rosto umedecido pelas lágrimas, tomou a mão de Bartolomeu para um beijo, em um gesto de humildade e reconhecimento.

Sem perderem mais tempo, seguiram na poeira da estrada, tocados pelo poder da esperança e marchando firmes, em direção à tarefa que Jesus lhes havia confiado.

Capítulo 23

O apostolado na Índia

Aproximadamente, em 59 d.C., após difícil e longa viagem, seguindo a rota da seda e depois a rota do comércio, chegaram à Índia. O apóstolo do coração, com resignação e coragem, aceitou a difícil tarefa de contribuir com a evangelização dos indianos e fortalecer o cristianismo na região.

O trabalho naquelas paragens já havia sido iniciado por Tomé, André e Filipe. Os demais apóstolos contribuíram, dentro de suas possibilidades, para a fundação da pequena igreja, perante aquele povo místico, que cultuava diversas divindades milenares.

No trajeto, fizeram uma pausa para descansar em uma pequena estalagem onde, sem perda de tempo, o apóstolo organizou, imediatamente, as tarefas daquele dia:

— Sigamos para encontrar nossos amigos na sede de nossa fundação cristã.

Sem mais comentários, seguiram atravessando a cidade. Ao chegarem diante de um portão bastante simples, Bartolomeu, com intimidade, seguiu à frente, enquanto os romanos, que vinham logo atrás, examinavam tudo ao redor.

De pronto, um homem alto e magro, exibindo os primeiros fios de cabelo branco, aproximou-se. O apóstolo, imediatamente, demonstrou espontânea felicidade:

— Meu amado André! Mais uma vez estamos unidos. Diante de você, recordo-me com alegria dos melhores dias vividos com minha Ruth; as pescarias e, sobretudo, o aprendizado junto aos nossos amigos de ideal.

— Meu amigo, que Jesus esteja com você! Sua visita é um presente, confesso que muito precisamos de auxílio! Que Deus seja louvado e o abençoe! O Senhor, em sua sabedoria, nos manteve unidos — após as calorosas saudações, continuou. — Agradeço por esta oportunidade. Estamos juntos desde Apolonius e João Batista e, após encontrarmos o nosso Messias, permanecemos unidos pelos vínculos do trabalho e da amizade. A força dos Céus está entre nós. Rogo, em minhas preces, que nossa amada Ruth esteja entre os anjos celestiais.

— Pelo que vejo, a fundação está se solidificando e, com certeza, é resultado de árdua dedicação! — disse o apóstolo do coração, abraçando o amigo fraternalmente. — Viemos somente reforçar o trabalho bem mantido por você. Disse tais palavras com extremo carinho e bondade de um pai amável e, trazendo para perto de si os nobres romanos, continuou: — Além do mais, trago dois amigos com que Jesus me presenteou, para compartilhar a solidão dos dias.

Enquanto André os saudava, foram interrompidos pela presença de um idoso franzino, portador de finos traços — característica de uma mocidade nobre e privilegiada. André, percebendo sua presença, com felicidade segurou seu braço e o encaminhou para perto de Bartolomeu:

— Quero que conheça um grande irmão em Cristo e importante colaborador nesta fundação...

Antes que André concluísse a frase, Tarquinius, não escondendo a surpresa, colocou-se imediatamente diante daquele homem:

— Por Deus, é Cineius Otavius Lucinius!

Em uma saudação tipicamente romana, Lucinius, completamente emocionado, reconheceu os amigos:

— Meus filhos, disseram-me que estavam mortos!

— Quase fomos mortos — disse Marcellus demonstrando felicidade. Para nós, a vida foi mais forte.

— Vejo que já se conhecem — disse André —, então será mais fácil o nosso trabalho. Estamos entre amigos, e com Jesus!

— Perdoem a voluntária emoção de um velho — disse Lucinius. — É com muita felicidade que os recebo em meu coração. Sempre ouvi falar de Bartolomeu e dos dois homens que acompanhavam seus passos; jamais poderia imaginar que seriam meus amados amigos do passado. Por todo esse tempo, como estava comprometido com meus afazeres, não me preocupei em buscar detalhes sobre a vida dos apóstolos.

Após demonstrações verdadeiras de amizade, os conterrâneos silenciaram. Mas, antes, trocaram impressões sobre o passado. André, com sua face rosada, apresentando expressão séria, prosseguiu:

— Bartolomeu, tomei conhecimento das escrituras, em que relata cenas da vida do Senhor além da cruz, e também da zombaria que sofreu dos próprios irmãos cristãos. Há dias, Pedro enviou-me uma carta, dizendo que estava pensando em solicitar que viesse para cá, visando afastá-lo da Palestina. Não pensei que chegaria tão rapidamente. Disse, ainda, que muitos não aceitaram suas palavras, e especialmente Marcos não atribuiu verdade a elas. Não compreendi a atitude de nossos amigos. Acreditei no que ali está escrito, tanto que, ao defender suas ideias também fui rechaçado. A princípio, discordei de Pedro; achei que ele deveria posicionar-se e defendê-lo, mas, com o tempo, eu o compreendi.

— Sobre os ombros de Pedro pesa o difícil fardo que representa o equilíbrio para aqueles que acreditam no Senhor, portanto, eu o compreendo e o respeito — disse Bartolomeu. Não devemos julgar as diferenças de nossos semelhantes e fazer disso motivo para conflitos. Todos são livres para escolher os caminhos da vida, assim como acreditar naquilo que queiram ou que estejam preparados para entender. Devemos ter paciência e aguardar, confiantes, a transformação de cada um. Lembremos que até mesmo nós, um dia, também tivemos dificuldades e medos diante das verdades de Jesus.

— Você sempre foi bom, Bartolomeu; é capaz de ver bondade até mesmo no coração de um homem impiedoso! Por vezes, quando o escuto, recordo de nosso saudoso Apolonius.

— As afinidades do coração nos uniram como irmãos. Foi muito importante em minha vida, sobretudo porque juntos, eu, ele e João Batista, recebemos as instruções que nos facilitaram o entendimento das revelações da eternidade, da vida além da morte e da possibilidade de retornamos à Terra.

— Eles conheciam os textos sagrados do zoroastrismo[37], os deuses mitológicos, o Deus único de Abraão e as leis de Moisés, e foram humildes em reconhecer que Jesus Cristo era o Messias esperado, e que estava presente entre os homens para consolidar a lei que une todos os segmentos religiosos: o amor.

Bartolomeu, desejando informar-se sobre o trabalho cristão ali realizado, prosseguiu:

— As recordações são presentes celestes e o trabalho é a bendita oportunidade para alcançarmos nossa redenção. Deixemos nossos amigos com suas missões e dediquemos nosso tempo nas tarefas a nós confiadas. Como estão os trabalhos nesta região?

— Creio que este povo está estruturado na consciente necessidade de conhecer a verdade, porque somente ela é a chave da libertação dos filhos de Deus. Apesar de grande resistência do sacerdócio local, ouso afirmar que os conceitos proferidos por nossos ancestrais, agora estão sendo lentamente ajustados para o Cristianismo. Seus textos sagrados estão sendo modificados, e neles já identificamos algumas passagens da doutrina de luz proferida por Jesus.

---

37 Nota da Médium: Posteriormente, os textos sagrados do Zoroastrismo foram compilados, originando o *Avesta* ou *Zend-Avesta*.

— Nestas paragens, somos conhecidos como "seguidores da nova fé" — disse Lucinius. — Aqui a luta é incessante e exaustiva, mas se Jesus venceu a resistência dos homens sem guerra, apenas com respeito e compreensão, acredito que também devemos ter paciência e muita perseverança, para vencermos os misticismos milenares, sem desânimo ou reclamação.

— Concordo com o amigo, não devemos aportar nossos pensamentos no pessimismo, mas na grandiosa obra que o Senhor nos confiou — disse Bartolomeu com bondade. — Tanto os desafios quanto os medos são passageiros e, com coragem, poderemos triunfar.

Creio que todos possuem uma missão definida nas esferas sublimes da evolução. E também têm a sabedoria para respeitar os limites que a vida lhes impõe, sem esquecer que a Luz sempre iluminará pacificamente o coração. Assim eu vejo a causa cristã. Jesus é o brilho; não importa que haja trevas de ignorância sobre a existência, ou claridade para a compreensão de seu código de amor. Ele sempre será o óleo que nutre a candeia e iluminará os filhos de Deus necessitados de sabedoria, onde quer que estejam.

— Respeito opiniões de amigos que professam outros credos — disse Lucinius —; não devemos permitir que o Cristianismo seja encoberto por dogmatismo e fantasias. Apesar de ser um dever conhecermos todos os segmentos religiosos, devemos cumprir nossas obrigações e lutar para prevalecer a verdade do Mestre, não permitindo que conceitos sobre a vida imperem.

André, com bondade, interrompeu aquela conversa:

— Nossa reunião iniciará ao entardecer. Creio que teremos muito tempo para conversarmos sobre esse assunto. Por ora, todos devem encaminhar-se para o descanso merecido. Estou feliz por permanecerem aqui, assim nos atualizaremos sobre a vida de cada um e poderei conhecer, mais profundamente, os textos transcritos por Tarquinius.

Bartolomeu e André encaminharam-se para uma sala simples, enquanto Lucinius, Tarquinius e Marcellus continuaram conversando:

— Meu amigo, estou surpreso. Nossas vidas seguiram rumos tão semelhantes — disse Tarquinius.

— Jamais acreditei que o reencontraria — disse Marcellus, não escondendo uma lágrima que anunciava lembranças de um passado que não retornaria mais.

— Um dia fui seu mestre, ensinando-o para os ofícios do Senado, assim como os códigos disciplinares do exército. Hoje, os dois jovens crescidos e amadurecidos transformaram-se em mestres da palavra de Jesus.

— Jamais me considerarei mestre — disse Tarquinius, emocionado. — As escolas humanas sempre nos ensinam algo. Quando se converteu ao cristianismo e como veio parar nesta região?

— Meus amigos, o cenário político de Roma muito se modificou. Quando discordei das atrocidades cometidas pelos homens influentes de nosso Império, fui convidado a afastar-me do cargo ou morrer honrado, suicidando-me em público. Sabem bem, que sempre acreditei que o suicídio público, praticado pelos romanos, para mim jamais foi demonstração de honra, mas sim, de fraqueza e covardia. Não havia mais condições de permanecer ali, então resolvi partir para começar uma nova vida, longe de crimes, injustiças e corrupção.

— Para onde foi? — perguntou Marcellus.

— Primeiramente, fui buscar amparo perto de ambos. Segui para a Palestina, afinal, mesmo distante, Tarquinius manteve-me informado quanto aos fatos que os cercavam. Cheguei a Jerusalém alguns dias após o incêndio ocorrido no cárcere, sob a guarda romana. As ruas estavam cheias de falatórios sobre a conversão e morte de Tarquinius e de sua filha, assim como de um suposto suicídio de Marcellus. Achei aqueles comentários muito contraditórios. Então, buscando a verdade, encontrei Versus que, com felicidade, confirmou as informações. As notícias abateram minha alma e não conseguia mais discernir mentiras de verdades porque, mesmo acostumado a viver entre homens que demonstravam falta de ética e moral, naquele momento, diante de mim, estava tudo o que eu havia acabado de renunciar em Roma: homens comprometidos com seus próprios desejos, desatinos e corrupção.

— O que aconteceu com você depois? — perguntou Marcellus.

— Entristecido e desanimado, resolvi partir, sem mesmo saber para onde, pois a consternação cegava-me a razão. A caravana que me conduziu a um futuro incerto parou próxima a um vilarejo. Enquanto os homens descansavam, me aproximei de uma multidão e, surpreso, verifiquei que havia pessoas de todos os tipos — eram doentes, nobres, comerciantes e mendigos.

Depois de uma pausa, Lucinius continuou:

— Todos ouviam silenciosamente aquele homem simples chamado Simão Pedro. Ele falava, com propriedade, de um reino de amor e justiça. Interessado, comecei a prestar atenção — suspirando, buscou fôlego e continuou. — Aquelas palavras tocaram meu coração. Após a palestra, procurei por Pedro que, com carinho, me acolheu, sem perguntar nada sobre minha vida. Decidi, então, naquele dia, esquecer meu passado e não contei a ninguém quem eu era. Aos poucos, foi me apresentando o Mestre. E, sem que eu percebesse, já estava entre eles, um pouco mais de dez dias.

— E como veio para cá? — perguntou Marcellus, sensibilizado com os sofrimentos do amigo.

— Sempre estudei os hábitos e os costumes da Palestina e da Índia. Os ensinamentos do Nazareno já repercutiam nas cidades vizinhas, e até mesmo em Roma. Observava que muitos conterrâneos haviam abandonado o culto aos deuses e se dedicavam ao Deus único, amado pelos hebreus. Naquela oportunidade, uma excursão estava sendo organizada por Tomé, Filipe e André, então ofereci meus conhecimentos e préstimos e fui aceito sem imposições. Converti-me ao cristianismo e aqui estou servindo a Jesus. Confesso que em

Roma eu não era nada, mas hoje sou alguém porque aqui sou útil. — Com um sorriso discreto, perguntou:

— Agora, me digam, o que de fato aconteceu a ambos?

Tarquinius, emocionado, respondeu:

— A vida possui suas leis e jamais devemos ignorar a força que elas exercem sobre nós. Ester, a serva de quem falei em minhas cartas, era, de fato, minha eterna amada Cassia. Reencontrei-a no dia de seu julgamento. Nesse dia, tomei conhecimento que, aquela que eu mesmo escravizei, era, na verdade, minha tão adorada filhinha. Ela foi sentenciada à morte, sem piedade, e silenciou para a vida em meus braços. Ainda sou capaz de sentir o calor de seu hálito em minha face, enquanto as palavras de despedida soavam como uma sublime melodia afinada. Uma canção que jamais seria esquecida por quem verdadeiramente amou. Em meu desespero, encontrei no silêncio daquela jovem, a força de sua fé. Orei a Jesus, sem ao menos conhecê-Lo. Então, fui sentenciado ao difícil cativeiro, e nele, sem dúvida alguma, encontrei o caminho para minha conversão.

— Com o auxílio de Plinius Pompilius — prosseguiu Marcellus — e de meu filho, salvamos Tarquinius do cárcere. O incêndio não passou de encenação. Por dias, ficamos refugiados na casa de Bartolomeu, até que nos esquecessem. Como desconhecemos as linhas traçadas para o nosso futuro, vemos, agora, que, no mesmo período em que você estava na casa de Pedro, estávamos na casa de Bartolomeu. Porém, como temíamos por nossas vidas, fez-se sigilo sobre nós. Como você não falou a Pedro quem era, ou o que buscava em Jerusalém, ficamos afastados durante todo este tempo.

— E Marcus Aurelius? Onde está?

Dos olhos de Marcellus marejavam lágrimas. Tarquinius, percebendo a emoção e dificuldade do amigo, respondeu:

— Nosso menino foi morto pelas mãos impiedosas de um grupo alucinado de fanáticos. Agradeço por ter conhecido o Senhor, Bartolomeu e outros amigos da causa cristã, pois aprendi novos valores e, em especial, esquecer todo o mal que um dia recebi pelas mãos de Versus.

— Gostaria de compreender por que Versus está tão presente em nossas vidas! — disse Marcellus.

— Ora, não foi o próprio Mestre que ordenou Bartolomeu nos ensinar que a vida não se encerra no túmulo! Confesso que não posso ignorar ensinamento tão lúcido e racional. Senão, de que valeria tanto esforço? Há uma existência após a morte e sei que podemos voltar à Terra. Se voltarmos ao lugar onde iniciamos nossas lutas, ao certo aqueles que participaram de nosso passado também retornarão conosco. Assim como nós, Versus é um aprendiz de si próprio, que age alucinadamente, com medo de perder um poder que não lhe pertence.

Somos filhos do passado e, se voltássemos no tempo, encontraríamos esse homem suplicando por misericórdia. Quando Deus concedeu a ele a oportunidade de retornar para uma nova vida, ele deparou-se com os devaneios de uma sociedade doente e, como trazia na alma egoísmo, orgulho e vaidade, perdeu-se nos caminhos obscuros do mal. Tenhamos compaixão de sua alma, pois não fomos os únicos a sentir o peso de seu coração, as gerações futuras também saberão, um dia, quem foi Versus Lucius Antipas.

— *Gutta cavat lapidem*[38] — disse Tarquinius. — Não há coração petrificado que resista às gotas de amor trazidas pelo Evangelho. Hoje, Versus é pedra e, eternamente Jesus será o amor em gotas que, um dia, tocará sua alma. Temporariamente, ele se mantém distante das verdades e da sabedoria do único e soberano Deus. — Pousando a mão sobre o ombro do amigo, esboçando tímido sorriso, continuou. — Não detenhamos a mente em meras conjecturas. Deixemos Versus no estágio de apego à matéria. Esqueçamos o passado e sigamos adiante.

---

38 Nota da médium: "A gota cava a pedra".

Ali, se mantiveram mais alguns instantes conversando e relembrando o passado e, depois, uma vez mais, firmaram seus propósitos na fé viva em nosso Senhor Jesus Cristo.

Naquele mesmo dia, o entardecer ia aportando serenamente no lugarejo. A pequena igreja aguardava a chegada das pessoas para as orações que se iniciariam em breve.

Aos poucos, o salão foi preenchido por humildes camponeses, conhecidos como *vaisia.* Eram pessoas que trabalhavam em regime servil, chamados de *sudras* — uma casta marginalizada que poderia ser vendida como escrava. Os "párias" adultos, ali reunidos, trajavam vestes coloridas; as mulheres, com ar misterioso, cobriam a face e, sob as sedas, os olhos eram ressaltados pelo brilho. Crianças agarradas às mães acomodavam-se lentamente, demonstrando ao mesmo tempo medo e confiança.

Um brâmane adentrou o recinto, acompanhado de outros sacerdotes locais. André e Bartolomeu, percebendo a delicadeza do momento, envolvidos em sábia serenidade, aproximaram-se. O apóstolo amado disse respeitosamente:

— Meus caros, o que buscam nesta casa de prece?

O brâmane de alta graduação, que liderava o grupo, com superioridade no olhar, respondeu:

— Soubemos que esta seita tem avançado audaciosamente sobre nosso povo. Informamo-nos das magias que realizam com as mãos, dos fundamentos, dos ensinamentos, porém não reconhecemos o tal Jesus da cidade de Nazaré como o Messias, filho de nossos deuses. Sacerdotes foram enfeitiçados por esta seita e, absurdamente, deturparam nossas escrituras, incluindo nelas fragmentos de Seu Evangelho.

Esse ato leviano maculou nossos textos sagrados. Não podemos permitir que nossas divindades sejam colocadas à prova. Para que possamos viver em harmonia, estamos dispostos a incluir nos Vedas o cristianismo, desde que Jesus seja categorizado como uma divindade, filho de Shiva, subordinado a Brama.

Naquele momento, os dois apóstolos uniram-se sobre os pilares cristãos, transformando-os em um único pensamento.

— Nobres senhores — disse André, com a segurança que lhe era característica — não estamos aqui para provar suas divindades, tampouco, retirar de Jesus a grandiosidade de Sua realeza de amor, que é a sólida estrutura de Seu império de luz. Não desejamos transformá-Lo em um simples símbolo místico, apenas para agradar líderes religiosos que, inseguros, sentem que seus deuses e fundamentos seguidos são frágeis, em comparação aos conceitos e sabedoria do Deus único e de Seu filho, o Messias. Respeitamos suas crenças; nossa missão é trazer a consolidação da promessa milenar dos profetas e, até mesmo os seus "deuses" também foram enviados de Jesus e nasceram com a missão de preparar a alma de Seus seguidores, para a verdade de um Deus único, e assim, receberem no futuro a chegada do Salvador.

— Contudo — continuou Bartolomeu — o coração de vocês ficou retido somente no misticismo. O Deus único transformou-se em Brama; os profetas em divindades, ou foram interpretados como filhos de Shiva, o enviado dos Céus. Na verdade, as representações alegóricas são semelhantes àquelas que Jesus encontrou para traduzir Seu império de amor. Para ser compreendido, falou por parábolas. Seus profetas, aqueles que viveram antes de nós, também encontraram nas representações uma maneira de se fazerem compreendidos. Em cada período do mundo, as civilizações nasciam sedentas de sabedoria e crescimento. Seu povo é sábio e detentor de grande conhecimento. Suas escrituras atestam que conseguiram compreender, conscientemente, verdades que nenhum povo conseguiu conceber.

— Compreendem — complementou André — a vida além da morte e defendem o prelúdio do retorno à vida corpórea, mas não conseguem aceitar que o Cristo é a verdade e que não pode ser transformado em simples divindade, por ser incontestavelmente, fonte de renovação da vida. Apesar de possuirmos a mesma origem em Deus, afirmo que a simples cachoeira, resumida em pedras e fios d'água, também é resultado da grande força dos rios. Creio que a força que impulsiona a água é a mesma que move a humanidade. Creio também que ela tem um único nome: Jesus. Acusam-nos de macular os textos sagrados, mas na literatura de seus livros encontrarão a marcante presença de Jesus que, das alturas, inspirou os profetas, suas divindades.

O brâmane, apresentando expressão nervosa, pela insatisfação de ter ouvido tais palavras, sem conseguir argumentar, antes de retirar-se, advertiu:

— Não creiam que permitirei que denigram nossos deuses. Farei com que o povo se revolte contra o seu Cristo Jesus.

Retirou-se silenciosamente, acompanhado pelos demais. Logo após, as orações foram iniciadas. Os que ali permaneceram foram envolvidos em bênçãos derramadas por Jesus.

Ao término da humilde reunião, apóstolos e romanos permaneceram em diálogo alusivo ao último acontecimento naquele recinto. André, com expressão preocupada, relatou as dificuldades que enfrentava:

— Retornei para cá a pedido de Lucinius. Desde que voltei de Jerusalém, os cristãos sofreram todos os tipos de represálias. O povo, inflamado e excessivamente místico, lançou-se contra o cristianismo. Queria manifestações e milagres que comprovassem o poder de Jesus. Havia dias que parecia condescendente conosco; noutros levantava-se furioso, sem causa aparente. Avaliando a dedicação dos colaboradores da causa, é possível entender o porquê da propagação do Evangelho, nesta região, ainda não ter alcançado seu apogeu. A terra do Ganges ainda é filha do misticismo e as divindades cegam estes filhos de Deus.

— Meu amigo — disse Bartolomeu — não importa quantos tenham sido tocados pela boa-nova. O que importa é que a semente foi lançada. Não esperemos provar dos frutos que germinarão dessas sementes. Saibamos que cada um possui uma tarefa bem definida por Deus. Ele criou a semente e o lavrador. Jesus cuidou do solo e dos corações de toda a humanidade. Cabe a nós cultivarmos, com carinho, as tímidas plantações celestes, pois foi para isso que fomos chamados. Quem colherá o resultado desses frutos? Ao certo, serão as gerações futuras, que não conheceremos. Não pensemos em números. Mais vale um coração convertido por inteiro, que cem convertidos pela metade, porque esses estarão mais suscetíveis a renunciarem ao Mestre, por inúmeras razões terrenas.

Em intenso silêncio, todos ouviam, atentos, suas sábias palavras, enquanto ele, respirando profundamente, continuou:

— O processo de modificação da alma é lento e inicia-se pela consciência. Enquanto estivermos na Terra, servindo ao grupo a que estamos atualmente vinculados, falemos uma linguagem que se faça entendida, para que Jesus, um dia, possa, sem alegorias, falar a linguagem de Seu amor fraterno e universal e ser retribuído com a compreensão absoluta de todos.

As manifestações procedidas para a cura, por meio de nossas mãos, não nos pertencem. Somos, por ora, somente instrumentos de Deus vivendo sobre a Terra, enquanto outros nobres emissários divinos encontram-se, temporariamente, afastados da vida terrestre. Somos aprendizes e estamos longe de sermos mestres. A única criatura sábia e senhora das mentes continua sendo Jesus.

Quando libertarmos nossos corações e nossas mentes, amaremos sem necessidade de comprovações; sentiremos, sem necessitarmos de palavras; confiaremos, sem deixar a fé desfalecer e, respiraremos, sem medo da morte. Aí sim, poderemos exigir mais. Enquanto isso, acatemos as leis de Deus e tenhamos paciência com os filhos do Senhor que ainda estão em condição de apatia, distantes das verdades divinas. Muitos caminhos surgirão e muitos testemunhos de fé serão experimentados até a plenitude de todas as almas.

— Como podem ser tão indiferentes com o Mestre? — disse Marcellus, espontaneamente.

— Acalmemo-nos e aprendamos a observar as diferenças ao nosso redor — respondeu Lucinius. — Há pouco tempo éramos iguais a eles. Principalmente nós, que pertencíamos às administrações do Império. Exercíamos poder sobre as criaturas e sentenciávamos, com leis criadas pelos homens ou justificadas pelos deuses, aos quais rendíamos verdadeira adoração.

— Além de sermos aprendizes, carregamos sobre nossos ombros o fardo de atos infelizes cometidos por nós — afirmou Tarquinius, com um semblante meditativo. — O Mestre nos presenteou com o poder imensurável de Sua compreensão e misericórdia. Devemos seguir o exemplo, pois, mesmo que o hoje nos pareça sombrio, confiemos no amanhã, com esperança e fé.

No firmamento, as estrelas anunciavam o avançar da noite. Aqueles cristãos, unidos pelo propósito apostolar, firmavam a amizade sobre os alicerces da fé e fortaleciam a coragem para seguirem confiantes, mesmo desconhecendo o impiedoso amanhã.

Capítulo 24

Às margens do Ganges, a despedida

O tempo seguiu ligeiro desde a chegada dos apóstolos à Índia. Viajaram a todos os vilarejos de possível acesso, ensinaram e enfrentaram dificuldades crescentes para propagarem o Evangelho. Bartolomeu e André carregavam com eles o dom da cura, concedido por Jesus. Levantavam os paralíticos, faziam os cegos enxergarem, curavam lunáticos possuídos por espíritos considerados demoníacos, enfim, tudo com o intuito de trazer ao coração dos homens o Mestre Jesus.

Em certo fim de tarde, presenteados pelo colorido encantador do pôr do sol sobre as calmas colinas e, cumprindo o roteiro estabelecido para o trabalho, chegaram a um pobre lugarejo. Marcellus, em atitude decidida como sempre, herança do treinamento militar, chamou Tarquinius:

— A cidade está cheia de peregrinos. Por aqui não encontraremos um lugar para pernoitarmos. Deixemos nossos amigos descansando sob a sombra daquelas árvores, às margens do Ganges, enquanto buscamos um lugar adequado para ficarmos.

Assim se distanciaram. Os apóstolos observavam que, próximo de onde estavam, começou a chegar um grande número de pessoas. Lucinius, não contendo a curiosidade, levantou-se para tentar compreender o que acontecia.

Então, silenciosamente, colocou-se entre o povo e perguntou a um jovem, que parecia estar em profunda meditação:

— O que acontecerá aqui?

— Todos os fins de tarde, é hábito das pessoas de nosso vilarejo fazerem preces aos nossos protetores. Muitos vêm de longe para cultuarem nossas divindades.

— Protetores? Quem são esses protetores?

— Shiva, Surya e Vishnu, deuses que moram no sol e que descansam sobre as colinas.

Agradeceu a informação e, rapidamente, voltou ao lugar onde estavam acomodados os amigos, continuando a observar o cenário:

— Todo o vilarejo está se reunindo neste local para saudar seus protetores.

— Percebo que este povoado tem os ouvidos surdos para o nosso Mestre — disse Bartolomeu, com humildade e compreensão. — Sigamos o nosso caminho, pois cada um possui o seu momento para despertar, e as palavras de Jesus só serão absorvidas quando a alma estiver aberta para recebê-las. Cada um cresce ao seu tempo e devemos respeitar o credo que se manifesta em cada coração. Apesar de trilharmos estradas diferentes em matéria de fé, um dia seremos regidos por um único código, o Evangelho de amor e luz. Deuses nascem e morrem; somente Jesus nasceu e eternamente viverá no coração dos homens. Saibamos esperar o amadurecimento da humanidade, assim como o nosso.

— Tem razão — complementou André. — É melhor seguirmos para não causarmos conflitos desnecessários.

Com discrição, buscando a via pública, começaram a caminhar por entre as pessoas sentadas. Serenos e compassivos, seus olhares analisaram aquelas almas seriamente envolvidas num misticismo que suscitava, em suas mentes, imagens de deuses imaginários.

De súbito, se depararam com uma jovem que apresentava feição alucinada. Ao seu lado, uma mulher pacientemente a segurava. Durante a aproximação de Bartolomeu, a enferma foi acometida por forte crise convulsiva. Não conseguindo contê-la, a pobre mulher buscou a ajuda de Lucinius:

— Senhor, ajude-me! Todos têm medo de minha filha doente e nos repudiam.

Bartolomeu, sensibilizado com o que presenciava, apoiado num velho cajado, ajoelhou-se diante da enferma, impôs sua mão sobre a testa da jovem e orou:

— Grande é o Senhor meu Deus, que possui o poder de criar o sol, a colina e todos os seres vivos. Enviou Seu filho, Jesus, para podermos conhecê-Lo e amá-Lo como única divindade. Suplico-Lhe bondade e misericórdia para esta filha tão necessitada de alívio. Se for de Sua vontade, Senhor, que Seus desejos sejam cumpridos.

A jovem, refeita, apresentou na feição sofrida alívio e serenidade. A mãe, admirada, beijou as mãos do benfeitor. Enquanto isso, todos observavam com atenção e completo silêncio as atitudes do apóstolo, esquecendo-se de suas divindades, em especial naquele evento místico. Nesse instante, um tumulto foi iniciado por um líder religioso, orientado pelas lideranças sacerdotais a manifestar-se contra qualquer prática cristã. Levantou-se e começou a incitar o povo:

— Não creiam nestes homens. São os enviados das trevas. Como dizem as profecias, eles vêm com mentiras e sortilégios, trazendo desgraça para nossas famílias! Expulsemo-los daqui. Lancemos pedras sobre estas criaturas do mal.

Os romanos, observando ao longe o tumulto, correram para saber dos companheiros e encontraram um cenário hostil de dor e sofrimento. Marcellus, com firmeza e com habilidade militar, conseguiu dispersar o grupo. Ao aproximarem-se, encontraram Bartolomeu ensanguentado, André ferido, porém lúcido, e Lucinius desacordado. Auxiliando-os, decidiram sair imediatamente daquele lugar. Com dificuldade, adentraram um bosque à procura de abrigo. Enquanto acomodaram os dois amigos sobre as folhagens, foram surpreendidos por uma mulher:

— Tragam esses homens à minha casa. Afinal, foram eles que trouxeram a bênção da vida à minha filha!

Sem questionar, Tarquinius e Marcellus a acompanharam, carregando os feridos. Chegando à modesta moradia, foram socorridos, com carinho, nas precárias acomodações.

A noite seguia conturbada. Lucinius permanecia desacordado, com sérias fraturas, em grande sofrimento. Os romanos dividiam-se para cuidar de seus ferimentos. Tarquinius, preocupado, aproximou-se de Marcellus:

— Eles foram muito atingidos. Temo que não resistam.

— Esta é a hora de demonstrarmos nossa fé, aquela que aprendemos ao longo de nossas vidas.

Já noite alta, André permanecia acordado ao lado dos amigos, enquanto Bartolomeu ainda dormia. Por vezes, gemia devido às fortes dores nos diversos ferimentos. Liberto temporariamente das tormentas de seu corpo sofrido, como em um sonho, o apóstolo do coração viu-se em um imenso jardim florido. Então, uma claridade radiante surgiu à sua frente. Nesse instante, ele, ajoelhado, ouviu a voz meiga, mas firme do Mestre:

— Bem-aventurados os que sofrem em meu Nome, pois compreenderão a importância do trabalho de Deus sobre a Terra. Bem-aventuradas as feridas abertas e o corpo chagado por meu Nome, pois, em breve, encontrarão o acalento de Deus. Bem-aventurados os que lutam, pois o amor há de vencer as trevas e a Terra se transformará em uma verdadeira morada de Deus... As experiências da vida descortinam o poder imensurável do amor que consola e que dignifica as criaturas.

Toda maldade será extinta e todo bem pairará sobre os homens. A missão evangélica traz as bênçãos de Deus e, em muitas ocasiões, também os martírios da Terra. Não devemos permitir que as sombras abatam nossos espíritos. Se os evoquei para o apostolado, cabe a cada um ter o coração aberto e fazer propagar a luz do Evangelho. Nesse período de renovação, estarei entre vocês, portanto, escute-me e aprenda, meu amado. Ensine os seus a lançar a semente de meu Evangelho, em todas as terras, sem perder tempo, à espera que ela germine para provarem os frutos.

É chegado o momento de deixarem este povoado e seguirem para outras paragens, igualmente carentes de luz e sabedoria. Para isso, precisarão separar-se, por um tempo, de André. O bom servo é aquele que não espera nada em troca, que compreende a ignorância e perdoa sem distinção. Prepare os próximos discípulos para que as gerações futuras possam ouvir meu Nome, sentir meu amor e entender, com sabedoria, o reino de Deus. Em verdade lhes digo que, sobre os desígnios de meu Pai, não podem prevalecer os interesses pessoais. Deitemos as batalhas silenciosas do amor e testemunhemos, com o próprio sofrimento, o triunfo da paz eterna, para glorificar as centenas de almas que virão depois.

O apóstolo, emocionado, permitiu que as lágrimas brilhassem como cristais em sua face marcada. Lentamente, a radiante imagem do Mestre foi desaparecendo diante de seus olhos. Banhado em força sublime e na paz celestial, como se habitasse o mundo espiritual, viu surgir a figura amada do amigo Apolonius:

— Meu velho amigo, levante-se e siga. Deixe Lucinius em meus braços e eu o conduzirei à morada que o aguarda. Reúna-se com seus discípulos, pois o primeiro ciclo de martírios está por terminar. É chegado o momento dos seguidores do Mestre, preparados, assumirem a responsabilidade da fundação cristã destas paragens. A missão aqui para o seu apostolado chegou ao fim.

— Como seguir, abandonando esta província? — Bartolomeu, com as mãos, cobriu o rosto. — Como não esmorecer diante das provas que a vida apostólica nos apresenta? Pergunto a mim mesmo se valeu o esforço despendido para evangelizar este povoado indiano. Foram tão poucos os que abraçaram o cristianismo.

— Jamais duvide do trabalho divino. Todo esforço para a concretização da obra de Deus sobre a Terra é bem recebido pelo Senhor! O bom lavrador é aquele que lança as sementes e segue o caminho preparando outros para o cultivo. Não permita que a tentação, em forma de pessimismo, invada sua alma. Muitos se levantam contra o cristianismo, porém, amanhã estarão morrendo por ele. Paremos de manifestar o forte egoísmo que ainda reside em nós e não nos esqueçamos do amor que Jesus exerce sobre todas as criaturas.

Em um abraço fraterno, despediram-se. Apolonius afastou-se com carinho, deixando-o envolvido em coragem e fé.

Na manhã seguinte, exaustos, os romanos dividiam-se nos cuidados com Lucinius, quando foram surpreendidos por Bartolomeu, refeito e em pé. Com dificuldade, aproximou-se do leito:

— Guardemos o bom ânimo e saibamos acatar as leis de Deus, para que tenhamos forças para ouvir as notícias que trago do mundo celeste — respirando profundamente e, acomodando-se junto do companheiro, continuou. — É chegado o momento de resignarmo-nos diante da morte e prepararmos nossos espíritos para as novas tempestades que invadirão nossas vidas. Nosso amigo está se despedindo de nós. Partirá nos braços de nosso querido Apolonius, para a morada de nosso Deus.

Nesse momento, Lucinius abriu os olhos, contemplou-os suspirando serenamente, e silenciou, despedindo-se da vida tal qual um pássaro liberto que voa em direção aos Céus. Seguiu amparado por sublimes seres alados, em busca do ninho — o coração de Deus.

Sem conter as lágrimas, Tarquinius ouviu o apóstolo com respeito e orou com emoção:

— Senhor, receba em Seus braços misericordiosos este filho que retorna ao verdadeiro lar. Coroe-o com Sua luz, e que ele seja amparado em Seu amor.

***

Dois dias se passaram após a morte de Lucinius. Retornaram à igreja e, terminadas as instruções aos discípulos daquela fundação cristã, André abraçou os amigos em despedida:

— Chegou o momento de nos separarmos. Permanecerei até concluir as instruções aos que aqui manterão os trabalhos e, em seguida, seguirei viagem. Veremo-nos novamente.

— Meu amado! Sempre estivemos unidos e peço ao Senhor que nossas estradas voltem a se encontrar. Seguirei em direção ao norte, mais especificamente à região da Armênia. E, se Jesus permitir, um dia seguirei em direção à Pérsia.

Após a emocionada despedida, o apóstolo do coração e os romanos seguiram a rota definida, levando em seus pensamentos as recordações do amigo que havia alcançado a liberdade, rumo à vida eterna.

Capítulo 25

Tradições e esperanças

Sob orientações celestes, os três amigos viajavam objetivando o sofrido oriente, passando por Aracósia, Bactriana, Pártia, Hircânia e Ecbátana.

Paravam de cidade em cidade pregando a boa-nova, entre humilhações e perseguições, injúrias e maus-tratos. Mesmo assim, continuavam firmes, ouvindo no coração e na mente as palavras de Jesus.

Anciões trêmulos, crianças enfermas e toda sorte de filhos de Deus os cercavam em busca de acalanto. Sempre com disposição, atendiam a todos, sem reclamar por descanso, apesar da idade, naturalmente avançada.

Tarquinius trazia com ele as marcas de sua transformação. Sentia-se feliz e satisfeito com todas as tarefas a ele designadas. Dedicava-se ao estudo do Evangelho, escrito por Mateus e, em especial, registrava todas as impressões do apóstolo do coração e as enviava para as igrejas nascentes. Marcellus, o fiel amigo, continuava inteiramente envolvido com o propósito cristão, apesar do desgaste natural do corpo pelo tempo. Seu porte, antes hercúleo, apresentava agora músculos não tão fortes. Em cada cidade, mantinham-se com parte dos donativos, e o restante era destinado às fundações cristãs primitivas, que muito necessitavam de auxílio.

Após longa viagem, chegaram à Armênia. Marcellus buscou, imediatamente, uma estalagem para se acomodarem. Sem perder tempo, Bartolomeu já planejava as pregações, pois, anos atrás, uma pequena igreja já havia sido fundada por outros apóstolos e era mantida por um homem chamado Jeremias. Este, aparentando sessenta anos, trazia na fisionomia a seriedade, por vezes confundida com braveza. Quando Jeremias viu o apóstolo, não escondeu a felicidade:

— Estou feliz em vê-lo! — olhando para os romanos, com intuito de conhecê-los, indagou: — Quem são estes homens que o acompanham? Espero que não seja nenhum daqueles filhos de Jerusalém, tentando trazer para nosso credo, influências judaicas ou de outros segmentos religiosos.

— Não se preocupe. Estes são amigos da causa cristã e meus filhos do coração. Por que asseverou, com tanta propriedade, haver influências de outras religiões no cristianismo?

— Estamos com esta fundação devidamente estabelecida no comando de Jesus, e orientada por Pedro. Entretanto, há pouco tempo, recebemos a visita de um grupo de homens liderado por Samuel, dizendo trazer ordens da Igreja de Jerusalém, para adequarmo-nos ao culto da circuncisão. Imediatamente fui contra. Não devemos adotar rituais de aparência, que não condizem com nosso Mestre. Foram dias de discussão. Então, descobri que aqueles homens não pertenciam à Igreja de Jerusalém. Comuniquei-me com Pedro, para certificar-me de que não estava contrariando os nobres propósitos. Ele respondeu com esta carta:

"(...) Houve, contudo, também falsos profetas no seio do povo, como haverá entre vós falsos mestres, os quais trarão heresias perniciosas, negando o Senhor que os resgatou e trazendo sobre si repentina destruição. Muitos seguirão as suas doutrinas dissolutas e, por causa deles, o caminho da verdade cairá em descrédito. Por avareza, procurarão, com discursos fingidos, fazer de vós objeto de negócios; mas, seu julgamento há muito está em ação e a sua destruição não tarda (...)"[39]

Após a leitura, o silêncio foi interrompido pela voz sábia de Bartolomeu:

— O cristianismo é puro e não pode ser maculado ou confundido com outros segmentos religiosos. Deve ser mantido genuinamente estruturado nos alicerces que Jesus construiu. Podem existir várias tentativas para destruí-lo, mas a força de Deus organiza as criaturas para seguirem o caminho moral de libertação. Saibamos compreender aqueles que são diferentes e os respeitemos. O próprio Mestre pediu que nos acautelássemos com os que falariam em Seu nome, mas não atuariam como Ele. Tenhamos consciência dessas influências, porém asseguremo-nos do poder imensurável da sabedoria celeste, pois todo aquele que se assegura em mentiras estará pronto para viver a destruição.

O apóstolo do coração recebia a sábia instrução de Pedro, com profundo carinho e respeito. Enquanto isso, Jeremias, que serenamente o observava, disse:

— Estou feliz com sua presença, pois é a representação de força de que necessitamos. A luta é incessante para aqueles que acreditam em Jesus, portanto, sempre rogo ao Senhor coragem e discernimento para que consigamos manter nosso trabalho na rota certa, sem modificarmos o objetivo fraterno do cristianismo.

Após alguns instantes de conversa, seguiram para o salão simples, preparando o ambiente para a chegada do público. Lentamente, o recinto foi preenchido por diversos filhos de Deus, em busca de consolo; alguns vinham à procura de sabedoria e outros, somente de cura.

Bartolomeu, acomodado em um assento simples, mantinha-se em profunda meditação, enquanto os romanos, em respeito, mantinham-se em silêncio ao seu lado. Ele, então, segurou a mão de Tarquinius:

---

39 Nota do autor espiritual (Ferdinando): Pedro, II (2:1-3)

— Meu amigo, a reunião desta noite ficará sob sua responsabilidade.

— Estes filhos de Deus não estão aqui para ouvir-me; ao certo querem ouvir suas palavras — disse empalidecido.

— Não tenha medo diante do trabalho em nome de Jesus. Acredito em você, assim como você crê no Mestre. Agora faça com que todos confiem no nosso Senhor e no propósito apostólico. Deixe a inspiração superior invadir sua alma e propague o amor que há em você, em forma de prece. Lembre-se de Cristo para que o Senhor esteja próximo, imantando-o com sabedoria, força, amor fraterno e, sobretudo, misericórdia.

Tarquinius, emocionado, absorveu com profundidade a orientação que a ele foi dirigida. Após as preces de Jeremias, Bartolomeu foi chamado:

— Hoje conhecerão um servo da causa cristã. Façam das palavras deste amigo as minhas palavras.

Tarquinius, então, caminhou lentamente, aproximou-se e, num suspiro profundo, iniciou a preleção:

— Enquanto em nós existir a força da fé, enquanto nossas mentes estiverem banhadas pela luz da sabedoria celeste, viveremos em plena liberdade, envolvidos pela paz construtiva que edifica nossas almas. Nosso Mestre foi humilhado, espancado e incompreendido até o momento de Sua morte, mas nenhum sofrimento foi capaz de fazê-Lo abandonar a construção terrena de um reino de amor e verdade, que dignifica todas as criaturas, silenciando as chamas malignas que envolvem o coração humano. Abandonemos as mentiras que vedam nossos olhos e deixemos a claridade adentrar nossas mentes, para que renove nossos valores e conceitos, corrompidos pelo orgulho e pela vaidade doentia. Transformemo-nos em homens renovados, vivendo o Evangelho na lida constante pelo bem.

"Revelemos ao mundo a edificação do amor em Jesus e a soberania de Deus, para que as gerações futuras conheçam a alegria da renovação desta casa celeste chamada Terra.

Nesta morada aprendemos com a dor a valorizar a felicidade. O sofrimento temporário é renovador e nos colocará lado a lado com Jesus. Perseverança é a base para que façamos brilhar a luz do Evangelho. Sigamos, ainda que entristecidos ou amargurados, pois não há tempo a perder; nosso conhecimento ainda é limitado, mas não incapaz de reconhecer a força do Mestre, que purifica e regenera nossos corações.

Acreditemos que jamais estaremos relegados ao esquecimento, pois Jesus continua vivo. O martírio da cruz não foi capaz de calar seu Império de luz, tampouco tirar de nossas vidas Sua bondade e paciência. Além dos limites da morte, Jesus permanece olhando pelos filhos de Deus, em situação passageira de sofrimento. Seu amor ilimitado chega aos nossos dias e, ao certo, alcançaremos a paz e expandiremos para sempre nossa existência. Assim, conseguiremos absorver suas lições por meio da vida, para que façamos reluzir o Cristo em nós, considerando o amor e o trabalho como segmentos de nós mesmos.

Profundo silêncio envolvia o ambiente e a emoção calava todos os presentes. Após o encerramento, o público levantou-se e, lentamente, retirou-se do recinto. Antes que o salão ficasse totalmente vazio, pelo corredor estreito, caminhou uma mulher de gestos delicados, acompanhada por um homem de traços nobres e, logo atrás, um servo carregando em seus braços fortes, um menino com oito anos de idade. O nobre homem que acompanhava a caravana, sem perder tempo, pronunciou-se com altivez:

— Sou Polimio, o rei desta região, e esta é a minha esposa. Busco os préstimos dos seguidores de Jesus. Preparávamo-nos para iniciar viagem em busca de um dos apóstolos, e encaminhava-nos para Jerusalém, pois soubemos que lá há a maior concentração dos cristãos que possuem o dom da cura. Um servo de meu palácio notificou-me que é um deles e que estava nestas paragens, então não hesitei e vim à sua procura. Estou disposto a oferecer parte das riquezas que possuo para ver meu filho curado.

Com o semblante iluminado, Bartolomeu, humildemente, respondeu:

— Antes de seus títulos de nobreza, é para mim um filho de nosso Deus em busca da misericórdia, sabedoria e paz celestial. Diante do Senhor não importa o que somos ou fomos, tampouco o que temos. Importante é sabermos o que realmente buscamos.

A rainha, abatida, sem esconder lágrimas e tristeza, visivelmente desesperada, aproximou-se dele:

— É conhecido pelas curas realizadas por suas mãos. Imploro ao seu generoso coração que olhe meu pequenino que agoniza. Os doutores não foram capazes de descobrir o mal que o acomete. Adoeceu sem causa aparente e o vejo partindo, sem nada poder fazer.

A presença de Bartolomeu, de alguma maneira, abrandava o coração do rei, que diante de suas palavras e do sofrimento da esposa amada, parou com as demonstrações de poder e disse com voz amargurada e triste:

— Perdoe-me a arrogância! Muitos me prometeram cura e utilizaram minha fé para obter riquezas fáceis. Confesso que, além da enfermidade de meu filho, preocupa-me o reino. Se meu pequeno continuar vivo, será o herdeiro de meu trono e meu povo terá paz. Após seu nascimento, minha esposa contraiu grave doença e, até agora, não pôde mais presentear-me com outros filhos — segurando as mãos do apóstolo, continuou. — Renove, homem de Jesus, nossas esperanças e as de meu povo, pois, se ele morrer, o trono será assumido por meu irmão Haran[40], por direito consanguíneo. E os dias de paz chegarão ao fim.

A rainha soluçava, acariciando o rosto emagrecido do jovenzinho, enquanto o rei continuou:

— Com a morte de meu pai, recebi o reino da Armênia. Meu irmão era como se fosse um filho meu, mas abandonou

---

40 Nota do autor espiritual (Ferdinando): Para melhor distinção e em respeito a pedidos dos amigos, nestas e futuras linhas, chamaremos o irmão do rei Polimio pelo nome de Haran e o sumo sacerdote, de Ad Amir Ahmad Ur.

os princípios morais de nossa família. Inconformado, prometeu-me que ainda teria o governo em suas mãos, então, uniu-se ao clero local, visando buscar aliados e fortalecer seu poder. A ganância o envolveu em teias tecidas no egoísmo e doentio fanatismo religioso. Exerce excessivamente a tirania sobre os homens que estão sob sua liderança — relatava a situação em pranto. — Apesar de não conhecer os fundamentos do Cristianismo, jamais reprimi sua expressão entre meu povo. Mas, em razão de minha posição no poder do Estado, mantemos, para harmonia de nosso povo, nossos cultos religiosos tradicionais. Temo por todos e por meu reino.

O apóstolo do coração ouvia as palavras emocionadas daquele homem, expressando compaixão. Irradiando serenidade e confiança, Bartolomeu aproximou-se do jovem moribundo e, num gesto simples, levou a mão sobre sua fronte, orando fervorosamente. Instantes após, disse com candura:

— Em nome de nosso meigo Mestre Jesus, levante-se, pois está livre dos infortúnios que dilaceravam sua alma e massacravam seu corpo.

E assim, o jovem, com certa dificuldade, acordou e levantou-se do colo do servo. A rainha, não escondendo a felicidade, entre lágrimas abundantes, disse:

— Meu filho está curado! Que Jesus para todo o sempre seja louvado!

— Quanto à senhora — disse Bartolomeu com carinho —, afirmo que seu ventre voltará a gerar vida.

— O que posso fazer para recompensá-lo? — disse o rei. — De agora em diante, terá o meu eterno agradecimento. Poderia oferecer-lhe riqueza suficiente para suprir as necessidades que enfrentará até o final de seus dias.

O apóstolo fez um sinal com a mão, convocando a proximidade dos amigos, para que ouvissem carinhosa e sábia resposta:

— Em seu coração há uma bondade pura e despretensiosa, mas nada quero em troca. "De graça recebeste, de graça dê."[41] Cumpri minha obrigação e estou consciente das responsabilidades que o Senhor confiou a mim. Você é um homem bom. Que esse agradecimento seja convertido em fé viva em sua alma, e em todos aqueles que estão sob seu governo.

Exerça sempre as leis de Deus, sem temer os inimigos, derramando sobre seus súditos o bálsamo da compreensão e do amor fraterno, que une os corações no celeiro do mundo, para que experimentem o novo reino prometido por Jesus. Nosso Mestre não aguarda reconhecimento. Ele espera que façamos nossa parte, por mínima que seja, para que a semente do amor e da sabedoria germine. No momento em que for chamado a testemunhar esta fé, faça cumprir a lei de Deus.

— Nobre amigo! Quando esse momento chegar, como saberei que agi conforme as leis divinas?

— "Buscai, em primeiro lugar, o Reino de Deus e a sua justiça, e todas essas coisas vos serão acrescentadas."[42] Se estiver governando com a razão alicerçada nas leis de Deus, então todas as sábias questões que envolvem sua vida e de seus súditos serão respondidas pelo resultado de sua obra — com um sorriso discreto, continuou. —Todavia, somente o seu coração responderá a questão.

— Em meu reino, terá a liberdade para pregar o Evangelho em todas as cidades e, sobretudo, contará com minha proteção. Tanto eu quanto minha esposa queremos, também, conhecer a boa-nova.

A rainha ajoelhou-se aos pés do apóstolo, beijando, enternecida, suas mãos emagrecidas, em demonstração de profunda gratidão. Em seguida, para surpresa de todos, o rei repetiu o gesto da esposa, retirando-se silenciosamente.

A emoção ainda permanecia no recinto, quando Marcellus rompeu o silêncio:

— Falou como se esse homem fizesse parte de nosso destino.

---

41 Nota do autor espiritual (Ferdinando): Mateus, 10:8

42 Nota do autor espiritual (Ferdinando): Mateus, 6:33

— Meu filho, todos nós, por diversas razões, estamos vinculados uns aos outros. Uns para nos fazer viver e outros para nos fazer morrer. Que tenhamos o amor e firmeza, para que os propósitos celestes sempre imperem acima de nosso querer, preceituados nas colunas da fraternidade, união e construção do porvir.

A noite alta estava iluminada pelas estrelas, que bordavam o firmamento com luz e brilho. Todos permaneceram envolvidos nas demonstrações de fé e humildade que antecederam aquele precioso momento. O humilde pescador, o amor divino e a sabedoria de um rei, preocupado com o bem-estar de seus súditos, colaboraram para que a noite fosse ainda mais especial.

Capítulo 26

O reino da Armênia e o cristianismo

O tempo seguiu seu rumo após aquela visita. Com coragem e contando com o apoio do rei e sua rainha, o apóstolo e os patrícios continuaram com suas pregações visando evangelizar e levar a boa-nova àqueles corações desconhecidos.

Enfrentaram doenças e privações, além de outras tantas dificuldades. Sem descanso, mas determinados, seguiram viagem à região da Mesopotâmia. Percorreram a estrada real, herança de Dario. O apóstolo do coração, com seu carinho, humildade e demonstrações de fé, convertia, por onde passava, inúmeras pessoas ao cristianismo. Com isso, causava nos sacerdotes locais grande insatisfação e ira. Afinal, a humildade de Jesus afrontava o ilusório império religioso daquela região.

Voltaram, finalmente, à Armênia. Naquela tarde, um oásis serviu-lhes de cenário para a pregação. Ali, um grande grupo aguardava, ansioso, as palavras cristãs, quando a figura forte de André, lentamente abriu caminho por entre o povo, aproximando-se dos irmãos:

— Meus amigos! Que Deus os abençoe. Prometi que nos encontraríamos novamente.

— Meu amado — disse Bartolomeu demonstrando latente felicidade —, encontrá-lo é um presente e, sobretudo, compartilhar este momento com você é uma bênção, que somente Jesus poderia derramar sobre nós. Qual é a sua rota?

— Assim como você, concluí minhas tarefas na Índia. Estou aqui somente de passagem; sigo para a Grécia, cidade de Patras. Tenho viajado muito e passei por lugares onde você esteve; confesso que fiquei surpreso com o volumoso número de convertidos.

— Tudo que presenciou foi resultado de grande esforço, além do mais, tenho recebido o auxílio de meus dois amigos. Eles fazem parte deste trabalho — pousando a mão no ombro de André, prosseguiu. — Preparávamo-nos para iniciarmos a evangelização, e agora o faremos com mais ânimo. Meu velho coração está feliz por poder compartilhar com você este momento.

Em seguida, os apóstolos, unidos pelos vínculos de amizade e fé, inspiraram-se nos rostos humildes e desconhecidos que confiavam a alma às suas mãos. Com uma expressão de incontestável tranquilidade, Bartolomeu iniciou a pregação:

— Amados filhos de Deus, muitas são as dores que aportam nas estradas da vida daqueles que estão vivendo a oportunidade de experimentar o difícil caminho da evolução. Testemunhos de fé alertam-nos à necessidade de ajustarmos as rotas do coração e nossa consciência clama por entendimento, para que o sofrimento não seja o imperador de nossa existência.

"Não estamos sozinhos enfrentando os carrascos, que por vezes, são reflexos de nossa própria ignorância. Nosso Deus nos oferta todo o tempo, mas nem sempre estamos preparados para entender as dádivas dos Céus.

"Jesus enfrentou sozinho, no Getsêmani, a negação de seus amados, o suplício e a solidão do cárcere; o julgamento no pretório, sem contestar a injustiça; o desprezo, quando caminhava nas vias dolorosas, entre aqueles que receberam Dele somente bondade e misericórdia; o calvário que lhe serviu de reinado, nos últimos momentos de convívio direto com a humanidade, e a cruz, que foi Seu iluminado trono. Todo esse esforço resultou em Sua ascensão aos Céus e, Seu sacrifício, na libertação dos filhos de Deus."

— No martírio da cruz — prosseguiu André —, compreendeu e perdoou a ignorância que acerca os homens. Acima de nós, não há senhores do saber, porque somos todos iguais perante Deus. O tempo avançou e não concedeu realeza a nenhum profeta. Ao Messias, atribuiu a autêntica coroa de rei, apesar de Seu império de luz ainda ser desconhecido, por muitos que se dizem preparados e conhecedores das leis.

"Alcançaremos a glória eterna, se compreendermos que nossas dores são a própria declaração de salvação, firmada por nós mesmos. Somos santuários vivos da expressão de Jesus. Bem-aventurado aquele que reconhece Jesus como o Senhor de todas as criaturas, e espera, ativo, o dia de amanhã, fazendo hoje a transformação interior, encaminhando-se ao bem, que significa trabalho e oração."

— Silenciemos nossas queixas e reclamações — prosseguiu Bartolomeu. — Acreditemos na promessa imortal de Jesus e amemos, sem transformar nosso coração em cativeiro sombrio. Libertemo-nos dos dogmas que nos distanciam da verdade e elevemos nossos pensamentos em prece: "Senhor, grandioso é o Seu coração, a chave eterna que nos liberta dos cárceres criados por nós.". Objetivamos a fé racional, portanto, não nos conceda facilidades. Queremos a fé adubada com trabalho, que nos faça fortes e resistentes, pois não queremos ser construção estruturada nas aparências de um amor inconsistente, regido por leis vazias e transitórias.

"Proteja-nos quando, porventura, estivermos a ponto de desertarmos e abandonarmos Seu código sagrado de amor. Converta-nos em estradas de esperanças, aquelas que se esquecem de si mesmas, em favor do bem comum. Permita que a semente do Cristianismo se enraíze em nós, crescendo fortalecida pela humildade da ação, da coragem e da fé. Sigamos, certos de que o caminho que nos conduz a Deus é único, e que somente Ele, desemboca no sagrado reino de amor e luz.

"Ao nos reconhecermos como filhos de Deus, conscientes de que em nós ainda habitam as sombras de nosso passado — reflexos da ignorância de Suas verdades — nos ajoelhemos para exaltar Seu nome, porque a cruz não impediu Seu brilho, mas, concedeu-Lhe o trono do universo. Assim, Senhor, receba de nós, filhos da Terra, em luta contra o desespero aflitivo que, por vezes são impostos pela vida e por nós mesmos, a gratidão por acolher-nos em Sua bondade, respeitando nossos limites e, confiando sempre, que podemos ser melhores do que fomos no passado. Incontestavelmente, depositou em nossas mãos, a fé para fazermos o cristianismo vivo, assim como está vivo nas alturas. Por essa verdade vivemos e nesta certeza sopramos sobre a humanidade a brisa serena de Seu código de luz e, sobre nossa consciência, a responsabilidade de cumprir Sua vontade e, jamais, os desejos íntimos de nossa alma."

Ao término da serena pregação, brisa suave de paz e coragem soprava sobre o grupo de cristãos que, emocionados, lentamente dispersavam-se, levando com eles a esperança em seus corações.

Enquanto os apóstolos e os romanos mantinham-se em trivial conversa, um grupo de sacerdotes aproximou-se. Entre eles encontrava-se Haran, o irmão do rei Polimio. Eles haviam se misturado entre a casta humilde, a fim de conhecerem o cristianismo novo, responsável pelo início da transformação religiosa na região.

Entre eles, estava o líder do clero local. Um homem alto, rosto fino, coberto por uma barba negra que já anunciava alguns fios brancos. Os olhos eram negros, um tanto avermelhados, e isso lhe conferia um ar de austeridade e poder. Ele, sem perder tempo, apresentou-se:

— Sou o sumo sacerdote deste reino, Ad Amir Ahmad Ur. Muito ouvi falar de suas investidas — falava olhando friamente para Bartolomeu e André. — São audaciosos em afrontar-nos... Com que direito avaliam e julgam as leis que foram escritas por homens milenares, detentores de grande sabedoria acerca de nossos credos?

— Antes mesmo dos profetas — disse André — dos nomes ilustres da humanidade e dos sábios de nossa história, Jesus era, foi e sempre será o alicerce e a sublime edificação do mundo. Recordo-me de Seu inesquecível ensinamento: "Não penseis que vim revogar a Lei e os Profetas. Vim dar-lhes pleno cumprimento, porque em verdade vos digo que, até que passem o céu e a terra, não será omitido nem um só *i*, uma só vírgula da Lei, sem que tudo seja realizado."[43]

Nobres senhores, o Mestre não veio destruir os templos daqueles que, ele próprio preparou e enviou para educar a Terra. Ela, hoje, tem sede de uma sabedoria livre de dogmatismo. Os dogmas foram criados apenas e tão somente para preservarem o individualismo e o egoísmo do homem, e de forma alguma se prestam ao amor missionário. Os ensinamentos de Jesus perdurarão no futuro, diferentemente das doutrinas que, um dia, foram orientadas por Ele, mas que se transformaram em puras ilusões. Essas, fatalmente, se perderão nos ministérios do personalismo.

— Considerando-me um emissário dos Céus, digo que é prematuro afirmarem que o cristianismo sobreviverá ao tempo — disse Ahmad com profundo desdém. — O Cristo não é um nome milenar como nosso profeta Zoroastro e, ao certo, será esquecido em breve. Além do mais, as magias e as palavras de consolação são o que estruturam os seus ensinamentos.

— O cristianismo não se limita às demonstrações passivas, milagres ou palavras evasivas de consolação — prosseguiu Bartolomeu. Ele é o primado da educação e da sabedoria, que se revela em qualquer atividade da vida comum. Afirmo: será na mudança dos pensamentos e, no trabalho constante no bem, que fortificaremos a fé.

---

43 Nota do autor espiritual (Ferdinando): Mateus, 5:17-18

O nosso Senhor Jesus não fez como os profetas, que escreveram com as próprias mãos os fundamentos de seus ensinamentos, Ele, o Mestre, gravou Seu Evangelho nos corações dos homens, com as tintas perenes do amor, sem desprezar a sabedoria das leis milenares. Os profetas, por Deus enviados, antes de nós, tinham a missão de preparar a chegada do Messias, Seu filho.

Somos imortais. Recordemos as assertivas do sábio Zoroastro, que foi enviado por Jesus e confirmou, em suas escrituras, a vinda do Salvador. Jesus é esse Messias. Ele nasceu de uma mulher chamada Maria e padeceu na cruz, confirmando essas escrituras. Avaliemos as interpretações do Zoroastrismo quanto às profecias que anunciaram a chegada do Messias e o culto a um Deus único.

Quando Jesus apresentou-se ao profeta dizendo que nasceria, tão forte foi a luz de Sua aproximação, que não havendo palavras para descrever e interpretar a radiante visão, converteram-no na figura mitológica de Mitra. O Deus único foi traduzido como Armuz, divindade do fogo. Assim, muitos outros intérpretes de imagens celestiais, atribuíram-lhe significados alegóricos. No caso de Jesus, em específico, o povo passou a adorá-Lo, na figura de Armuz.

A luta entre o bem e o mal, proclamada em suas pregações, foi vencida pela força dos ensinamentos de Jesus: "Pois quem faz o mal odeia a luz e não vem para a luz, para que suas obras não sejam demonstradas como culpáveis. Pois quem pratica a verdade vem para a luz, para que manifeste que suas obras são feitas em Deus."[44] Chegou o momento de rompermos o cativeiro de nossa consciência — olhando fixamente para os olhos de Ahmad, prosseguiu. — Se valoriza a livre escolha, como fundamento de seus ensinamentos, é importante que conheça a palavra: "Salva-te a ti mesmo, desce da cruz"[45], e permita-se conhecer a doutrina de amor do

44 Nota do autor espiritual (Ferdinando): João, 3:20-21

45 Nota do autor espiritual (Ferdinando): Marcos, 15:30

Cristo bendito. Tendo feito isso, poderá intitular-se "emissário dos Céus".

— Jamais alguém foi tão audacioso comigo. Como ousa defrontar Zoroastro com os ensinamentos desse cristianismo? Quero que saiba que farei com que sua passagem por estas terras seja somente uma brisa e, digo mais: nenhuma dessas escrituras sobreviverá.

Completamente contrariado, Ahmad convocou a comitiva para partir, deixando os cristãos em conversa:

— Por Deus! — exclamou Marcellus — O que fez? Desafiou o líder religioso deste povo. A partir de agora estamos em batalha. Ele será capaz de levantar um exército contra nós e nada do que fizemos restará. Afrontou a vaidade e o orgulho desses homens.

— Meu filho, — respondeu o apóstolo do coração — quando estamos convictos de nossos propósitos nada pode modificar o rumo de nossa fé. Quem persevera com o cristianismo firmado na alma resiste até o final. O tempo nos submete a mudanças, retiradas e transformações. Não se preocupe, em nossas vidas não há acasos. Creio que um dia Ahmad será tocado pelo amor de Jesus e, então, teremos um grande defensor do cristianismo, ainda que isso seja a realidade de um futuro longínquo. Aguardemos o amanhã com confiança, sem temer, porque com o Senhor estamos protegidos.

— O mau obreiro — prosseguiu André — reveste-se de vaidade e egoísmo, já o cristão não surgiu sobre a Terra para transformar-se em senhor do mundo, mas com o objetivo de alcançar o reino dos Céus. Por isso, é indispensável que, primeiramente, comece modificando a própria alma. As leis foram alteradas para atender aos chamamentos do próprio eu, cristalizado nos desejos particulares de ascensão. Cabe a nós aproveitarmos a oportunidade de servimos, conscientes da necessidade de aperfeiçoamento, para que nossa fé e luta não sejam em vão, mas o triunfo e a glória para um mundo melhor.

A tarde entregava-se silenciosamente aos braços das primeiras estrelas que brilhavam no céu. Os amigos permaneciam unidos em conversa, sedimentando na alma, os ensinamentos de instantes, para que pudessem, corajosamente, lutar pelo triunfo da grande luz — o cristianismo redentor.

***

Trinta dias após a pregação naquele oásis, Bartolomeu e os demais continuaram suas incansáveis viagens, enquanto André seguiu outras estradas para cumprimento de sua missão.

Naquela manhã, na sede do grande templo na Armênia, Ahmad convocou todos os sacerdotes subordinados às suas ordens e o irmão de Polimio. Após a chegada dos amigos, o sumo sacerdote pronunciou-se:

— Caros amigos! Convoquei-os aqui para que possamos iniciar as investidas contra o cristianismo e calar esses infames que nos desafiam.

— Essa seita representa forte perigo para nós — disse Haran com desprezo e ódio. — Escutou estes miseráveis! Como podem pregar conceitos de imortalidade, centralizando as forças religiosas na imagem de Jesus? Fui informado de que esses homens, conhecidos como apóstolos, têm construído um verdadeiro exército de seguidores nas regiões onde passam. Devemos contê-los, pois nossos poderes poderão enfraquecer.

— Concordo — complementou Ahmad. — Não devemos permitir que o cristianismo se propague na extensão de nosso reino. Devemos manter o poder religioso em nosso domínio. Confesso que em nada o código cristão difere do nosso, mas suas leis tocam facilmente o coração humano, o que é um perigo, pois pode provocar o nosso desaparecimento. Reis estão se convertendo e, em breve, não necessitarão de nós. Escolheram essa casta imunda de cristãos. Devemos preservar nossas tradições e nossos interesses.

— Estou preparado para auxiliá-lo no que for necessário. O que sugere?

— Este homem chamado Bartolomeu é perigoso. Desprezei-o por algum tempo, mas, não podemos subestimá-lo. Julguei-o ignorante, um pescador sem qualificações, mas agora percebo que estava enganado. Não compreendo de onde vem seu saber. Ouso dizer que parece que alguém fala por seus lábios. Entre nossos sacerdotes, não conheci nenhum com tamanha eloquência — após alguns instantes, pensativo, concluiu — Faremos uma ofensiva para eliminar seu rastro entre nós.

— O que faremos com os homens que o seguem? O tal André também o apoia. Não acredita que ele também é um perigo para nós? — perguntou Haran.

— Os seguidores são somente aprendizes e não representam problemas, pois, não possuem a força de Bartolomeu. Logo, não me preocupo com eles, mas, mesmo assim, quero detê-los. Quanto ao homem chamado André, este sim, é uma grande afronta para nós. Agiremos com cautela, qualquer investida contra ele, nesse momento, seria muito arriscado para nós. Acredito que, onde ele estiver, receberá o seu quinhão no tempo certo. Por agora, dediquemo-nos ao apóstolo, amigo do rei.

— Por que não seguimos o exemplo de Roma? — disse o irmão do rei. — Dizem que o Império massacrou cristãos inocentes, considerados culpados pela destruição da cidade. Mas, até agora, nada foi provado contra eles. Certamente, Roma não tolerou atitudes fanáticas de fé e excessivas demonstrações de fervor e coragem, por acreditarem que o martírio salva a alma.

— Não seja tolo! — disse Ahmad com arrogância. — Apesar de estarmos subjugados ao Império romano, estas terras possuem suas próprias leis. Agiremos conforme nossas regras. Se esse Jesus ofereceu equilíbrio e força aos seus seguidores, faremos com que se transforme em medo entre essa casta convertida.

Após alguns instantes, pensativo, Haran conduziu a conversa aos interesses pessoais:

— Sei que meu irmão e sua família converteram-se, e que ele protege o apóstolo. Por que não usamos Polimio para chegarmos até Bartolomeu? Chegou o momento de expor o rei, que se distanciou de nossas tradições e traiu nosso credo.

Um falatório tumultuou o ambiente. Ahmad, com sua habilidade característica, restabeleceu a ordem:

— Tem razão! Polimio será a estrada que nos conduzirá ao maldito apóstolo! Devemos coagi-lo com sabedoria.

— O que faremos com o volumoso número de convertidos desta região?

— Em todos os lugares, até na menor cidade que, porventura Bartolomeu e André tenham passado, limparemos suas lembranças. Destruiremos todas as escrituras e fundações. Silenciaremos os convertidos, a começar por esta região. Levaremos o apóstolo ao martírio, sob nossas leis, e ele servirá de exemplo para que ninguém ouse não querer abandonar o cristianismo. Utilizaremos a violência que for necessária e obrigaremos o povo a retornar às obrigações de nossas crenças. Do mesmo modo que o apóstolo fala que o Nazareno é a expressão de amor e sabedoria, afirmo que o povo enxergará em Jesus o exemplo de sangue derramado inutilmente. E sábio será aquele que abrir mão dessa fé. Buscarei o apoio de alguns homens influentes e não deixaremos vestígios de que o Cristo tenha passado por esta região. Cultivaremos o ódio entre os cristãos e o nosso povo, em virtude das mortes em nome de Jesus.

O dia avançava sem piedade, enquanto aqueles homens permaneciam unidos, ajustando os detalhes de seus planos sombrios para conter o cristianismo e calar o apóstolo do coração.

Alheios à grandiosidade de Jesus, delineavam estratégias para deter as forças que vêm dos Céus. Desconheciam que a vontade de Deus sempre encontra caminhos alternativos para chegar ao seu objetivo, que é o de sensibilizar corações com os ensinamentos do Mestre Jesus.

Capítulo 27

As últimas pregações

Os dias corriam rapidamente. Certa tarde, no palácio do rei Polimio, um servo adentrou o salão principal e, em aflição, anunciou:

— Meu senhor, uma caravana está se aproximando. Os condutores gritam alto o nome do grande sacerdote Ad Amir Ahmad Ur.

Surpreso, o rei rapidamente pediu ao servo para organizar os preparativos, para recepcioná-lo. A suntuosa caravana parou em frente ao palácio. O líder, alguns sacerdotes e um grupo de soldados da escolta, orientados por Haran, encaminharam-se até o salão principal onde estavam o rei e a rainha.

— Ora, ora, o que o traz aqui? — perguntou o rei com desconfiança. — Deve estar cansado da viagem, quer ao menos se refrescar?

— Sejamos rápidos, pois minha estada nestas paragens é passageira — disse Ad Amir Ahmad Ur. — Estamos aqui em nome do sacerdócio local e, apoiados por seu irmão, unidos contra esse tal cristianismo, que persiste em crescer em nossa região. Diante dessa crescente alucinação coletiva em torno do Nazareno, colocamo-nos à disposição do Império e do sacerdócio para fazer prevalecer a paz, consolidar e manter os tradicionais hábitos de nossos templos. Hábitos, aliás, que constantemente têm sido desprezados pelo povo, em consequência da desenfreada seita. Tratam-se de homens pretensiosos, de simples pescadores querendo desafiar os doutores com feitos de magia.

— Meu caro — disse o rei —, esses homens não fazem mal algum. Pregam um reino de amor e justiça; são incapazes de agir com violência em qualquer situação. Operaram com bondade e resignação, defendendo com fé e coragem a causa em que acreditam.

— De fato, tem razão — disse Ahmad. — Não presenciei nenhum martírio; dizem que esses miseráveis morrem em sacrifício extremo, suportam cruéis execuções públicas e não fazem nada, além de cantarem aqueles malditos salmos que trazem como forma de prece, em agradecimento por morrerem pelo tal Jesus Cristo.

— Se são inofensivos, por que as perseguições? — perguntou a rainha.

Ahmad, com astúcia e malícia, interrompeu sua frase, aproveitando-se daquelas palavras para dominar a situação:

— Cale-se, infame! O que entende de leis ou de religião? É apenas uma mulher — nervoso, bradou, secando o suor da fronte. — O que está em questão são as tradições religiosas e, confesso, alguns interesses políticos de nosso reino e não a vontade desses alucinados, de quererem fazer prevalecer as leis de um homem morto em uma cruz. Quem pensam que são essas criaturas? Que poder possuem para desafiarem os sábios dos templos? Pelo que posso concluir, são, de fato, convertidos. Se defendem tão ferrenhamente essa seita, ao certo são cristãos.

A rainha não escondia dele sua declarada antipatia. Tentando defender o cristianismo, disse, sem medo:

— Nobre e respeitável sacerdote, posso não compreender as regras dos homens, mas dentro de mim, habitam as límpidas leis de amor, fé, coragem e esperança. Tolos são aqueles que não as compreendem. Perdoe-me a indiscrição, mas abandonou suas obrigações religiosas para perseguir aqueles inocentes que, voluntariamente, dedicam seus dias para manter acesa a chama de um império de luz. Se esse for o verdadeiro motivo de sua visita a esta casa, creia: os homens que tanto despreza em suas palavras, afrontam-no, com soberana sabedoria e amor. Essa é a razão de sentir-se ferido em sua crença e fé. Eles lutam com o coração, enquanto os nobres, aqui presentes, com as lanças frias do egoísmo.

Ao perceber que o ambiente tornava-se hostil, tentando ganhar tempo, Ahmad endereçou a conversa aos objetivos do grupo:

— Não podemos curar a doença sem neutralizarmos a causa. Soubemos que nesta região ocorreram inúmeros casos de conversões e, por isso, fomos chamados aqui. Estamos com uma estratégia de ofensiva contra os cristãos, para prendermos aqueles que são chamados de apóstolos. Acreditamos que, com isso, acabaremos com esse fanatismo e tudo voltará à normalidade, assim, todos voltarão a frequentar os templos, a fazer suas oferendas e a seguir as leis estabelecidas por nosso reino.

— Então, a quem procura em meu reino? — perguntou o rei.

— Fomos notificados, por seu irmão Haran, que esta região está sofrendo a agressiva presença de um cristão chamado Bartolomeu, que vem convertendo multidões por onde passa. E pelo que presenciamos, de fato, conseguiu converter até o próprio rei, assim como sua família. Queremos restabelecer novamente a ordem. Não teremos mais piedade para com esses homens. Todo o sacerdócio está unido para eliminar o cristianismo de nossas terras. Soube que os tais apóstolos estão, pouco a pouco, sendo encaminhados ao cativeiro e levados à morte. Agora, queremos levar Bartolomeu a julgamento para que ele renegue o Nazareno, e se faça ridicularizado por todos.

Completamente atônito, o rei buscou uma jarra com vinho para servir aos presentes, tentando disfarçar tamanha indignação:

— Desconheço o que diz. O que esse homem fez de tão grave? — perguntou Polimio, apresentando aparente nervosismo.

— Como pode perguntar o que fez de tão grave? As ideias proferidas por ele levaram multidões à conversão e, consequentemente, nossos templos se esvaziaram. Não podemos assistir, passivamente, a ruína de nosso credo aos olhos da sociedade.

— Somente por isso o persegue? Em meu reino quero paz e não permitirei que atos desta natureza sejam cometidos sob os meus domínios.

Ahmad, sentindo a tensão que provocou no ambiente, em silêncio, caminhou pelo salão, tentando aliviar a mente. Objetivava encontrar mais argumentos para seu discurso. Aproximou-se de uma porta de frente ao jardim e, após alguns instantes, meditativo, com arrogância, desprezo e severidade, rompeu o silêncio:

— Não será necessário lembrá-lo de suas leis. Todavia, conhece a consequência para quem protege um cristão. Esqueceu nossos credos e abandonou nossos templos. Não tente me enganar. Diga-me logo, sem mais controvérsias, onde está Bartolomeu?

— Não conheço o seu paradeiro. Já esteve aqui, porém, não está mais.

— Ora, Polimio, não me subestime... Pensa que sou tolo para acreditar em você?

Neste ínterim, Haran, um sacerdote chamado Haslid e um homem da guarda adentraram o recinto. Esse último segurava nos braços um servo semimorto. Sem piedade, o irmão do rei disse com desprezo:

— Meu irmão, como tem passado? Finalmente nos encontramos novamente. Persuadido, este servo relatou-me que, por várias vezes, você convocou o apóstolo a pregar aqui, no palácio.

— Sua atitude é desprezível — disse o rei —, jamais acreditei que pudesse ser capaz de unir-se a esses loucos religiosos, dando-lhes apoio na ideia doentia de fazer calar o inocente Bartolomeu. Suportei, até o momento, as agressões deste homem, mesmo podendo encaminhá-lo à morte. Isso, porque pressentia que, de alguma maneira, você estava envolvido nisso. Mas, não quis expô-lo, porque isso também o levaria à morte. Na verdade, não fui covarde por não querer usar de poder, simplesmente não o fiz, porque aprendi a relevar e a cultivar, dentro de mim, respeito ao próximo. Mas, pelo que constato agora, você nunca o teve por mim.

Haran, colérico, olhou para Polimio e começou a lançar-lhe diversas e sucessivas ofensas:

— Cão imprestável. Traidor. Não me venha com essa história de moral e honra. Não sou homem que guarda na alma gratidão por atos do passado, mesmo tendo sido favorecido. Eu deveria estar governando este reino, mas as leis foram soberanas, apesar do meu querer. Embora tenha sido obrigado a aceitar sua ascensão, em respeito às convenções sociais, não creia que tenha sido com passividade. Em minha alma, queima a chama da incompreensão. Muitos querem vê-lo deposto, e seus oponentes são, hoje, meus aliados; até alguns generais de sua guarda, eu consegui corromper. Ao auxiliar esses cristãos imundos somente facilitou minha ação. No que depender de mim, perderá tudo que possui — gritava ensandecido. — Homens, vasculhem toda a cidade. Ofereçam ouro para quem nos trouxer o apóstolo vivo!

— Tenhamos calma - disse Ahmad, dissimulando. — Sejamos mais inteligentes. Por que não atrair a presa ao cativeiro? Se o rei é amigo do apóstolo, faça-o trazê-lo para nós.

— Tem razão — disse Haran. — Por que não enviar uma ordem do rei para que venha pregar aqui? Então, estaremos prontos para prendê-lo.

— Não — gritou o rei angustiado. — Corrompeu minha guarda, mas, acredite, os demais súditos são fiéis a mim. Não permitiremos que traga a guerra para este reino. Meu irmão, por que tanta maldade em seu coração? Quais foram os motivos que o levaram ao vale profundo e sombrio de tão escabroso egoísmo? Não reconheço o homem à minha frente. Foi como um filho para mim; eu o amei, mesmo quando já demonstrava tais atitudes no passado. — Contemplando todos os presentes, o rei continuou. — Prender um homem inocente, baseando-se em mentiras? Onde está a dignidade do seu coração? Por semear o amor, ele ganhará a lâmina fria e assassina, por conta de seu desatino?

Haran ouviu as palavras do irmão, como se elas ecoassem profundamente em sua alma. Sentindo que os sentimentos do irmão alertavam sua consciência sobre aquela situação, mesmo assim, não deixou manifestar um gesto de arrependimento; levantou a cabeça e deixou o orgulho falar:

— Não seja tolo! Falamos aqui de um homem que questionou as leis e desautorizou o sacerdócio local com as numerosas conversões. Mais de doze cidades desta região foram convertidas em sua maioria. O que ganhará sendo um convertido e defensor do Nazareno? Pense por um instante e salve a sua vida e de sua família. Deixe que eu cuide dos assuntos religiosos.

Ahmad, sem piedade, ajustou os detalhes do plano para capturar o apóstolo:

— O servo de confiança do rei está semimorto. Assim que descobrirmos onde está o apóstolo, ordenarei que um soldado vá até a presença dele e diga que o rei deseja vê-lo, assim como todos os seguidores que estiverem com ele. Quando aqui chegarem, nós os prenderemos, os levaremos ao cativeiro e à execução.

— Como ousam utilizar meu nome para tal feito? Não farei parte desse plano que reflete a enfermidade mental em que se encontram. Eu os proíbo de julgá-los ou executá-los em meu palácio. Não permitirei tal massacre aqui.

— Não se preocupe — disse Ahmad —, levaremos os condenados às dependências do templo e lá faremos o que for necessário.

Em mais uma tentativa de defender o amigo, o rei persistia argumentando, embora inutilmente:

— Tenhamos um pouco de dignidade. Aos meus olhos, nossas tradições estão sendo usadas pelo egoísmo, pelo orgulho e pela inveja de homens que querem se beneficiar com o ato infame de sentenciar homens inocentes. Acreditam que, dessa maneira, calarão aqueles que anunciam amor puro, sem distinção? Estão enganados — olhando para o sacerdote, prosseguiu. — Quanto a você, que Jesus Cristo tenha piedade de sua alma insana.

Haran, interrompendo as palavras do irmão, com severidade convocou a guarda por ele corrompida e ordenou:

— Quero que mantenham o rei e sua família em total vigilância, até que tenhamos concretizado nossos objetivos.

Sem nada poder fazer, o rei permaneceu acuado. Um grupo, orientado por Haran e Ahmad, seguiu objetivando encontrar os seguidores do Cristo; os demais, distantes ainda das verdades divinas, mantiveram-se unidos, ajustando os últimos detalhes do maquiavélico plano.

***

No dia seguinte, na modesta igreja, Bartolomeu, Jeremias e os romanos organizavam-se para as próximas pregações, quando um homem, trajando vestes de um servo, aproximou-se:

— Trago notícias do rei Polimio.

O apóstolo, não escondendo a preocupação, aproximou-se dele e interrogou:

— Onde está Josué?

— Está enfermo, — respondeu o soldado com voz trêmula — portanto, o rei designou-me para vir até aqui.

Ao perceber o nervosismo do homem, abrandou a voz:

— O que o nobre rei quer de nossa parte?

— Solicita sua presença e de seus amigos no palácio, para pregarem em nome de Jesus — respondeu, tentando livrar-se daquela encenação.

— Que a vontade de Deus seja cumprida. Iremos até lá! Afinal, nos mantemos em paz por aqui, graças à força de Jesus e à compreensão do rei.

Sem perder tempo, o soldado saiu apressado, afastando-se. Enquanto isso, na pequena sala, o apóstolo acomodou-se em um assento, levando a mão sobre o rosto, preocupado com aquela visita incomum.

— Meu amigo, está sentindo alguma coisa? — perguntou Jeremias com discrição.

Todos se aproximaram, demonstrando extremado zelo. Bartolomeu levantou os olhos para os amigos e, serenamente, permitiu que uma lágrima lhe descesse pela face:

— Fiéis companheiros, nosso Mestre orientou-nos a compartilharmos alegrias e tristezas da vida apostólica. Não saberia explicar, mas, pressinto que chegou, enfim, o momento de testemunharmos nossa fé.

Jeremias demonstrou humildemente um gesto de apoio:

— Iremos com você até o palácio; dessa maneira, nada de mal acontecerá.

— A sua missão sobre a Terra ainda não terminou. Este é o povo de seu apostolado.

— Não fale assim, senão suas palavras farão com que acreditemos que sua missão está perto de expirar, e as interpretaremos como despedida.

— A missão em nome de Jesus não tem fim. Espero ter concluído este ciclo de aprendizado, para que possamos ver as próximas gerações receberem as bênçãos de nosso Mestre. A consciência há de tocar todos os corações, pois o trabalho de renovação das mentes foi iniciado. Basta que os homens permitam que a fé reluza em cântaros de verdade, para que a boa-nova sobreviva, mesmo que por entre as sombras da incompreensão humana.

O próprio Jesus preparou seus seguidores, homens e mulheres nobres, que ofereceram suas vidas e renunciaram aos amores terrenos, em nome do reino de luz prometido por Deus. Não devemos cultivar o apego sofrido àqueles que amamos, deixemos livres esses corações, permitindo que sigam suas estradas. Não levemos, em nossas almas, o amargor da inconformação ou a revolta inconsistente diante das leis celestiais. Creio naqueles que virão depois de nós, pois, com eles, o Consolador prometido por Jesus há de trazer esperanças e confiará a sabedoria celeste às gerações futuras.

Ouvimos dizer que muitas perseguições têm ocorrido, então, podemos concluir que, em breve, a ira dos homens recairá sobre nós e, consequentemente, a morte será nosso tributo. Se isso for verdade, tenhamos coragem para enfrentarmos o destino, entregando-nos às mãos de Deus que, ao certo, aguarda nossa transformação. De onde estivermos, estaremos contribuindo para a efetivação desse reino de amor e justiça, lutando para a vitória do bem sobre a Terra. Junto de nossas almas, encontraremos os amigos passados, emissários dos Céus, pois creiam, somos imortais.

Emocionado com as palavras do apóstolo, Tarquinius olhou-o profundamente, rompeu o silêncio e disse:

— Se permanecer aqui, tanto eu quanto Marcellus o acompanharemos, não nos importa o que já está designado para nós, afinal, permanecemos unidos até agora e não nos separaremos.

O sol recolhia-se sobre as colinas, tingindo o firmamento com uma cor sublime, que nenhum artista seria capaz de reproduzir. Após as emocionadas despedidas, seguiram para um destino desconhecido e impiedoso.

***

Tempos depois, ao chegarem ao palácio, encaminharam-se ao salão principal, onde o rei e rainha encontravam-se acuados, com os guardas apontando-lhes armas. O rei, não se contendo, ao ver o inocente apóstolo, deixou que lágrimas expressassem seu sentimento:

— Perdoe-me! Fui contra toda esta situação, mas também estou cativo. Rogo ao seu bondoso coração a misericórdia e o perdão.

Nesse momento, os sacerdotes, acompanhados pela guarda, romperam porta adentro. Ahmad vertia ódio e inveja:

— Ora, ora, enfim estou diante deste mísero apóstolo. Prometi que sua passagem por estas terras seria apenas uma lembrança. Chegou o momento de cumprir minha promessa. Está preso por atentar contra as leis e as tradições de nosso reino. Por ora, permanecerão detidos neste palácio e, nas primeiras horas de amanhã, serão levados a julgamento, que será realizado pelo sacerdócio desta região.

A gentil rainha não escondia as lágrimas. Bartolomeu, percebendo sua tristeza, cobriu-a com olhar sereno e complacente, abençoando silenciosamente sua alma.

Visando evitar contendas, aqueles homens, firmes em suas convicções cristãs e de fé inabalável, aceitaram a sentença sem reclamação ou contestação. Em verdadeira paz, entregaram nas mãos de Jesus o rumo do destino de suas existências.

***

Já noite alta, no cárcere, mantinham-se em oração, quando o rei surgiu no cativeiro frio, acompanhado de um soldado de sua confiança. O apóstolo, ao perceber sua presença, disse:

— É perigoso estar aqui. Se alguém o encontrar, poderá sofrer alguma represália por nossa causa.

— Meu amigo, não poderia deixar de falar com você, antes de sua partida. Eu e minha família estamos sendo vigiados pelos homens de meu irmão. Tentei trazer as chaves deste cárcere imundo, porém, estão sendo guardadas pelo próprio Ahmad.

Recebiam as intenções caridosas do rei com carinho e respeito. Polimio, amargurado, levou as mãos à face e, em triste lamento, declarou:

— Perdoe-me! No momento que mais precisou de mim, nada pude fazer em seu favor. Diante disso, sinto-me um covarde. Estou enfrentando problemas em meu reino e tentando evitar um conflito interno de grandes proporções, por isso aceitei passivamente toda essa situação — secando as lágrimas, prosseguiu. — Sinto que a vingança fez morada em minha alma. Quero sentenciar à morte Ahmad e, se necessário for, meu irmão.

— Não mereço sua misericórdia. Suplico que não leve à morte esses filhos de Deus por minha causa. As estradas de cada um podem parecer sombrias; devemos confiar no Senhor e acreditar que o tempo fará com que encontrem o caminho certo para suas vidas. Suplico piedade a eles e que abandone o sentimento de vingança, senão, será igual aos carrascos que tanto repudia.

— Como não atender a um pedido seu? Silenciarei os sentimentos que lutam para tomar conta de minha alma. Nada farei contra eles — com emoção, prosseguiu. — Jamais exigiu algo de mim. Sempre foi meu amigo e conselheiro. Um dia trouxe-nos o dom da vida, mediante a cura de meu filho. Agora, retribuímos sua bondade com o frio da morte.

— Meu amigo, não fez nada senão cumprir as leis sobre as quais falei na primeira vez que nos encontramos. Não martirize seu coração, pois nas vinhas do Senhor não há acasos. É um grande colaborador de Jesus, apesar de não ter consciência dessa realidade. Mesmo diante de tamanha hostilidade, exerceu o papel de um autêntico cristão. Agora, cabe a nós exercermos o nosso, com total dignidade.

Os homens se mantêm endurecidos diante de nosso Mestre. Muitas são as manifestações egoístas que espelham a própria ignorância. Jesus já nos havia prevenido contra os falsos senhores, que falariam o nome de Deus, porém matariam e fariam imperar a miséria sobre a humanidade. Tenha fé e cumpra a tarefa que o Senhor lhe reservou, sem rancor ou punições. Erga-se confiante, esperando e trabalhando para a transformação daqueles que seu coração tanto ama, e jamais esqueça o nosso Mestre, pois Ele sempre estará com você, assim como todos nós.

O rei, emocionado, ouviu aquelas palavras de estímulo e, segurando as mãos emagrecidas do apóstolo, beijou-as com gratidão.

— Neste momento sou incapaz de realizar algo em seu favor, mas prometo que não permitirei que meu reino esqueça seus ensinamentos, mesmo que isso me custe a vida.

— Siga! O povo o espera. Retorne aos seus afazeres e governe sempre com o coração voltado a Deus. Do mundo para onde caminharemos agora, enviaremos força para que jamais se ausente de Jesus.

Em clima afetuoso despediram-se e, depois, assistiram à imagem do rei desaparecer na escuridão do cárcere, firmes na certeza de que ali experimentariam seus martírios.

***

Nas primeiras horas do dia, organizaram a caravana para partirem do palácio, com rumo ao templo religioso. Num gesto de pura frieza, Ahmad ordenou:

— Quero que estes três homens saiam destas paragens entre açoites, assim como foi feito com o Nazareno na estrada do Calvário.

Em completa resignação, os três prisioneiros foram colocados em praça pública. Em meio a uma infame demonstração de horrores, foram açoitados. Um jovem que presenciava a cena correu na tentativa inútil de impedir a agressão que o velho apóstolo recebia resignadamente.

Com a dificuldade inerente à idade avançada somada à violência sofrida, e após terem sido expostos como exemplo à multidão presente, seguiram cambaleantes e em completo silêncio. À frente, os soldados abriam caminho. No percurso, recebiam todo tipo de humilhação e desprezo do povo que, incitado pela campanha austera iniciada pelos sacerdotes contra o cristianismo, gritava agitado, chamando-os de traidores e malditos. Sem raciocinar sobre suas atitudes hostis, não percebia que elas demonstravam ignorância e despreparo.

Quando atravessaram as ruas estreitas, o apóstolo observou os rostos ensanguentados dos amigos. Lançando a eles um olhar sereno, pronunciou com dificuldade palavras de encorajamento:

— Tenhamos fé! Estamos sendo acompanhados por emissários de Jesus. Sejamos firmes, pois agora possuímos a força deste testemunho. Que Jesus de Nazaré os abençoe, pois logo estaremos unidos na eternidade.

Os grupos foram desfeitos e a caravana partiu. Encaminhavam-se para um destino desconhecido, mas sentiam-se plenos de coragem, preparados para enfrentar os difíceis caminhos da libertação de suas almas.

Capítulo 28

Prisioneiros da causa cristã

A caravana que conduzia os prisioneiros cristãos avançava ao destino. O templo que serviria de cenário para o martírio do apóstolo estava preparado, sob as ordens de Ahmad.

Rapidamente, pessoas humildes do povo postaram-se diante do templo; eram convertidos que, ao saberem das prisões, pararam seus afazeres para tentar reconhecê-los. Dentre elas, ouviu-se uma voz juvenil:

— Prenderam Bartolomeu e seus seguidores!

Ahmad, ouvindo os gritos inflamados, temendo alguma represália, apressou-se em ordenar, agressivamente, aos seus homens:

— Vamos adiante, apressem o passo, senão eu mesmo farei com que suas peles sejam arrancadas. Assim que passarmos pelos portões, organizem os homens e dispersem, mesmo que com violência, essa casta de miseráveis.

Os prisioneiros foram jogados em uma cela úmida, onde já se encontravam dez homens, — bandidos e marginais — que seriam levados como escravos para regiões do Império ou sentenciados em breve.

Tarquinius e Marcellus mantiveram-se com um pouco mais de força nos corpos alquebrados, enquanto Bartolomeu sentia, ainda, a impiedade dos açoites. Cuidadosamente, escolheram um lugar no canto da cela e, com muita dificuldade, o acomodaram em condições precárias. De pronto, um homem com idade avançada, aproximou-se:

— Precisam de ajuda? Vejo que estão com dificuldade.

Ele os auxiliou com presteza, tentando, apesar de todas as limitações do lugar, oferecer um pouco de conforto ao apóstolo:

— Qual o seu nome? — perguntou Tarquinius.

— Sou Eusébio. Eu o conheço; sou também cristão e muitas foram as ocasiões que, em minhas viagens, pude ser agraciado com suas pregações.

Nesse momento, o apóstolo olhou-o com carinho e o saudou:

— Que Jesus nos abençoe! Como veio parar aqui?

— Trabalhei com Simão Pedro na fundação de uma casa cristã, em Jerusalém. Pedro seguiu viagem em direção a Roma. Soube que lá foi preso e, provavelmente a esta altura, já deve estar morto — respirando profundamente, prosseguiu. — Quanto a mim, um dia estávamos em prece, quando recebemos a visita de uns soldados ordenados pelo Sinédrio e tudo foi destruído. Temendo a morte, fugi para esta região, na tentativa de encontrar André, quando então, fui capturado em virtude da forte campanha iniciada contra o cristianismo nestas paragens. Infelizmente, os nomes dos apóstolos transformaram-se em motivo de perseguição.

Os relatos de Eusébio tocaram profundamente o coração dos presentes. Ele, percebendo a angústia que tomou conta dos amigos, prosseguiu:

— Perdoem-me, creio que não sabiam da situação de Pedro. Dizem que ele foi submetido a um sacrifício extremo. Nossos mensageiros ainda não conseguiram enviar a notícia para todas as igrejas.

Bartolomeu, emocionado, vencendo o limite do corpo franzino, envolvido por uma paz singular, disse:

— Ele foi para mim um irmão. Entre outros, teve grande importância para sedimentar a fé no meu coração, em nome do nosso Mestre. Sobre os pilares do amor expandiu a obra do Senhor, esquecendo-se de si mesmo para fazer a Sua luz brilhar, sem querer nada em troca. Sempre representou o equilíbrio para os seguidores de nossa causa. Gerações ouvirão o seu nome e saberão da necessidade do sacrifício e do valor da palavra do Cristo bendito — suspirando, continuou. — Servo e amigo, onde quer que esteja agora, sei que está ao lado do Senhor.

Com os olhos umedecidos, olhou ao seu redor e percebeu que todos os prisioneiros haviam se aproximado para ouvi-lo. Um homem chamado Kaleb, com um rosto marcado pela vida, perguntou-lhe:

— Falou de Jesus? Aquele mesmo homem que foi crucificado entre os ladrões?

— Sim, meu amigo, falo de Jesus de Nazaré. Aquele que libertou as mentes e os corações da humanidade, e que ofereceu às nossas almas um império de amor e justiça.

— Escutei muitas histórias sobre a coragem que os cristãos têm demonstrado em nome do amor a esse Jesus — com curiosidade, perguntou: — Sei que carrego manchas em minha vida e sou temeroso por isso, mas, por misericórdia, responda-me: Não tem medo de morrer?

— Não! Não tenho medo da morte, mas tenho medo de não ter cumprido com o meu dever de apóstolo do Senhor. As demonstrações de amor a Jesus são a confirmação de uma fé redentora, sábia e onipresente nas criaturas que conheceram o Seu amor e Sua boa-nova. Essa mesma fé atuará na transformação daqueles que ainda permanecem vinculados ao egoísmo, famintos de poder. Um dia, o Consolador há de dizimar todas as iniquidades do mundo.

Nesse momento, o cárcere foi envolvido por uma serenidade que reconfortou todos os prisioneiros, mas interrompida por voz austera e sarcástica de um guarda:

— Vamos, Kaleb, chegou sua vez. Eu mesmo cortarei sua cabeça para que o mundo possa ficar livre de sua presença.

— Em breve serei executado — disse o prisioneiro segurando a mão do apóstolo. — Sei que não sou digno de suplicar-lhe, mas imploro, homem de bem, rogue ao seu Senhor que me conceda a graça do perdão e me permita conhecê-Lo um pouco mais.

Bartolomeu, levantando a mão sobre a cabeça do pobre ladrão, derramou-lhe uma bênção iluminada:

— O nosso Senhor abraçará seu coração na nova morada que adentrará agora.

O guarda, impiedosamente, o arrastou, conduzindo-o ao martírio final.

As horas seguiam lentas e impiedosas. A luz do luar invadia timidamente a cela estreita. Bartolomeu, encerrando suas orações, com carinho extremo, segurou as mãos de Tarquinius e Marcellus. Buscando um tom de voz leve para não incomodar ninguém, tal qual pai amoroso, iniciou a consciente despedida:

— Deus uniu-me a vocês há muitos anos. Primeiramente, foi meu amigo Apolonius que me encaminhou aos braços de Deus, por sua dedicação e amor ao Messias, que nem sequer chegou a conhecer. Com ele, eu e minha Ruth amamos Raquel e Ester como filhas de nossos corações. E, como as estradas que nos conduzem a Deus são perfeitas, despertamos para a realidade de que a pequena Ester era sua filha, Tarquinius. Aquela cândida jovem expressava meiguice, não carregava egoísmo e levava na alma a missão redentora de tocar os corações, com suas demonstrações de coragem e resignação.

Minha nobre Raquel, exemplo vivo de fé, tocou-o Marcellus, e revelou-se ser o grande amor de sua vida. Ela o encaminhou a Jesus. Helena, a mulher mais pura que os meus olhos, um dia, poderiam ter visto, foi a estrada iluminada de renúncia para aqueles a quem tanto amava.

O jovem Marcus Aurelius, exemplo digno do esforço, foi transformado pelo amor a Ester e converteu-se sem questionamentos. Todos foram instrumentos para que nossos caminhos se unificassem. Tarquinius, o temido, transformou-se em um discípulo um do Senhor e Marcellus, o militar valente, em um soldado do amor.

Ambos são para mim e também para minha querida Ruth os filhos dos nossos corações. Agora, Jesus nos convoca ao retorno ao lar. Sejamos fortes nos últimos momentos de nossa existência, aguardando, confiantes, o dia em que poderemos nos reencontrar na morada para onde, em breve, seguiremos. Jamais permitam que a semente do amor, lançada pelas mãos de Jesus, morra. Enquanto estiverem vivendo ou morrendo por Ele, Apolonius, eu, e toda a família celestial estaremos para todo o sempre junto de vocês.

Tarquinius, emocionado, com respeito, o interrompeu:

— Somos gratos por termos compartilhado com você as estradas da vida. Jamais esqueceremos o que aprendemos ao seu lado; este patrimônio está impresso em nossa alma. Você é, para nós, o exemplo vivo do amor que Jesus ensinou. Acredite, os homens que somos hoje, devemos aos seus ensinamentos e ao Cristo.

— A essência de minha existência consistiu em seguir o Mestre. Nestes últimos momentos, que me encontro vinculado à Terra, agradeço ao Senhor por convocar-me para este apostolado. Muitos foram os que conheceram Jesus. As sementes da esperança e da sabedoria foram lançadas, os frutos germinarão e a humanidade encontrará no Senhor, o caminho da redenção, assim como nós, um dia, encontramos.

Não importa a incompreensão, a humilhação e o açoite. Todos os sofrimentos, no contexto da causa cristã, sedimentam a fé e perfumam a coragem para seguirmos adiante, ainda que na situação do último suplício. A Terra receberá a doce ternura de Jesus, mesmo que os homens a rejeitem. A paz e a verdade serão para todo o sempre os instrumentos nobres da transformação de toda a humanidade.

Esta é a última vez que nos saudamos com os olhos da matéria. Sejamos corajosos para cumprirmos as leis de Jesus. Quando nos sentirmos ignorantes para acompanhar o Mestre, tenhamos consciência de que Ele nos ampara, direcionando-nos ao caminho da luz de Deus. Quando quisermos Dele nos separar, lembremo-nos da boa-nova por Ele deixada; ela romperá todas as sombras residentes no mundo e chegará àqueles que ainda virão, por séculos e séculos sucessivos.

Nesse momento, a paz que envolvia a cela sombria foi rompida pela presença da escolta, com um dos guardas gritando impiedosamente:

— Homem chamado Bartolomeu! Chegou o seu momento! Siga-nos.

O apóstolo, percebendo a tristeza da despedida na face dos amigos queridos, aproximou-se deles abraçando-os carinhosamente. Tarquinius e Marcellus, imediatamente, ajoelharam-se e beijaram suas mãos. Com o semblante tranquilo e pacífico, retribuiu-lhes a demonstração de carinho:

— Mantenham-se com Jesus, no propósito cristão, aconteça o que acontecer, pois, somente assim, estarei junto de vocês, mesmo depois de minha partida. Meus grandes amigos, que Deus os abençoe!

Bartolomeu seguiu a escolta sem manifestar gesto algum de desespero. Uma pequena claridade fazia nítida sua singela imagem, que se perdia na escuridão e solidão dos corredores do cárcere. Partiu, deixando firmados para sempre, em nome de Jesus, a coragem, o amor e a luz nos corações daqueles que, um dia, ouviram suas profundas e eternas palavras cristãs.

***

Em uma sala, estavam reunidos o clero local, Haslid e alguns renomados membros daquela sociedade. Bartolomeu foi colocado diante daqueles homens, com as mãos amarradas. Ahmad, liderando o julgamento, levantou-se e iniciou a leitura da sentença:

— Foi acusado de seguir a seita cristã, liderada pelo Nazareno. Como somos homens de bom coração, revendo a sua postura, poderá encontrar a liberdade; se consentir em subir na ala aberta do templo e, diante do povo, negar o cristianismo e o tal Jesus de Nazaré.

— Não! Não me peça para que renuncie ao meu Senhor! Morrer em Seu nome é uma honra que não mereço, porém, o silêncio da morte ou do suplício extremo salvará minha alma. O Senhor preparou os profetas e confiou a eles a verdade de que Ele é o Messias. Esses mesmos profetas anunciaram, no passado, sua chegada. Enfim, Deus em Sua misericórdia enviou Seu filho para fazer valer as leis de amor, hoje esquecidas pelo poder que fere.

— Infame! Com toda misericórdia, ofereço-lhe a oportunidade de salvar-se e, mesmo assim, resiste em nome desse Jesus? Por que Deus não escolheu alguém entre os sacerdotes? Alguém que conhece o código religioso e as leis? Escolheu um nazareno, um homem pobre que viveu ao lado de uma casta ignorante de pescadores. Como ousa dizer que ele, um homem comum, foi alguém que preparou os profetas?

Um conflito iniciou-se no júri ali presente. Do meio dos sacerdotes, Haran levantou-se e, com visível e grande influência sobre seus homens, com firmeza, observou:

— Nobres senhores, esses detestáveis cristãos recusam-se sempre a negar o Cristo; mantêm-se firmes e doentes pelo cristianismo. Presenciei várias demonstrações como essa, de coragem e resignação. Assim, não percam tempo e façam cumprir nossas leis. Que ele seja morto, imediatamente, da mesma forma como estão sendo mortos os demais apóstolos. Martírio extremo a ele, para que sirva de exemplo e medo aos que pensarem em se converter. Somente assim impediremos outras conversões.

— O que sugere? — perguntou Ahmad.

— Sugiro que ele chegue ao sacrifício da dor extrema, ou melhor, à cruz, como o próprio Nazareno.

— Aceito o martírio, mas não me tragam o suplício da cruz para comparar-me com o nosso Mestre — disse o apóstolo demonstrando coragem. — Não sou merecedor dessa honra de morrer como Ele. Nem sequer conquistei a glória para receber a cruz, que me servirá de degrau para chegar até Sua presença.

Outro tumulto iniciou-se e grande falatório tornou o ambiente pesado. Com firmeza e apoiado pela tribuna presente, Ahmad, sem piedade, sentenciou:

— Conforme nossas leis, seguiremos as tradições, oferecendo tratamento ao condenado, até que ele expire. Aplicaremos duras penas: esfolamento, esquartejamento, decapitação e, após a execução, deixaremos seus despojos expostos nas ruas da cidade, para que ninguém mais ouse se converter à crença tão insensata e absurda.

— Aceito com resignação o martírio. Podem arrancar-me a pele, porém, jamais arrancarão de meu coração a fé no meu Senhor Jesus Cristo! O amor é indestrutível e único, e mesmo com os lábios cerrados e os olhos fechados, a luz sábia de Jesus brilhará sempre sobre a humanidade. Creio no Senhor que proclamou as bênçãos de um reino de amor puro e verdadeiro. Que ensinou, humildemente, a grandeza de Deus. Que doou a vida para que um dia as filosofias pudessem trazer a claridade ao espírito. Que tolerou e tolera os senhores, que carregam vidas alheias nas próprias mãos.

"Muitos veem sem enxergar, muitos ouvem sem ouvir e outros muitos falam sem dizer, mas, o amor em nome de Deus deve ser livre do querer pessoal. Deve haver renúncia e desprendimento para, enfim, podermos afirmar que há representantes de Deus sobre a Terra. O Seu único e verdadeiro representante foi e sempre será o nosso Mestre Jesus, ainda que muitos O reneguem. Ele vencerá o egoísmo humano e estará para todo o sempre no coração de cada um de nós."

— Infame! — disse Ahmad. — Tendo a oportunidade de receber misericórdia, como ousa permanecer com essas ideias infundadas de que esse filho de carpinteiro é superior aos representantes sacerdotais presentes? Como tem coragem de dizer que Ele é o único e verdadeiro representante de Deus? Um marginal jamais poderia ser um rei, como querem e defendem os cristãos. Inicie a execução deste miserável, antes do entardecer! Trago em mim a compaixão por sua alma insana.

— Não a tenha, pois não sou digno de merecê-la! O momento é de terem misericórdia por vocês. Eu encontrei o caminho da verdade no Mestre Jesus. Agora vou buscar a paz na libertação de minha alma. Lamentem homens, pois, maior que a sentença da morte, é ser condenado pela própria vida no exercício sanguinário sobre inocentes filhos de Deus.

O plenário estava completamente envolvido por um sentimento de ódio, diante da fortaleza de fé demonstrada pelo apóstolo. O júri reuniu-se rapidamente. Ahmad, com o apoio do sacerdócio local e do poder do Império atuante, pronunciou a imediata decisão:

— Homem de Caná, foi condenado à morte por incitar o povo a conversões em série, por afrontar nossas tradições e sacerdotes, por manter ideias despropositadas do cristianismo e, sobretudo, por recusar-se a negar o tal Jesus de Nazaré.

Apesar da hostilidade do cenário, Bartolomeu mantinha-se sereno e seguro. Olhando para os presentes, deitava sobre eles o amor e a paz apostólica, conquistados nos anos de dedicação a Jesus. Antes de o levarem para a sala de execução, rogou a bênção celeste para aqueles corações endurecidos:

— Senhor, abençoe estes filhos de Deus, ainda afastados do ideal cristão. Em Suas mãos, entrego meu espírito e o destes homens que fecharam as portas da vida corpórea para mim.

Os guardas aproximaram-se e encaminharam o inocente ao seu martírio, acompanhados por outros membros do tribunal, que o seguiram para assistirem ao espetáculo da execução.

Quando Bartolomeu chegou à sala fria, o carrasco preparava-se para o seu trabalho. Escolhendo a espada, colocou-se à sua frente, ordenando que ele se ajoelhasse. O rude homem sentiu-se perturbado com a paz que o apóstolo expressava em sua resignação. Por instantes ficou paralisado, fitando profundamente os olhos do inocente. A espada por ele empunhada estava trêmula e o suor começava a molhar sua testa. Bartolomeu, com seu carinho característico, sem desespero, emitiu serenamente a frase decisiva para o algoz:

— Filho de Deus, tenha força e não hesite. Cumpra a lei até o último instante.

De joelhos, sentiu o golpe da lâmina fria sobre a garganta, que separou, quase que totalmente, a cabeça branca do corpo alquebrado. No local do martírio restaram o sangue e os diversos horrores que fizeram com seus restos mortais e, no invisível, ele livrava-se da agonia física, percebendo a figura amada de Apolonius, que emitia uma luz profunda e calma, envolvendo-o e fazendo-o sentir um alívio imediato:

— Amigo meu, venha! As lutas corpóreas para você estão temporariamente vencidas. Os tormentos do corpo não lhe servem mais; demonstrou a grandiosidade de seu coração, entregando sua existência em nome do Mestre. O Senhor concede-lhe a luz da vida eterna. Em verdade lhe digo: a causa cristã ainda não foi concluída, mas já se faz reconhecido e abençoado por aqueles que entregaram a vida ao cristianismo e, sobretudo, por seus amados.

Abandonaram aquele cenário e seguiram por entre diversos amigos e emissários do Senhor que, em saudações de reconhecimento reconfortavam o velho apóstolo, banhado em lágrimas e em emoção incontida.

De súbito, a figura cândida de Ruth fez-se presente ao lado de Raquel, Ester e Marcus Aurelius, que felizes o abraçaram carinhosamente, convertendo suas dores em luzes de amor. Ruth, em meio a uma luz azulada, resplandecia feliz ao seu lado.

Não havendo palavras para descrever sublime cenário, impregnados do precioso amor de Jesus, desprenderam-se da Terra, deixando ali, o exemplo do amor apostólico. Com eles levaram no coração o misericordioso perfume de coragem, advindo da fonte eterna — Jesus de Nazaré.

***

Após a execução do apóstolo, um soldado foi buscar os nobres romanos e os encaminhou ao mesmo lugar onde Bartolomeu foi sentenciado ao sacrifício extremo.

Ahmad iniciou os trabalhos, lendo todas as absurdas e abusivas acusações. Conhecedor profundo das leis, Tarquinius, com sensata rapidez, intercedeu a favor de si próprio e do amigo:

— Senhores, conscientes da situação em que nos encontramos, afirmo que não será lícito a este governo prosseguir com o julgamento de cidadãos romanos, mesmo os convertidos ao cristianismo, sob as leis vigentes desta região. Leis estas que são diferentes das definidas por Roma. Esse ato poderá trazer severas consequências políticas a este reino. Um confronto impulsionado por lideranças religiosas seria, neste momento, algo que os presentes representantes dos governantes deveriam avaliar com atenção, pois, poderia levá-los a uma guerra.

Um tumulto iniciou-se. Os líderes políticos presentes e os sacerdotes permaneciam surpresos com aquelas racionais palavras.

— Infame! Como ousa interromper a leitura das acusações sem permissão — bradou Haran com visível fúria.

Tarquinius, com segurança e precisão, prosseguiu, ignorando as assertivas do irmão do rei:

— Nos direitos atribuídos à cidadania romana, de que somos detentores, apelo a César para que nosso julgamento se proceda perante as tribunas romanas, sem influência do sacerdócio local aqui presente.

Ahmad, visando evitar conflitos, não escondendo sua preocupação, convocou para uma rápida conferência Haran, Haslid e outros religiosos:

— Não devemos julgá-los aqui. Isso nos trará sérios problemas. Sugiro que os encaminhemos a Roma.

— Tem razão — disse Haslid. — Não é o momento para exposições. Em vez de enviarmos os prisioneiros a Roma, por que não encaminhá-los a Jerusalém? Assim, não afrontaríamos diretamente as leis do Império e permaneceríamos no anonimato. Deixemos que os senhores do Sinédrio se exponham aos romanos.

Após alguns instantes, pensativo, tentando conter o nervosismo do ambiente, Ahmad pronunciou-se:

— Por serem cidadãos romanos, os prisioneiros serão encaminhados a Jerusalém e, de lá, sairá a decisão de serem julgados pela tribuna de César — aos berros, ordenou que se retirassem e que a viagem fosse agilizada para o mais breve possível.

Os prisioneiros, ouvindo tais palavras, não deixaram que elas perturbassem seus corações. Sem perda de tempo, a viagem foi preparada e, após os ajustes necessários, foram encaminhados aos seus destinos para enfrentarem, com bravura, os novos desafios.

Naquele entardecer, o céu era presenteado com o colorido do inesquecível pôr do sol sobre as calmas colinas. Os amigos, com uma fé inabalável e uma coragem enviada dos Céus, despediram-se das terras de Dario, deixando para trás histórias de um passado de sofrimento, resultante do egoísmo humano. Partiram, levando na alma, a presença do Mestre e, na consciência, o cristianismo codificado no Evangelho de luz.

***

Após difícil e sofrida viagem, chegaram a Jerusalém e foram encaminhados ao cárcere, sob o domínio romano, que, naquela oportunidade, servia de prisão aos réus indicados pelo Sinédrio.

Naquela manhã, o sumo sacerdote que se encontrava presente, preparando-se para o julgamento que aconteceria logo mais, foi subitamente interrompido por Versus que, cheio de mesuras e após as saudações de praxe, o informou:

— Nobre amigo, soube que hoje será o julgamento de novos condenados cristãos e, entre eles, encontra-se um número considerável de romanos. Não perdi tempo e vim para cá o mais rápido possível. Por tratar-se de romanos tenho interesse em saber quem são.

— Os últimos prisioneiros que recebemos são dois romanos vindos da Armênia, mas ainda não sei quem são; preciso conhecer os nomes. Se quiser poderá me acompanhar até as celas.

Sem dizer mais nenhuma palavra, escoltados pelos soldados, seguiram pelos corredores escuros, em direção à cela em que estavam Tarquinius, Marcellus e mais quatro romanos, que foram separados dos demais cristãos palestinos.

Um soldado, orientado pelo sumo sacerdote, abriu a porta para que eles pudessem entrar. Após breve avaliação dos outros condenados, naquele momento, Versus aproximou-se dos romanos, tentando reconhecê-los, apesar da vasta barba que escondia suas faces mudadas. Insistentemente, fixou neles o olhar e, os reconhecendo, lançou-lhes todo o fel e ódio, esbravejando:

— Malditos! São Tarquinius Lidius Varro e Claudius Marcellus! Algo dentro de mim dizia que estavam vivos. Aquele incêndio pareceu-me estranho, mas o ignorei. Estão vivos. Que os deuses amaldiçoem suas vidas, que eu mesmo me incumbirei de tirá-las. Traidores! Cristãos imundos!

Os romanos receberam o escárnio com resignação e, permaneceram em silêncio, assim como todos os presentes naquele recinto. O sumo sacerdote, atônito com a atitude do amigo, indagou:

— A quem se refere? Recordo-me desses nomes e da ocasião de suas mortes. Esse romano morreu faz muitos anos, em um incêndio, depois de ter sido preso e acusado de ter protegido uma cristã. Marcellus morreu logo depois. Acredito que o cansaço está tomando conta de sua alma. Deve estar equivocado.

— Não há equívocos — disse Tarquinius. — Somos os homens referenciados por ele. Enfim, a vida nos concede a oportunidade do reencontro.

— Não! — gritou Versus visivelmente descontrolado. — Quero vê-los mortos. E, agora, eu me encarregarei disso.

— Contenha a fúria. Não podemos nos expor agora. Minha presença neste cárcere fétido já é matéria de exposição para ao Sinédrio, e não posso agir de maneira inconsequente. Não é o momento para esbravejar tal qual um alucinado. Eles serão julgados em breve; no momento oportuno terá sua vingança.

O sumo sacerdote retirou Versus da cela, ordenou ao soldado que fechasse a porta e, sem mais discussões, partiram. Enquanto isso, os prisioneiros permaneciam em profundo silêncio e oração.

***

Horas mais tarde, o julgamento foi iniciado. Cristãos, nativos da região, eram impiedosamente sentenciados à morte. Havia, enfim, chegado o momento dos romanos.

Versus, mais uma vez, articulando para defender seus interesses, entregou aos soldados algumas moedas e conseguiu que eles o deixassem acompanhá-los. Arrogância e desprezo davam personalidade à sua voz sarcástica:

— Enfim chegou o momento derradeiro. Estou aqui para acompanhá-los. Os apóstolos, dois quais presenciei a morte, demonstraram respeitável coragem; veremos se suportarão o peso das sentenças que este povo impiedoso lhes atribuirá. Confesso que a cena que assisti há pouco me fez assegurar que as leis e atos de nossa "Grande Mãe" são generosos, mediante as atitudes inflamadas desses alucinados religiosos — olhando friamente para os patrícios, prosseguiu. — No passado, investi muitos esforços para acabar com suas vidas, porém, não obtive êxito. Foram atentados direcionados a Marcellus, o sequestro e a morte da filha de

Tarquinius e venenos, como os que Helena ingeriu, salvando a vida de Varro.

Aquelas palavras rasgavam o peito de Tarquinius, tal qual uma lâmina fria, dilacerando-o de dor. Observava-o com um olhar complacente, cheio de compaixão, por tamanho egoísmo e ignorância:

— Suas palavras e atitudes ferem; nestes anos todos que convivi com os apóstolos aprendi uma lição sublime: perdoar. Você é enfermo da alma e não da carne. Um dia verá o clarão da verdade e Jesus o libertará.

— Junto com Sara, Omar e Corvino fez a dor imperar entre nós — disse Marcellus. — Entrego-o nas mãos de Deus. Que Ele tenha misericórdia de sua alma doente.

— Guarde a sua misericórdia, pois precisará dela.

Versus, enfurecido, ordenou aos guardas que amarrassem as mãos dos dois homens. Sem responderem mais às sucessivas ofensas, seguiram silenciosamente com a escolta até a sala de julgamento.

Ao adentrarem o recinto, o sumo sacerdote chamou Versus:

— Acabei de receber uma ordem do chefe da guarda romana, que diz que Roma proíbe qualquer execução de romanos nestas paragens, por motivo religioso. Todos os prisioneiros deverão ser conduzidos para a sede do Império. Estou suspendendo o julgamento destes homens, que deverão partir agora mesmo.

Versus não escondeu sua ira. Sem contrariar as leis, no momento em que saíam da sala, vertendo ódio, olhou profundamente para os dois homens e disse com aspereza:

— Mais uma vez foram agraciados pelos braços e a sorte de Cibele. Foram poupados por essa inesperada ordem. Creiam, não sobreviverão em Roma, porque eu também estarei lá.

— Temos consciência de que morreremos em breve, — disse Marcellus — mas não será por meio de sua insensatez.

— Mais uma vez os subestimei. Ambos são sábios e sempre agem com muita inteligência. Não quiseram morrer em minhas mãos, porém, não perderei o espetáculo que proporcionará o imperador — salientou com ironia. — Eu farei com que tenham uma entrada triunfal em Roma.

Tarquinius manteve-se em silêncio, estendendo sobre aquele coração tão distante de seus ideais de amor, uma bênção misericordiosa. Enquanto isso, os soldados preparavam-se para a difícil viagem a Roma.

No firmamento, as primeiras estrelas, sutilmente, disputavam lugar no azul que tingia o céu, de maneira tão especial, anunciando o fim de mais um dia.

Conscientes de seus destinos, entregaram suas vidas nas mãos do Senhor, despedindo-se daquela região que, um dia, foi o cenário real da transformação da consciência e da libertação de seus corações, por meio de sofridos testemunhos de fé, mas também levavam consigo a certeza de que naquele lugar encontraram o caminho certo de suas redenções.

Capítulo 29

Na rota do sacrifício

A difícil viagem foi sofrida e impiedosa. Os prisioneiros, ao chegarem à sede do Império, foram encaminhados ao cárcere, em uma cela escura e sombria, destinada a abrigar os cristãos duramente perseguidos.

Ao entrarem naquele ambiente frio, um velho franzino seguiu em direção a Tarquinius e, reconhecendo-o, o recepcionou em nome de Jesus:

— Certa feita, estive na Índia, onde pude ouvir sábias palavras proferidas por seus lábios. Para mim é uma grande alegria e satisfação compartilhar este cativeiro com os amigos que foram seguidores de Bartolomeu e André. Sua presença é o apoio de que tanto necessitamos.

— Você é um homem bom e caridoso. Que suas palavras sirvam de reconforto e coragem para nossas almas, nestes instantes derradeiros de nossas vidas.

Marcellus, observando o grande número de pessoas que se encontrava ali, indagou:

— Como estas pessoas foram presas? Verifico a presença de mulheres e crianças.

— Há alguns dias, — respondeu com a voz entristecida — participávamos de uma reunião cristã, nas redondezas de Roma, quando uma escolta armada invadiu o recinto. Nessa ocasião, havia muitas pessoas presentes. Aqueles que tentaram fugir foram mortos imediatamente. Os outros, como nós, foram presos para que, nos circos, fôssemos a alegria de muitos. Estamos somente aguardando o momento de nossas mortes.

— Como foram descobertos? — perguntou Marcellus.

— Fomos delatados por soldados que se disfarçavam de seguidores de Jesus. Aqui estão reunidos cristãos de várias regiões.

— Qual a razão que motivou esta prisão em massa? — perguntou Tarquinius.

— O número de convertidos tem crescido espantosamente nestas paragens. As perseguições se iniciaram com Nero, e dizem que ele, alucinado com a ideia de construção de uma nova Roma, incendiou parte da cidade. Tamanha foi a repercussão desse feito, que até agora ninguém conseguiu provar quem foi o verdadeiro responsável ou se foi um simples acidente. Os homens públicos acharam melhor atribuir a culpa desse crime desprezível aos cristãos. É fato que também não podemos ignorar que os recém-convertidos, por fanatismo, assumem culpas que não são suas. Desde então, temos vivenciado o martírio extremo. Cada dia um grupo é levado para as feras. Por dois dias, o massacre foi interrompido. Soubemos que estão preparando um grande espetáculo para o imperador, do qual seremos a nova atração.

— Sejamos fortes! Deus não abandonará aqueles que sofrem as injustiças do mundo. Unidos pelos vínculos da fé, conquistaremos a libertação de nossas almas e testemunharemos que Jesus permanece vivo. Seu império de amor jamais será destruído pela ignorância humana.

Após mais alguns instantes de trivial conversa, o idoso se recolheu, enquanto a noite avançava e a claridade do sol anunciava um novo dia.

***

Profunda serenidade invadia a alma de Tarquinius, apesar da hostilidade da cela. Preso naquele cárcere, aguardando o momento de testemunhar o seu amor a Jesus, recordava o passado. O rosto de Helena brilhava em seu pensamento e as mãos gélidas da pequena Ester ainda eram sentidas em sua face. As lágrimas saudosas que desciam pelo rosto eram prova viva de sua transformação, ocorrida por obra de Jesus. Dentre as lembranças, a imagem dos apóstolos trazia coragem e estímulo para enfrentar a luta pelo cristianismo, serenando as preocupações que vinham à mente, quanto ao rumo que seguiria a doutrina de amor, trazida pelo Nazareno.

Marcellus, percebendo o estado emocional do amigo, aproximou-se discretamente e sentou-se ao seu lado:

— O que o angustia? Sei que não é o nosso futuro, pois já sabemos que o destino nos reserva a morte, sem piedade.

— Estava relembrando nosso passado e uma grande preocupação aportou em meu coração. Qual será o rumo do movimento cristão sem a presença dos apóstolos?

— Certa feita, estava sozinho perguntando a mim mesmo se, um dia, seria possível o cristianismo morrer e tornar-se apenas uma lembrança deixada na história. Bartolomeu aproximou-se, sem que eu o percebesse e, respondeu-me sorrindo: Somente morre aquilo que verdadeiramente nunca existiu. O Mestre é uma verdade e jamais deixaria sua obra inacabada. Todos aqueles que estiverem com Jesus permanecerão com Ele fazendo germinar o fruto da esperança. Mesmo que lentamente, a tarefa de semear o amor do cristianismo por todo o universo, está sendo realizada. Esses mesmos corações, que receberam a sabedoria lançada por Jesus e o seu reino de amor, se transformarão em trabalhadores do Senhor, e estarão preparados para suportarem todos os martírios, em nome da nobre causa.

Com ânimo, Marcellus acrescentou:

— Não podemos esquecer que, em todas as fundações criadas pelos apóstolos, existem os trabalhadores anônimos devidamente preparados para continuidade da tarefa.

São responsáveis por transferir todo o ensinamento a outros aprendizes, para que o saber não morra com eles.

— Meu amigo, que o Senhor abençoe seu coração, pois minha caminhada junto a você é uma bênção de luz. Para onde iremos, peço a Deus que permita continuarmos juntos trabalhando em nome de Jesus, assim, venceremos as duras batalhas íntimas. Carrego a gratidão por permanecer comigo sem nunca me cobrar o passado.

— Ora... Você sabe que somos como irmãos e, se Jesus permitir, estaremos unidos para continuarmos a contribuir com o cristianismo.

Nesse momento, quatro guardas entraram na cela e os levaram para o julgamento final.

A tribuna, já preparada para *accipere iudicium*[46], aguardava os prisioneiros. Tarquinius contava com a presença do amigo do passado, Antoninus Gratus, que não escondia a insatisfação com a presença de Versus.

O senador Cornelius, apresentando as marcas do tempo na face, levantou-se, passou a ler as acusações contra os prisioneiros e, em seguida, iniciou o interrogatório:

— São romanos?

— Sim, somos — respondeu Marcellus.

— Estão conscientes dos crimes que cometeram contra o Estado, convertendo-se ao cristianismo?

— Quais seriam os nossos crimes? — perguntou Marcellus — Seguirmos Aquele que realmente sabe o valor da justiça, Jesus de Nazaré? Por acaso isso é um crime?

— Anos atrás, — disse Cornelius — estive presente no julgamento de Tarquinius, acusado de traição por ter protegido uma escrava cristã e por ter renegado nossas leis. Foi sentenciado à morte. Estou surpreso por encontrá-lo vivo!

— Acredite, — respondeu Tarquinius — àquela época, minha missão em nome de Jesus apenas havia começado.

---

46 Nota da médium: "Receber os termos da sentença".

— Continua sendo corajoso; desafia-nos! — secando o suor que descia em sua fronte, prosseguiu. — A organização do imperador Nero não aceita esta seita fanática, chamada cristianismo. Todos os convertidos são lançados aos circos e entregues à morte. Além do mais, não podemos nos esquecer de que sobre os ombros dessa casta primitiva, recai o peso do criminoso incêndio de nossa amada Roma. Por tais razões, entrego em suas mãos o destino desses romanos; de minha parte são culpados e merecem morrer.

Imenso tumulto fez-se em torno dos patrícios que, surpresos, reconheciam o nobre romano, que outrora havia sido grande membro daquela tribuna. Amigos silenciaram para não serem acusados de compartilharem das ideias cristãs; outros, como Versus, aproveitavam-se do momento para influenciar opiniões com sugestões mentirosas e errôneas.

Em gesto firme e decidido, Antoninus rompeu o silêncio para interceder a favor dos prisioneiros:

— Caros companheiros! Falamos aqui de homens e, em especial, de patrícios que contribuíram com seus serviços por muitos anos para o nosso Estado. Não é nobre tratá-los como criminosos, sem direito à defesa. Estamos diante de um homem que foi exemplo de honestidade, retidão e justiça a todos nós. Marcellus liderou grandes frentes de batalha, contribuindo para alargar a extensão de nossas terras. Por esses feitos e pelo passado digno de sua vida pública, sugiro que os prisioneiros manifestem-se e, se possível, que lhes concedamos o perdão, no caso de esclarecerem essas acusações. O que perderíamos se os ouvíssemos?

Após a agitação, a opinião de Antoninus foi aceita pela maioria presente. Tarquinius, que se mantivera em absoluto silêncio, buscou no ar a coragem e iniciou a argumentação:

— Ilustres senhores romanos, pertencentes a esta tribuna da qual um dia fui membro, com respeito ao nobre amigo Antoninus, respondo com uma questão: defendermo-nos de quê? De uma verdade que se expande em nós, pela atuação do Mestre Jesus? Ele é o Senhor dos homens, e padecer em

Seu nome é uma honra para todos aqueles que creem em um mundo justo e pacífico. Uma justiça sem o estigma do poder individualizado ou direcionado aos prazeres caprichosos, que validam os crimes cruéis sobre todas as criaturas. A justiça do Mestre chama-nos à redenção. A consciência desta redenção é fruto de uma transformação completa, mesmo que no padecimento extremo seja encontrado o caminho para que todos os homens se restabeleçam.

"Estamos sendo julgados por um tribunal constituído por leis passageiras, que nos sentenciarão ao sacrifício extremo e à condenação do martírio do corpo. Por isso, estamos convictos do propósito cristão e, sobretudo, fundamentados nele. Com o Mestre, seguiremos até o final e não poderão subtrair a potente fé que habita em nossos corações.

"Hoje, depois de encarcerados no cativeiro do egoísmo ignorante, sentimos nossas almas livres, pois não se pode tolher a liberdade daqueles que estão com Jesus. Chamam de fanáticos e infames os que encontram o caminho verdadeiro da sabedoria celeste. Falemos de forma mais compreensível, para que todos possam entender: se o amor pelo Evangelho, demonstrado pelos cristãos, os fere na consciência é porque ele, de fato, tocou-os no coração.

"Roma está sedimentada sobre deuses criados pelos homens, para alimentar os interesses do poder. A tênue chama que Cibele sustenta em suas mãos, não será capaz de sobreviver ao tempo, e é vulnerável à vontade humana. Somente Jesus é perene e Seu nome sobreviverá para que as gerações futuras possam conhecer a bendita e verdadeira doutrina de amor e luz, porque foi construída em mármore e está exposta a enfrentar vontades dos homens, mas o Cristo redentor é perene e Seu nome sobreviverá para que as gerações futuras possam conhecer a bendita e radiante doutrina de amor e luz.

"O Nazareno traz a expressão da simplicidade e do amor puro que, ao certo, ainda será compreendido pelos homens, creiam: *Tempus est optimus judex rerum ominium*[47] e somente as lições do tempo serão capazes de acender, em suas consciências, a luz da verdade, que agora é matéria de tão difícil compreensão. Um dia, reconhecerão o Cristo libertador, como sendo o único imperador das almas."

Neste momento, o imperador adentrou o recinto. Era visível a perturbação em sua alma. O conflito entre ser um homem público de grande responsabilidade, incumbido de manter o Império, e o desejo de ter sido um artista o consumia. Alucinado com as infundadas suspeitas de conspiração desconfiava de tudo e de todos, além do que, trazia para o seu governo o infortúnio de ter uma personalidade distorcida. Apresentava uma feição cansada, enfermiça e descontrolada. Tanto que chamou a atenção de Tarquinius e Marcellus, que jamais haviam presenciado uma aparição pública como aquela, sem ostentação de vaidade.

Os réus o observavam com compaixão, pois, diante deles, não estava um personagem criado por Nero, mas, a figura de um homem real e solitário, que também carregava as marcas de tantos erros. Tratava-se de alguém que, naquele momento, demonstrava uma mescla de lucidez e desvario, e que necessitava de misericórdia.

Aturdido com aquelas palavras, o que ressaltou ainda mais a vermelhidão dos olhos, como de hábito, gritou alucinado:

— Infame! É uma vergonha para minha Roma. Esses malditos cristãos possuem uma coragem que me ofende.

Para Nero, a presença serena de Tarquinius, de alguma maneira, desafiava seu poder. Consciente de sua posição, com sabedoria e razão, fixou nele um olhar misericordioso, que visivelmente incomodava o grande artista:

— Legislador de nossa "Grande Mãe", muitos, prevalecendo-se de suas posições, detêm suas mentes retidas em tábuas talhadas à mão ou em documentos envelhecidos,

---

47 Nota da médium: "O tempo é o melhor juiz de todas as coisas".

para transformar os ensinamentos de amor transcritos por nossos antepassados, em leis traduzidas pelas estradas voluntariosas do egoísmo e do interesse. Sendo as leis humanas transitórias e mutáveis, Jesus imprimiu na consciência dos filhos de Deus, seu império de luz. Em todos os ensinamentos ministrados nas disciplinas da vida, é possível haver contendas, mas indubitavelmente, em torno da boa-nova isso é impossível.

Você tem consciência de que os cárceres de Roma, que um dia foram projetados para estabelecer a justiça e manter o equilíbrio do povo, hoje estão repletos de inocentes, que cumprem sentenças por crimes infames que não foram por eles cometidos, mas, sim, pela nobreza de nosso Império? A essência racional da justiça transformou-se em circos alegóricos, onde cristãos são supliciados e executados, servindo de espetáculo para um público sedento de sangue, divertimento e festividade. Esses agem assim porque foram privados da sabedoria divina que liberta a mente.

O Senhor meu Deus e os seus deuses, como Diana — a caçadora infatigável —, provêm em abundância. Então, por que tira dos cristãos a liberdade de expressão? Tudo o que promover contra Jesus não será suficiente para tirar a fé de um coração convertido pelas forças do amor. Não se esqueça de que, na aflição, também encontramos meios de alicerçarmos nossas vidas, nos códigos sagrados da liberdade responsável. Isso promove a elevação da alma e nos aproxima de Deus.

Conforme as leis do direito civil de Roma: *Jus suum unicuique tribuere*[48] e, segundo as de Jesus, "Devolvei, pois, o que é de César a César, e o que é de Deus a Deus"[49], rogo, não ao imperador, mas ao homem que traz a sensatez na alma: devolva aos cristãos a liberdade para proferirem seu amor Àquele que é o único detentor da realeza na Terra.

---

48 Nota da médium: "Dar a cada um aquilo a que tem direito".

49 Nota do autor espiritual (Ferdinando): Mateus, 22:21

— Cão miserável! Jamais ninguém ousou discursar assim diante de mim! — colérico, ordenou: — Soldados! Quero estes dois prisioneiros mortos, sem misericórdia ou julgamento.

Antoninus, tentando inutilmente interceder a favor dos amigos, disse:

— Grande imperador! São romanos e, pelas nossas leis, não podem ser simplesmente atirados às feras sem um justo julgamento.

— Eu sou Roma! A partir de agora, eu mudo a lei. Todos os cristãos serão, indistintamente, sacrificados. Levem-nos daqui. Eles representam perigo para todos nós. Livrem-se deles imediatamente.

Marcellus, com imensa coragem, começou a testemunhar as palavras de Tarquinius. Completamente irritado, num gesto inesperado, Nero levou as mãos aos ouvidos e, aos gritos, ordenou severamente:

— Não suporto mais isso. Soldados façam-no calar!

Em meio à agitação que se formava, o imperador, em um gesto alucinado de desespero, retirou-se. Enquanto isso, um guarda com um punhal aproximou-se de Marcellus e o golpeou várias vezes pelas costas. Tarquinius, presenciando a cena hostil, tentou desesperadamente desamarrar suas mãos.

Com a ajuda de Antoninus, ele libertou-se e, vencendo as dificuldades do momento, socorreu o amigo em seus braços. Os guardas, obedecendo às ordens dos patrícios presentes que, dispersavam-se lentamente, retiraram os prisioneiros do recinto, encaminhando-os ao cárcere. Ao entrarem, sem conter as lágrimas, Tarquinius recostou o amigo agonizante em seu colo, tal qual um pai que segura um filho querido:

— Perdoe-me, meu mais que amigo, meu irmão! Devia ter sido eu a merecer esse golpe, não você.

— Também foi e sempre será um irmão para mim. Sinto não poder estar ao seu lado nos derradeiros instantes de sua existência, pois minha hora está chegando. Que Jesus tenha piedade de minha alma e permita, um dia, reencontrá-lo nas moradas celestes. Como soldado que fui não poderia ter recebido melhor morte do que esta: digna e honrosa. Morrer ao seu lado é como estar ao lado de minha família; e padecer por tão nobre causa foi, para minha existência, o suficiente. Entrego-me, agora, aos braços misericordiosos de Deus e, sob Seu amparo, junto dos diversos amigos que um dia conhecemos, esperarei o seu retorno em Jesus.

Lentamente, Marcellus cerrou os olhos, enquanto Tarquinius manteve sua cabeça junto ao peito do amigo em uma fervorosa prece, para entregá-lo às mãos do mundo invisível.

Já liberto das tormentas do corpo, Marcellus deixou o mundo material e despertou no mundo invisível. A cela humilde foi sendo revestida de imensa luz. Diante dele, as figuras meigas de Apolonius, Ruth e Marcus Aurelius faziam-se nítidas e radiantes.

Raquel, amparada pelos amigos de seu mundo, aproximou-se e, com uma voz doce, endereçou-lhe o mais puro e profundo testemunho de amor:

— Grande é o amor de Jesus para conosco. Vem, amado meu, pois esperava confiante o seu ingresso neste mundo de Deus.

Ele, contemplando aquele rosto e chorando copiosamente, levantou-se renovado, trazendo ainda consigo algumas impressões da vida física. Neste momento, Marcus Aurelius saudou o pai, como no passado, e o abraçou com fartas lágrimas. A emoção do momento vencia o treinamento recebido, quando soldados, que os ensinara a ser fortalezas físicas, mas, inexpressíveis sentimentalmente. Marcellus, humildemente, avisou:

— Não! Não poderei segui-lo, por mais que meu coração queira. Carrego em minha alma marcas severas de meus próprios erros. Por mais que tenha me entregado a Jesus, estou consciente de meu passado devedor. Com que direito poderia desfrutar deste mundo purificado?

Apolonius, compreendendo aquele sentimento de insegurança, aproximou-se sereno e estendeu-lhe os braços:

— Meu filho de ontem, siga-me! Bem-aventurado é aquele que se redime diante dos erros e busca o caminho do bem. O nosso Mestre, durante os seus últimos momentos na Terra, esteve ao lado de dois ladrões. Estes, redimidos, pediram Seu perdão e Ele os perdoou. Voltou e está pronto para entrar neste mundo, pois foi chamado para ele. Se ainda traz em seu coração alguma sombra de ontem, agora é o momento de recomeçar. Esqueça a dor corpórea e siga-nos!

Apolonius e Ruth, emanando intensa luz, envolveram-no. Ele, chorando, agradeceu aos amigos as demonstrações de consideração e amor. Contemplando o semblante triste de Tarquinius, indagou:

— O que será de meu amigo? Preocupo-me com o seu destino. Somos irmãos em Jesus Cristo e, queria estar ao seu lado no momento do testemunho de fé.

— Não detenha em seu coração tais preocupações — respondeu o emissário dos Céus. — Nosso amado está cumprindo os desígnios do Mestre e, por Ele, está amparado.

Em meio à luz celestial, lentamente todos foram desligando-se daquele ambiente frio e impiedoso, deixando no coração de Tarquinius sublime coragem para continuar.

***

Enquanto isso, no mundo físico, Tarquinius sentia o desligamento do amigo, tomando consciência da definitiva despedida. Antoninus, que presenciava aquele sofrimento, em gesto de respeito, ordenou a um soldado que retirasse o corpo inerte de Marcellus. Então,Tarquinius aproximou-se das grades da cela, ajoelhou-se chorando, vendo perder-se na escuridão dos corredores o amigo precioso que a vida havia transformado em um irmão.

— Meu caro, — disse Antoninus com respeito — em todos os instantes de sua existência, foi obrigado a enfrentar sofrimentos piores. Tenho por você admiração, desde o início de sua vida pública em Roma. Confesso que, quando soube da mudança repentina que ocorreu em você, não compreendi. Quando fui chamado a Jerusalém para o seu julgamento e, após Versus ter colocado sonífero em meu vinho para que não pudesse auxiliá-lo...

— Versus mais uma vez.

— Sim, meu amigo! Pensei que soubesse de mais esse feito.

— Agora não importa mais! Entreguei-o, há muito tempo, aos braços misericordiosos de Deus.

— Desde aquela época, padeço de grande conflito interior. Principalmente quando soube que a jovem cristã, à época, era sua filha. Sinto-me amargurado diante de tantas mortes em nome do Nazareno. Pergunto-me o porquê de tantas atrocidades. Vendo a expressiva coragem com que enfrentou o imperador, por amor ao cristianismo, faz-me, mais uma vez, reavaliar os propósitos da minha própria vida. Presenciei várias atitudes dos seguidores dessa doutrina e nada encontro de mal, somente manifestações de amor e coragem.

— Permita que sua mente conheça a clara verdade que reside no Mestre Jesus. É Ele quem semeia o amor sobre todos os homens e é o Salvador de todos os corações que habitam a Terra. Sua vida e Sua morte foram, e serão para todo o sempre, o caminho de redenção a ser seguido. Os martírios e perseguições são demonstrações ilusórias de uma sabedoria vazia, cultuada nos vários segmentos da existência.

"A cruz, imposta pelos homens ao Mestre, foi o testemunho da simplicidade e da grandiosidade de Sua alma. Morrer em nome Daquele que abriu as portas para um mundo renovado e sem pedir nada em troca é uma obrigação da qual não podemos prescindir; o nosso Senhor derrama sobre nossas chagas bênçãos de misericórdia e esperança.

"Meu amigo! Tem agora a oportunidade de aproveitar os ensinamentos do Evangelho. Não se detenha em barreiras ilusórias que possam impedir sua chegada a Deus. Liberte-se das entranhas de nossa débil Roma. Alivie sua consciência nos braços celestes de Jesus, assim, poderá compreender a vastidão do amor sublime, livre do apego às tradições do poderio da "Grande Mãe". Fez petição a meu favor, e o que faço agora é endereçar a Jesus outra a seu favor, para que seja agraciado com a mesma luz que, um dia invadiu minha alma. Rogo que sua mente receba a sabedoria do Evangelho deixado pelo Mestre, sabedoria cristalina e pura que, um dia, clarificou e deu rumo à minha existência."

— Suas palavras tocam-me a alma, prometo que buscarei esses ensinamentos. Preocupo-me com você e, sinto-me incapaz de auxiliá-lo. Perdoe-me, porque sempre estive do lado daqueles que o julgaram e sentenciaram, mas saiba que o meu coração e respeito sempre estiveram e estarão com sua pessoa.

— Não se preocupe comigo. Estou consciente de meu futuro. Tenho, também, dívidas contraídas que necessito saldar. Não é necessário atravessar o túmulo para aprender o significado do perdão, afinal, desfalece na dor, aquele que carrega no coração as marcas do ódio e dos sofrimentos que não voltam mais.

Antoninus, interessado, absorvia as palavras do amigo, atento e emocionado, quando então, aquele sublime momento foi interrompido pela voz de um soldado, convocando o patrício para comparecer à tribuna.

Após breve despedida, endereçou um olhar expressando agradecimento ao amigo. Deixou-o, naquele instante, na companhia da solidão apostólica e renovadora.

***

Horas mais tarde, quando Tarquinius mantinha-se em profunda meditação, em um canto da cela, um grupo de cinco romanos foi encaminhado ao cárcere, sob acusação de conversão ao cristianismo.

Um homem, com aparência mais velha, com cabelos e barba brancos, aproximou-se. Era Plinius Pompilius, amigo de seu passado, que com extrema alegria fez-se ouvir:

— Meu amigo, quanto tempo! Jamais pensei que o encontraria neste lugar, tampouco em Roma.

— Que Jesus seja louvado! — levantando-se em saudação tipicamente romana, prosseguiu. — O que faz aqui?

— Desde que minha Sabina converteu-se, após o sofrimento de perdê-la, naquela ocasião que já conhece, e diante de sua demonstração de fé e coragem, não pude manter-me alheio a Jesus. Aproximei-me dos apóstolos e segui, por muito tempo, Lucas. Com ele, aprendi os verdadeiros conceitos de amor e me identifiquei com sua vontade de conhecer a vida do Senhor. Infelizmente, a impiedade e o egoísmo são males que lutam, incessantemente, para manterem-se entre nós. Voltei a Roma para auxiliar na propagação do Evangelho, no berço de nossa origem. Deparei-me com a loucura de Nero. Estou aqui, provavelmente, pela mesma razão que também está: o cristianismo.

— Meu amado, o tempo não foi capaz de tirar de minhas recordações sua imagem. Desde a juventude estivemos juntos nas tribunas. Trago em meu coração a gratidão por me defender diante daquele julgamento forjado por Versus e por ter me auxiliado na fuga daquele cativeiro na Palestina — com lágrimas, prosseguiu. — Marcellus relatou-me seus feitos, e confesso: sempre esteve presente em minhas orações, assim como a inocente e inesquecível Sabina.

— Onde está Marcellus?

— Enfrentamos a fúria do Imperador, e meu irmão em Cristo há pouco recebeu o tributo da morte, por defender o Evangelho. Rogo ao Senhor que, neste momento, ele esteja junto daqueles que tanto amamos.

— Não duvido do amor de Jesus. Ambos representavam para nós, romanos, justiça e coragem. Ele, ao certo, já recebeu as honrarias do exército do Senhor e está ao lado do Imperador dos homens, Jesus. — Apoiando a mão no ombro do amigo, continuou. — Compartilho de sua dor quanto à separação imposta a ambos, mas, em breve, todos nós nos reencontraremos. Um dia, prometi a Marcellus que nos encontraríamos; cá estou e confesso que estou feliz e honrado por morrer ao seu lado.

— Você é bondoso! Quando nos acreditamos abandonados diante dos sofrimentos necessários que a vida nos impõe, Deus, nosso Pai, oferece os lenços do invisível para nos consolar e secar nossas lágrimas. Creia, você é o presente sagrado que recebo nos últimos dias de minha vida. E tenho consciência de que permaneceremos vivos, ao lado daqueles que construíram a história de nossas existências.

Assim, aqueles filhos de Deus permaneceram noite adentro, relembrando fatos de suas vidas, firmes nos alicerces sagrados da fé, em nome do cristianismo redentor.

Capítulo 30

Vidas que se encontram

Era o início do ano de 68 d.C. e os dias seguiam após tantos acontecimentos. Grupos de cristãos eram presos e mortos todos os dias, porém, Tarquinius, de acordo com sua compreensão cristã, orientava sem desânimo, aqueles que permaneciam aguardando o momento derradeiro.

No cárcere, aproveitava o tempo que ainda lhe restava, pregando todos os ensinamentos aprendidos com os apóstolos. Oferecia segurança e consolava as mães, que tinham seus filhos arrancados de seus colos, para serem entregues ao martírio extremo. Fortificava a coragem dos homens, para entrarem na arena, com Jesus no coração.

Horrores diversos prosseguiam. Não somente as arenas traziam a sádica satisfação à multidão; banhos de azeite fervente, pilastras de martírios, cruzes e açoites marcavam o cenário da barbárie para os cristãos.

Antoninus afeiçoara-se aos ensinamentos de Tarquinius e, todos os dias, o ouvia proferir as pregações em nome de Jesus. Plinius Pompilius mantinha-se ao lado do amigo, demonstrando respeito, fiel amizade e auxiliando-o na difícil tarefa de elucidar e consolar os corações que aguardavam suas sentenças. Soldados tinham por ele especial consideração, e na cela onde estava a serenidade era a sublime emissária de paz.

Certa tarde, quando o sol imponente permitia-se brilhar intensamente, o velho tribuno foi notificado de que os portais das arenas estariam abertos, para que os cárceres pudessem ser esvaziados.

Na tentativa inútil de proteger o amigo, Antoninus desceu, apressado, as escadarias que o levariam a ele. Nesse momento, pôde presenciar a preparação para o início do grande espetáculo do circo romano. Por ordem dos assessores do imperador, Tarquinius seria colocado preso a uma pilastra para receber, por fim, o martírio extremo. O cenário era de mulheres em desespero e de homens tentando manter a dignidade cristã. As crianças, inconscientes da catástrofe que se acercava, mantinham-se calmas. Plinius Pompilius recebeu a sentença com resignação. Da multidão, ali já instalada, ouvia-se:

— Joguem os cristãos às feras! Cristãos às feras!

Todos os que eram conduzidos às arenas depositavam em suas mãos a confiança e resgatavam a esperança por Tarquinius plantada, nos dias de convivência no cárcere. Os minutos derradeiros desses cristãos eram marcados por esse ritual de fé.

Antoninus observava, agoniado, o início do suplício do amigo. Na ala de honra, estava o imperador, acompanhado dos patrícios que compartilhavam a vida pública.

Versus, acomodado no meio do público, imponente, não continha a satisfação e aguardava ansioso o momento tão esperado — a morte de Tarquinius.

Um soldado, aproximando-se de Tarquinius, com a voz embargada, sussurrou:

— Senhor, creio nas palavras de Jesus. Para isso, deixarei as amarras de suas mãos afrouxadas, pois, diante de mim, está o homem mais inocente que conheci.

Tarquinius, com olhar agradecido, respondeu:

— Sou grato pelo gesto e jamais me esquecerei de você, mas creia, o único inocente morreu muito antes de mim: Jesus de Nazaré.

Outro soldado que estava nas proximidades, ouvindo as palavras do prisioneiro, desferiu sobre ele um golpe com a base da lança, abrindo-lhe o supercílio. Enquanto isso, os demais homens da guarda gritavam agitados e nervosos:

— Qualquer mísero cristão que tentar reagir morrerá antes de entrar na arena.

Tarquinius foi conduzido ao centro do circo e colocado na pilastra dos martírios. Um silêncio profundo calou a multidão. Lentamente, os outros prisioneiros, entre eles Plinius Pompilius, iam caminhando, já antevendo o que aconteceria. Em total demonstração de fé e coragem, ele iniciou uma oração. Os demais cristãos ajoelharam-se, acompanhando-o em uma única voz:

— Senhor, derrame sobre todos os filhos de Deus a luz de Seu coração. Acolha em Seus braços os filhos do martírio, assim como aqueles que fazem a dor imperar sobre a Terra. Conduza os passos daqueles que permanecem alheios às estradas de Sua verdade. Desperte os corações adormecidos para que a sabedoria celeste se manifeste em suas mentes.

Eis, enfim, o dia de nossa morte. Ensine nossas almas a esquecer-se de todas as tormentas e dores, perdoando sempre. Permita que a renovação desperte em nossas vidas, e que possamos sentir a Sua misericórdia para vencermos a aflição e alcançarmos a paz prometida por Seu coração. Choramos, não pela dor de nossos corpos, mas, por sabermos que somos detentores de tantos erros cometidos nesta vida, em virtude da ignorância. Por isso, suplicamos a Sua candura e Seu intenso amor. Hoje, em completa redenção, na esperança de ver sobre a Terra o Seu reino de luz ampliado e reconhecido por todas as gerações futuras, entregamos em Suas mãos as nossas almas, ainda tão deficientes e necessitadas de Seu amor.

Aquelas palavras ecoavam como um hino de força e coragem, atormentando o imperador, que gritou histericamente:

— Calem esses malditos! Levantem imediatamente as grades! Façam os animais entrarem!

A multidão, incentivada pelos homens de Nero, novamente agitava-se, gritando:

— Morte aos cristãos! Morte aos cristãos!

As feras entraram, desordenadamente, não poupando ninguém, e entre gemidos e gritos contidos de horror, os cristãos iam morrendo em completa resignação.

Horas mais tarde, o silêncio da morte calava, mais uma vez, o público presente.

Tarquinius, num último suspiro, desfaleceu, silenciando o sopro da vida. No invisível, liberto do corpo esfacelado, ainda mantinha a impressão das dores sofridas. Com humildade, colocou-se de joelhos, contemplando os laboriosos enviados por Jesus, que auxiliavam os que abandonavam a vida corpórea. Esses eram recolhidos com amor e dedicação, e conduzidos pelos caminhos iluminados de paz, que vinham do coração de Jesus.

Completamente fascinado com aquele cenário celestial, de súbito, percebeu que, num imenso clarão, surgiu diante de seus olhos Apolonius, acompanhado da bondosa Ruth. Tarquinius, ao contemplar tal imagem, manifestou-se com timidez:

— Seu nobre e puro coração oferece luz e indica o caminho da redenção a um homem impuro, marcado pelo passado. Não sou digno de segui-lo.

— Meu filho, está pronto para seguir-me. Venha, pois Jesus ouviu as preces sinceras de seu coração e de todos os seguidores do cristianismo que padeceram neste martírio.

— E o que acontecerá com Versus?

— Permanecerá na Terra por mais certo tempo, pois, a ele foi concedida nova oportunidade de continuar, para que reavalie seus atos e alcance, também, a sua redenção. Em breve ele retornará e novas lutas terão início. Juntos, enfrentaremos os desafios para, um dia, encaminhá-lo em direção à luz de Jesus.

Ruth, amorosa, derramava sobre Tarquinius uma luz azulada que o fazia sentir um alívio imediato. Apolonius, com amor incontestável, abraçou o recém-chegado e, auxiliado pela esposa do apóstolo Bartolomeu, conteve a emoção do momento. Com serenidade e rapidez, foram todos transportados para um local distante daquele cenário frio, que servia como palco de horror.

De um vasto salão, rostos conhecidos foram surgindo. Lentamente, Tarquinius caminhava entre os companheiros de outrora que, carinhosamente, sorriam e o banhavam com paz, esperança e misericórdia.

Lucinius, Marcus Aurelius, Raquel e outros admiráveis amigos cristãos, que conheceu durante sua dedicação apostólica, estavam ali presentes. O semblante de Tarquinius não escondia as lágrimas emocionadas pela felicidade de reencontrar a todos.

No final do salão, duas grandes portas abertas presenteavam a visão. Um imenso jardim se descortinava. Dele podia-se avistar toda a Palestina. Tarquinius, atônito diante de tamanha beleza, que nenhum artista poderia reproduzir, mantinha-se em silêncio, ao lado de Apolonius e Bartolomeu que, juntos, resplandeciam. Diante daqueles amigos da causa cristã, ajoelhou-se e beijou suas mãos, lembrando-se de um passado amargo, mas, também, dos tempos de felicidade e aprendizado.

O apóstolo do coração, paternalmente, lançou sobre ele cândido olhar:

— Em nome de Jesus, estamos aqui para comprovar a promessa por Ele deixada na Terra. Ampararia todos os filhos de Deus que abandonassem a vaidade, o orgulho e o egoísmo para seguirem os passos do caminho da redenção. Encontrou o seu caminho. Nele conseguirá reavaliar o passado e transformar as próximas existências em brilhantes oportunidades, para que possa alcançar a perfeição.

A tarefa está iniciada, o Mestre não a encerrou. Para tanto, Ele necessita de todos os corações de boa vontade, para fazer com que o reino de amor fraterno estabeleça-se como pilar da humanidade. Conseguiu compreender os sábios ensinamentos do Senhor. Então, caminhemos, para sempre, no propósito cristão, com Jesus direcionando-nos, pois, somente assim, estaremos unidos a essa família universal. Realizemos as tarefas determinadas pelo Senhor e prossigamos, com bom ânimo, na fé verdadeira e inquebrantável.

Nesse momento, os apóstolos abraçaram Tarquinius, reafirmando o elo de amor despretensioso e despediram-se.

Ao restabelecer as lembranças das ligações passadas com Apolonius e com os demais presentes, não conteve forte emoção e abraçou o emissário celeste com respeito e amor:

— Pai! Perdoe-me, por misericórdia. Com o poder que tive em minhas mãos, saquei a felicidade das vidas de quem mais amei.

— Sempre foi meu filho amado. Há muito trago o perdão total para os erros de ontem, cometidos por você. Compreendeu a importância da vida, porém, saiba que, no sofrimento, conquistamos a lucidez mental.

— Encontrei aqui todos os meus amigos, em completa comprovação de amor. Porém, não encontrei dois rostos que ansiava por rever...

Neste instante, Helena fez-se presente, em intensa luz, como sempre. Com um sorriso sereno, seu rosto foi ressaltado pelo brilho que expressava amor soberano e celestial.

Tarquinius, abrindo o baú de sua alma, reconheceu-a de tempos distantes e, com respeito, segurou suas mãos como quem segura um pássaro frágil que acaba de vencer a luta para ver o clarão do dia.

Ela, num gesto de nobreza, recebeu-o, acolhendo-o maternalmente, como um filho que retorna de longa viagem. Apolonius, com brandura, pousou a mão sobre o ombro de Helena:

— Meu filho, Jesus consentiu que o puro amor de minha existência colaborasse no importante processo de sua redenção. Esteve ao lado daquela que tem por você amor de mãe, assim como eu, o de pai.

— Meu querido, levante-se! Qual coração seria capaz de ver alguém amado padecer na própria ignorância e desprezá-lo? Tanto eu quanto Apolonius retornaremos ao seu lado, sempre que necessário, para servirmos em nome de Jesus.

— Muitas vezes — disse Tarquinius, não contendo as lágrimas — estamos ao lado de nosso grande amor, porém, poucas vezes, sabemos reconhecê-lo e respeitá-lo.

Antes de concluir a frase, a voz meiga e suave de Ester fez-se ouvir:

— Dentro de nossos corações sempre levaremos as feições amadas de nosso passado.

A jovem, com os olhos grandes brilhando intensamente, correu em direção a ele para abraçá-lo. Nesse momento, uma paz inexplicável envolveu aqueles filhos de Deus. Ela, sem qualquer mágoa ou rancor, continuou manifestando seu carinho por Tarquinius, que correspondia com a mesma intensidade:

— Em consideração ao meu passado, dedico minha existência a Jesus, pois o cristianismo conseguiu libertar minha alma. Com os amigos que me acompanharam a jornada, despertei para o meu novo e verdadeiro caminho. Se nosso Mestre permitir, estaremos unidos nas próximas vidas.

— Também estarei com você, pois seu amor por mim fez com que minha fé em Jesus se fortalecesse a cada dia. Também carrego as marcas de ontem e necessito ainda desse seu grande amor, pois outras vidas já estão sendo reservadas para nós. Assim, poderemos experimentar novas oportunidades, fortalecidos em um propósito maior.

— O elo que existe entre nós é soberano e jamais será rompido. Mesmo que sejamos impossibilitados de compartilhar desse convívio, reafirmaremos os sagrados votos de dedicação ao Mestre, pois, por meio Dele, estaremos fortalecidos para o amanhã.

Uma brisa suave trazia a essência sublime de paz e do amor que os unia. Ruth, Marcus Aurelius e Raquel aproximaram-se e, emocionados, assistiram àquela cena iluminada. Apolonius e Bartolomeu expandiram-se em luz. Juntos, fizeram reluzir, ainda mais, a fé, esperança e paz naqueles corações.

Ao terem recebido a chama viva de amor, os filhos de Deus contemplavam, silenciosamente, a velha Jerusalém adormecida, aguardando, com coragem, os próximos desafios, em nome do Mestre Jesus.[50]

---

50 Nota do autor espiritual (Ferdinando): Muitos irmãos citados nesta história verídica, unidos pelo vínculo mais puro de amor, encontram-se em outras roupagens cármicas, como personagens marcantes, dando sequência à vida de apostolado e regeneração, nos livros:

Lanternas do Tempo: retornam à vida corpórea, o apóstolo do coração, Batolomeu, eterno companheiro e sábio mestre, como Eustáquio; o nobre apóstolo André, como Samir; a eterna adorada Helena, como Domitila; Cassia Flavia Helena Varro (Ester), mais tarde, retorna como a forte, serena, iluminada e amada Lucrecia; Tarquinius Lidius Varro, na personalidade marcante do senador Fabius; Claudio Marcellus surge na roupagem de Petronius; e, a abençoada e respeitada Raquel, como Quimeria; o médico Fabricius, como Elias (Cornelius); Apolonius Copernico mantém-se vivo no mundo invisível, apresentando-se como o emissário bendito, responsável pela missão celestial confiada ao imperador Constantinus e a todos a ele vinculados. Abraçando a difícil tarefa cristã, encontramos o imperador Caius Flavius Valerius Aurelius Constantinus (Constantinus, O Grande) honrando sua promessa ao Senhor e, respeitando sua vontade, e a dos demais amigos, guardaremos silenciosamente suas identidades.

Lágrimas do Sol: os apóstolos retornam: Bartolomeu retorna como Frei Leopoldo; e André, como Frei Mariano; o médico Fabricius, companheiro do bem e exemplo de coragem e bondade, como Esteva; os demais personagens serão posteriormente revelados.

Galeria dos personagens

Nome	Descrição
Tarquinius Lidius Varro	Abandona o cargo de senador romano para ser o homem de confiança do Império.
Cassia Flavia Helena Varro	Filha de Tarquinius Lidius Varro e Helena; mais tarde Ester.
Helena Maxima Varro	Esposa de Tarquinius Lidius Varro e mãe de Cassia Flavia Helena Varro.
Ester	Filha de Tarquinius Lidius Varro e Helena Maxima Varro: Cassia Flavia Helena Varro (nome de nascimento).
Cineius Otavius Lucinius	Amigo de Tarquinius Lidius Varro e Claudius Marcellus.
Apolonius Copernicus	Pai de Ester e Raquel.
Claudius Marcellus	Militar, amigo de Tarquinius Lidius Varro.
Versus Lucius Antipas	Homem cruel, inimigo de Tarquinius Lidius Varro.
Marcus Aurelius	Filho do militar Claudius Marcellus.
* André	Apóstolo de Jesus Cristo.
* Estevão	Ícone do cristianismo.
* Filipe	Apóstolo de Jesus Cristo.

* João, o Evangelista	Apóstolo de Jesus Cristo.
* Judas Iscariotes	Apóstolo de Jesus Cristo.
* Judas Tadeu	Apóstolo de Jesus Cristo.
* Lucas, o Evangelista	Apóstolo de Jesus Cristo.
* Marcos, o Evangelista	Apóstolo de Jesus Cristo.
* Mateus, o Evangelista	Apóstolo de Jesus Cristo.
* Matias	Apóstolo de Jesus Cristo.
* Natanael - Bartolomeu	Apóstolo de Jesus Cristo.
* Simão Cananita	Apóstolo de Jesus Cristo.
* Simão Pedro	Apóstolo de Jesus Cristo.
* Tiago, filho de Alfeu	Apóstolo de Jesus Cristo.
* Tiago, filho de Zebedeu	Apóstolo de Jesus Cristo.
* Tomé	Apóstolo de Jesus Cristo.
*João, filho de Zebedeu, irmão de Tiago	Apóstolo de Jesus Cristo.
Ad Amir Ahmad Ur	Sacerdote armênio, responsável pelo julgamento de Bartolomeu.
Anmina	Esposa de Galenus (*Horizonte das Cotovias*) – morta.
Antoninus Gratus	Responsável pelo julgamento de Tarquinius Lidius Varro, em Jerusalém.
Artanhus	Corredor (comunica sobre o acidente de Claudius Marcellus).
Caifás	Líder do Sinédrio.
Cornelius	Senador, amigo íntimo de Versus (auxilia no veredicto de Tarquinius Lidius Varro).
Corvino	Filho de Versus.
Eusébio	Prisioneiro que relata a morte de Simão Pedro.
Fabricius	Médico.

Galenus	Esposo de Anmina (*Horizonte das Cotovias*), dono do comércio de óleo.
Haran	Irmão do rei Polimio.
Haslid	Sacerdote armênio que participa do julgamento de Bartolomeu.
Jacob	Ancião do Sinédrio.
Jeremias	Convertido que trabalha na igreja da Armênia.
Joana	Esposa de José; um de seus dois filhos é curado por Bartolomeu.
José	Esposo de Joana.
Judith	Serva de Claudius Marcellus, que mais tarde cuida de Sara.
Kaleb	Prisioneiro que suplica misericórdia a Bartolomeu.
Lia	Mãe de Apolonius (*Horizonte das Cotovias*) - morta.
Lisias	Senador romano, pai de Raquel.
Nero	Imperador de Roma.
Octavius	Pai de Apolonius (*Horizonte das Cotovias*) - morto.
Omar	Soldado traidor.
Plinius Pompilius	Amigo de Tarquinius Lidius Varro e Claudius Marcellus.
Pompeu Julianus	General romano enviado em missão temporária à Palestina.
Ramur	Sacerdote egípcio.
Raquel	Irmã adotiva de Ester.
Rei Polimio	Rei da Armênia.
Ruth	Esposa de Bartolomeu.
Sara	Serva israelita e amante de Versus.
Servio Tulio	Pai de Claudius Marcellus (*Horizonte das Cotovias*) - morto.
Severianus	Corredor.
Tiberianus Sextus	Homem que matou o pai de Raquel.
Vinicius	Amigo do pai de Raquel, que foi morto por Tiberianus.

Encarte

A CIVILIZAÇÃO PERSA

O Império Persa se formou no século VI a.C., durante o reinado de Ciro, também chamado de "O Grande", pela influência política e militar que exercia naquele tempo. Com um imenso território, a civilização Persa tornou-se o maior império da antiguidade oriental, obrigando povos e culturas a se submeterem à sua soberania. Também formou uma verdadeira máquina administrativa, que incluía altos funcionários, conhecidos como "os olhos e os ouvidos do rei".

A evolução política do Império Persa teve início no segundo milênio a.C., quando tribos indo-europeias foram para o planalto do Irã, localizado na Ásia Central. A região era montanhosa e rica em minerais e metais preciosos. Todavia, apesar de rica, grande parte desta área era composta por desertos e terras salgadas. Os solos não eram férteis, com exceção dos vales entre as montanhas, onde era possível cultivar cereais e árvores frutíferas.

Os medos e os persas estavam entre estes povos que ficaram, respectivamente, nas regiões norte e sul do Irã. Os medos constituíam um império mais organizado e maior que os persas. Mas em 550 a.C., Ciro II (559-529 a.C.) conquistou o território Medo. Com isso, uniu os povos persas e medos, integrando assim o que viria ser um dos maiores impérios da antiguidade. A expansão deste império não demorou e, logo chegaram a ocupar uma grande área, desde o Vale do rio Indo até o Egito e o norte da Grécia, incluindo a Mesopotâmia.

O apogeu do Império Persa foi atingido durante o reinado de Dario I (521 a 485 a.C.), que o expandiu e organizou administrativamente. O Império foi dividido em várias províncias, chamadas de satrapias descentralizando, assim, o poder na mão de administradores, também conhecidos como sátrapas. Para melhor controlar o império, o rei procurou vigiar ao máximo essas satrapias, constituindo um general de sua confiança como chefe do exército de cada uma. Inspetores reais, conhecidos como olhos e ouvidos do rei, também foram designados para fiscalizar a gestão. Não existia uma sede oficial para o Império Persa, portanto, o rei poderia ficar temporariamente em cidades diversas como Pasárgada, Persépolis, Ecbatona ou Sasa. Os persas aperfeiçoaram os transportes, as comunicações e o serviço de correios a cavalo. Grandes estradas foram construídas, como a que ligava as cidades de Sardes e Susa, com 2.400 quilômetros de extensão. A língua oficial era o aramaico.

Mesmo com o incentivo ao intercâmbio comercial, a política econômica não era uniforme no Império Persa. Cada região conquistada continuou exercendo suas atividades costumeiras. Para alavancar a economia, Dario I mandou cunhar moedas de ouro (daricos) e de prata. Contudo, toda a produção de moedas não atendeu à demanda comercial, por isso, os reis persas preferiam acumular tesouros em metais preciosos, por meio de tributos arrecadados dos súditos. Esta enorme riqueza, além de alimentar a vaidade, também despertava a cobiça de povos estrangeiros. A decadência do Império Persa aconteceu quando Dario e o seu sucessor Xerxes I não conseguiram conquistar a Grécia. Esta fase permanece até 330 a.C., quando o Império foi conquistado por Alexandre Magno, rei da Macedônia. Somente nesta época, iniciou-se a transformação dos tesouros em moedas. A medida dinamizou o comércio da região.

A mais original contribuição dos persas está no campo religioso. Zoroastro ou Zaratustra (século VI a.C.) fundou uma doutrina, exposta no livro sagrado *Avesta*, que pregava a existência de uma incessante luz entre Ormuz (Deus do bem) e Arimã (Deus do mal). Ormuz somente venceria Arimã no juízo final, quando todos os homens seriam julgados por suas ações. Um dos principais deuses auxiliares de Ormuz, Mitra, era muito adorado pelos persas. Ormuz não tinha imagens e era representado pelo fogo. Por isso, seus seguidores eram chamados de adoradores do fogo. O Zoroastrismo se identificava com o Espiritismo por valorizar o livre-arbítrio, ou seja, cada pessoa podia escolher o caminho do bem ou do mal, mas responderia pelas consequências.

Os persas respeitavam a língua, os costumes e a religião dos povos dominados. Também libertaram os judeus do cativeiro da Babilônia, auxiliando-os a voltar para a Palestina e reconstruir o templo de Jerusalém. Na civilização persa, as elites controlavam os povos dominados, no entanto, a sustentação da máquina burocrático-militar, o luxo do rei, seus palácios, haréns, parques de caça, roupas finas, adornos e banquetes recaíam sobre a população. Por isso, era grande o descontentamento popular.

Referências bibliográficas

A Bíblia de Jerusalém, nova edição revista e ampliada. Paulus, São Paulo, 2002.

Atlas da Bíblia. São Paulo: Edições Paulinas, 1985.

CESAREIA, Eusébio de. *Eclesiástica,* São Paulo: Novo Século, 2002, Livro II –XVI, itens 1 e 2.

Dicionário Aurélio Eletrônico - Século XXI. Versão 3.0, 1999.

MEDEIROS FILHO, Carlos Fernandes. *Dicionário de personalidades históricas com resumos biográficos*. Disponível no site: http://www.sohistoria.com.br/biografias/# (acesso em 27 de outubro de 2017).

Índice bíblico

Rua Agostinho Gomes, 2.312 – SP
55 11 3577-3200

contato@vidaeconsciencia.com.br
www.vidaeconsciencia.com.br